POLEN-
Ein geschichtliches
Panorama

POLEN-
Ein geschichtliches Panorama

Verlag Interpress, Warszawa
1983

ISBN-83-223-1984-3

Vom Herausgeber

Das vorliegende Buch bietet dem Leser einen äusserst gedrängten Überblick über die Geschichte Polens von ihren Anfängen bis zur Gegenwart, darunter auch einen Überblick über die Geschichte der nationalen Symbole Polens, die für alle Polen in der Welt ein Erkennungszeichen darstellen. Beschrieben wird diese Geschichte von Stefan Krzysztof Kuczyński, Tadeusz Lalik, Henryk Rutkowski, Jerzy Skowronek, Andrzej Ajnenkiel und Jerzy Topolski. Janusz Wałek, Mitgestalter der berühmten Krakauer Ausstellung „Selbstporträt der Polen", hat als Illustrationen Werke der polnischen Historienmalerei ausgewählt, auf denen bedeutende Ereignisse aus der Geschichte Polens, historische Genreszenen und Legenden aus der Frühgeschichte des polnischen Staates dargestellt sind.

Das Buch „Polen. Ein geschichtliches Panorama" ist als Ankündigung und zugleich als erster Beitrag für eine neue Reihe des Verlags Interpress, für die geschichtliche Reihe „Panorama der polnischen Geschichte. Fakten und Mythen", anzusehen, d.h. als Zyklus von Essays zur polnischen Geschichte, geschrieben von hervorragenden polnischen Historikern, die — von konkreten Schlüsselereignissen der polnischen Geschichte ausgehend — das Weiterwirken dieser Ereignisse im Bewusstsein des Volkes und in der polnischen Kultur darstellen. Die einzelnen Bücher dieser Reihe — vorgesehen sind mindestens 20 — werden die chronologische Reihenfolge der Ereignisse unberücksichtigt lassen, sich aber für den interessierten Leser gewissermassen zu einem Kalendarium der polnischen Geschichte zusammenfügen, das alle wichtigen Ereignisse und Veränderungen umfasst. Die in Deutsch, Englisch, Französisch, Polnisch, Portugiesisch und Spanisch erscheinenden Bücher sind an Leser in aller Welt gerichtet, die einer dieser Sprachen mächtig sind.

Die Reihe erscheint unter der Schirmherrschaft des Geschichtsinstituts der Polnischen Akademie der Wissenschaften: Wissenschaftlicher Konsultant ist Prof. Janusz Tazbir. In der Reihe „Panorama der polnischen Geschichte. Fakten und Mythen" werden vorerst folgende Titel erscheinen:

— „November 1918" von Janusz Żarnowski

über die Wiedererlangung der Unabhängigkeit des polnischen Staates nach 123 Jahren nationaler Unfreiheit,

— „Boleslaus II., der Kühne, und der Krakauer Bischof Stanislaus" von Tadeusz Grudziński über die Geschichte des Konflikts zwischen der königlichen und der kirchlichen Macht in Polen im 11. Jh.

— „Der preussische Lehnseid" von Maria Bogucka
über die im 16. Jh. erfolgte Umgestaltung des Ordensstaates der Kreuzritter in den weltlichen preussischen Staat und dessen weitere Entwicklung,

— „Der Entsatz von Wien 1683" von Jan Wimmer
über die Zerschlagung der Türken vor Wien durch die verbündeten Armeen unter der Führung von König Jan III. Sobieski (zum 300. Jahrestag dieser Schlacht),

— „Warschau — die Hauptstadt des polnischen Staates" von Andrzej Karpiński
über die Geschichte der polnischen Hauptstadt, über ihre Rolle in der Geschichte des polnischen Volkes und ihren Platz in der Kultur.

In den nächsten Jahren sind dann folgende Titel vorgesehen:

— „Die Taufe Polens"
über die Einbeziehung des polnischen Staates in den Kreis der europäischen Kultur im 10. Jh.,

— „Die Krönung König Ellenlangs"
über den Versuch der Einigung der polnischen Lande im Jahre 1320,

— „Die Schlacht bei Grunwald"
über den Sieg über die Kreuzritter 1410,

— „Die Krakauer Akademie"
über die älteste, 1364 gegründete Hochschule Polens und das Aufblühen der polnischen Kultur im 15.—17. Jh.,

— „Die Lubliner Union"
über die Union zwischen Polen und Litauen im 14.—17.Jh.,

— „Die schwedische Sintflut"
über den Einfall der Schweden in Polen im 17. Jh.,

— „Die Kommission für Nationale Bildung"
über das erste Bildungsministerium der Welt, tätig in den Jahren 1773—1794,

— „Die Verfassung vom 3. Mai 1791"
über die zweite neuzeitliche Verfassung der Welt (nach der Verfassung der Vereinigten Staaten),

— „Noch ist Polen nicht verloren"
über die Geschichte der polnischen Nationalhymne,

— „Novembernacht"
über den Befreiungsaufstand der Polen im Jahre 1830/31,

— „Das Manifest der Volksregierung vom 22. Januar 1863"

über das letzte bewaffnete Aufbegehren der Polen zur Wiedererlangung ihrer nationalen Freiheit im 19. Jh.,
— „Monte Cassino"
über die siegreiche Schlacht des 2. polnischen Korps gegen die Deutschen in Italien 1944 sowie über den Beitrag der polnischen Streitkräfte im Westen zum Sieg über den Faschismus,
— „Die Schlacht bei Lenino"
über den Kampfesweg der polnischen Volksarmee,
— „Der Warschauer Aufstand"
über den Aufstand 1944 und die Widerstandsbewegung in Polen während der Naziokkupation,
— „Das Manifest des Polnischen Komitees für Nationale Befreiung"
über die Gründung Volkspolens.

I. Wappen, Staatsflagge, Nationalhymne

Zwei Wahrzeichen, Wappen und Flagge, sowie eine bestimmte Folge von Tönen und Worten, die Hymne, sind die Symbole eines States.* In der Geschichte des menschlichen Denkens und im gesellschaftlichen Leben ersetzen diese Symbole bestimmte Begriffe und dienen dazu, in knapper, sinnbildlicher Form bestimmte Tatsachen und Ereignisse zu erfassen. Die Symbole des polnischen Staates repräsentieren dessen politische Unabhängigkeit und zeugen vom Platz Polens in der Welt. Sie tragen dazu bei, die nationalen und sozialen Bande enger zu knüpfen, und vereinen die im In- und Ausland lebenden Polen. Sie sind ein Fanal aller Polen.
Die Entstehung der Symbole der polnischen Nation reicht viele Jahrhunderte zurück. Aber auch unter den Symbolen anderer Nationen mangelt es nicht an ebenso alten oder sogar noch weiter zurückreichenden Wahrzeichen. In der Geschichte der polnischen Symbole gibt es aber besondere Kapitel, die reich sind an erhabenen und tragischen Momenten, gekennzeichnet — ähnlich wie die Geschichte des Staates, den sie repräsentieren — durch das Heldentum vieler Generationen von Polen, durch die Bitterkeit erlittener Niederlagen und durch die Freude über errungene Siege.

Staatswappen

Das älteste polnische Symbol ist — ähnlich wie bei allen anderen europäischen Nationen — das Wappen. Es stellt einen weissen Adler auf rotem Grund dar. Die Anfänge dieses Wahrzeichens reichen bis in die Zeit der Piasten-Dynastie, d.h. bis in die Entstehungszeit des polnischen Staates, zurück. Die Wissenschaftler sind nicht in der Lage, mit absoluter Sicherheit zu klären, welche Gründe bei der Auswahl dieses Wappens entscheidend waren. Es überwiegt die Ansicht, dass der Wappenadler, der im ersten Viertel des 13. Jh. bereits ständig auf den Siegeln der Provinzialfürsten aus der Piasten-Dynastie auftrat, deren persönliches Wahrzeichen gewesen ist. Dabei handelte es sich um ein Zeichen, das selbst, wenn auch im Rahmen der in

* Auf der Grundlage des Buches von Stanisław Russocki, Stefan K. Kuczyński und Juliusz Willaume „Godło, barwy i hymn Rzeczypospolitej. Zarys dziejów" (Wappen, Nationalfarben und Hymne des polnischen Staates. Geschichtlicher Abriss). Mit einem Vorwort von Bogusław Leśnodorski, III. Ausg., Warszawa 1978

der Heraldik gültigen, schon früher in Westeuropa herausgebildeten Regeln, ausgewählt wurde.

Die politisch-rechtliche Doktrin des Mittelalters verkündete, dass der herrschende Monarch den Staat symbolisiere. Daher bildete das persönliche Wahrzeichen des Herrschers auch das Symbol des von ihm regierten Gebiets und der seiner Herrschaft unterstehenden Untertanen. Der Fürst von Wielkopolska Przemysł II. aus der Dynastie der Piasten unternahm gegen Ende des 13. Jh. verschiedene Versuche, die polnischen Gebiete zu vereinigen. Dadurch wurde sein persönliches Wahrzeichen, der weisse Adler, zum Symbol der Einheit des Staates und zum Wappen des Königreichs Polen. In diesem Sinne übernahmen die Könige, die Polen einten — der bereits genannte Przemysł II. und nach ihm Władysław Łokietek und Kazimierz Wielki (der Grosse) — den mit der Krone geschmückten Adler als Symbol der königlichen Würde auf ihre Siegel. Das sich herausbildende Nationalbewusstsein trug dazu bei, die Rolle dieses Symbols zu festigen.

Welch grosse moralische Kraft schon damals mit dem Wappen des Königreichs verbunden war, davon zeugt die Beschreibung des Kampfes zur Verteidigung des grossen Banners mit dem Adler in der Schlacht bei Grunwald 1410 von Jan Długosz, dem hervorragendsten polnischen Chronisten.

Seine endgültige Gestalt erhielt der Adler des polnischen Staatswappens Mitte des 14. Jh. Der scharf umrissene damalige Adler imponiert durch sein stolz zur Seite gewandtes, von einer Krone geziertes Haupt, durch seinen scharf gezeichneten Schnabel und seine weit ausgebreiteten, von einer Schärpe geschmückten Flügel. Er strahlte Kraft und Majestät aus.

Je nach Zeitgeschmack der einzelnen Epochen veränderte der polnische Adler noch mehrmals seine Umrisse. Die gotische Gestalt des Wappenadlers der Piasten und der ersten Jagiellonen machte den Renaissanceformen der Adler von Zygmunt I. und Zygmunt August Platz. Im 18. Jh. nahm der Adler eine klassizistische Gestalt an, die er am längsten behielt. Trotz der abgewandelten Form blieb der Inhalt des Symbols jedoch immer der gleiche.

Während der Herrschaftszeit der Könige aus der Jagiellonen-Dynastie und auch etwas später war der polnische Adler als Zeichen für die Personalunion zwischen Polen und Litauen mit dem Pogoń-Wappen Litauens auf dem Wappenschild vereint. Unabhängig von den offiziell anerkannten Staatswappen trat

das Bild des Adlers in Verbindung mit dem Monogramm oder dem Wahrzeichen des herrschenden Königs auch auf Münzen, Amtssiegeln, Heerbannern usw. auf.
Im Bewusstsein des polnischen Volkes wurde die Gestalt des weissen Adlers mit der Krone auf dem Haupt zum eigenständigen Wahrzeichen der Polen, zum Symbol des polnischen Staates und der Beständigkeit seiner politischen Unabhängigkeit. Als Polen infolge der Teilungen seine politische Selbständigkeit einbüsste, untersagten die fremden Herrscher denn auch, den Adler als selbständiges Symbol zu verwenden. Künstlich geschaffene Wahrzeichen sollten ihn ersetzen: zuerst das Wappen des von Napoleon gegründeten Grossherzogtums Warschau (Wappen der sächsischen Dynastie verbunden mit dem polnischen Adler) und später das Wappen des vom zaristischen Russland abhängigen „Königreichs Polen" (Kongresspolens), der schwarze doppelköpfige Adler Russlands mit dem polnischen Adler auf der Brust. Nach der Niederschlagung des Januaraufstandes von 1863 wurde auch dieser Überrest des ehemaligen Wappens der Adelsrepublik Polen abgeschafft, und der weisse Adler wurde neben den Wappen der anderen Provinzen auf den Flügeln des Zarenadlers dargestellt. Auch im preussischen und österreichischen Eroberungsgebiet wurde der Adler der Adelsrepublik entfernt, und man führte die Symbole der fremden Monarchen ein.
Durch die verlorengegangene Unabhängigkeit und die Teilung Polens, die eine Tragödie im Leben der Nation darstellten, wurde zugleich die Entwicklung des nationalen Denkens belebt und beschleunigt. Der weisse Adler, als offizielles Wahrzeichen verboten, wurde zum Symbol lebendiger patriotischer Gefühle, zum Zeichen des ehemaligen Ruhmes des polnischen Staates und zur Verkörperung des Wunschtraums von der Freiheit.
Bei jedem Aufstand, bei jedem Befreiungsbemühen der Polen, an denen das 19. Jh. so reich war, spielte das Bild des Adlers eine grosse Rolle. Beim Novemberaufstand 1830/31 wurde das Wappen des „Königreichs Polen" spontan verworfen und Adler und Pogoń-Wappen erneut zum Symbol erhoben. Das Pogoń-Wappen Litauens sollte die Wiedergeburt des polnischen Staates in seinen früheren Grenzen versinnbildlichen. Von ähnlichen Absichten liess sich 1863 die Regierung der Aufständischen leiten, als sie auf ihren Siegeln neben dem Bild des Erzengels, der die Gebiete Rutheniens symbolisierte, den Adler mit dem Pogoń-Wappen anbringen liess.

Die Befreiungsbewegung des 19. Jh. erhob neben der Losung von der Unabhängigkeit auch ein Programm gesellschaftlicher Reformen und demokratischer Freiheiten. Unter diesen Umständen zeichnete sich ganz klar die Frage ab, ob das Wappen der Kämpfer um Freiheit und Demokratie mit einer Krone verziert sein solle oder nicht.

Die Krone auf dem Haupt des Adlers war mit der Herrschaft der Monarchie im polnischen Staat verknüpft. Dagegen wurde im revolutionär-demokratischen Flügel der Organisatoren des Unabhängigkeitskampfes die Forderung nach einem Staat erhoben, der sich auf die Prinzipien sozialer Gleichheit stützen sollte. Der äussere Ausdruck für diese Idee war — neben radikaleren Versuchen, das Wappen zu verändern — die Entfernung der Krone vom Haupt des Wappenadlers.

Der Adler ohne Krone erschien auf der Fahne der 1832 in der Emigration gegründeten Demokratischen Gesellschaft Polens. In den Tagen des Völkerfrühlings tauchte er auf den Fahnen der polnischen Abteilungen auf, die an der Verteidigung der ungarischen Revolution beteiligt waren. Er war das Wappen der von Adam Mickiewicz in Italien gegründeten Legion. In Polen wurde der Adler ohne Krone während des Krakauer Aufstands 1846 zum Wahrzeichen bestimmt. Er zierte auch die Standarten einiger Aufständischenabteilungen von 1863 und 1864.

Das Bild des Adlers ohne Krone tauchte bei den Einheiten der polnischen Armee auf, die während des ersten Weltkriegs in verschiedenen Ländern Europas und in den Vereinigten Staaten aufgestellt wurden. Auch die in Polen selbst gebildeten militärischen Einheiten verwendeten anfänglich den Adler ohne Krone.

Der 1918 wiedergeborene polnische Staat legte den gekrönten Adler als sein Staatswappen fest, obwohl die für kurze Zeit gebildete sozialistische Regierung unter Jędrzej Moraczewski versucht hatte, das Bild des Adlers ohne Krone durchzusetzen. 1919 wurde offiziell das Aussehen des Staatswappens festgelegt: der weisse Adler mit goldener Krone, goldenem Schnabel und goldenen Klauen auf rotem Grund. 1927 wurde nach einem Entwurf von Prof. Zygmunt Kamiński ein neues Muster des Staatswappens eingeführt; im Prinzip blieb es das gleiche, der weisse Adler auf rotem Grund war jedoch anders stilisiert.

Das Staatswappen und die anderen Symbole der polnischen Nation wurden von den faschistischen Eindringlingen brutal verfolgt. Das Volk erhob sie als Zeichen des Kampfes. Der während der Okkupation verbotene Adler wurde zum sichtbaren Symbol des kämpfenden Polen, der polnischen Untergrundbewegung und des im Ausland aufgestellten polnischen Heeres. In den Abteilungen der Volksgarde und dann der Volksarmee sowie bei den auf dem Territorium der Sowjetunion aufgestellten polnischen Truppen, d.h. im linksgerichteten Flügel der Freiheitskämpfer, wurde die Tradition des Adlers ohne Krone erneut mit Leben erfüllt.

Die Volksrepublik Polen bestätigte den Adler ohne Krone als ihr Staatswappen. Sehr treffend wurde das Wesen der vollzogenen Veränderungen vom Dichter Konstanty Ildefons Gałczyński charakterisiert, der über den Adler schrieb: „Er nahm die Krone ab, um sie dem Volke zu Füssen zu legen."

Das Dekret über Staatswappen und Staatsflagge der Volksrepublik Polen vom 7. Dezember 1955 fixierte die Zeichnung des Adlers nach dem Muster von 1927 (unter Fortlassung der Krone). Dasselbe geschah im Gesetz über Staatswappen, Staatsflagge und Nationalhymne der VR Polen vom 31. Januar 1980.

Staatsflagge

Zeitlich folgen als nächstes Symbol des polnischen Staates die Nationalfarben Weiss und Rot. Diese beiden Farben bilden auf der Flagge zwei waagerechte, gleich breite Streifen, wobei der obere weiss, der untere rot ist. Die Genese dieses Symbols steht mit den Anfängen des Piasten-Adlers in Zusammenhang, von dem es geradewegs herrührt, denn die beiden Farben Weiss und Rot entsprechen in Übereinstimmung mit den Grundsätzen der Heraldik dem weissen Adler auf rotem Grund und stellen somit die farbliche Synthese des Wappens dar. In ähnlicher Weise knüpfen die Flaggen anderer Staaten und einiger Städte an das Thema ihres Wappens an.

Obwohl die Farben Weiss und Rot von Anfang an die Farben des polnischen Wappens waren, führte dennoch ein weiter Weg bis zu dem Moment, da sie auf der Flagge erschienen und als Nationalfarben festgelegt wurden. Die Begriffe Staatsflagge und Nationalfarben sind Begriffe der neuzeitlichen Staaten des 18. und 19. Jh. In der Neuzeit haben sich auch die polnischen Nationalfarben herausgebildet. Früher waren sie auf den Flag-

gen der Könige und auf Heerbannern anzutreffen. Weiss und Rot waren damals aber noch keine Nationalfarben im vollen Sinne dieses Wortes. Die eigentliche Staatsflagge stellte den weissen Adler oder Adler und Pogoń-Wappen auf rotem Grund dar.
In der ersten Hälfte des 18. Jh. wurden im polnischen Heer nach ausländischem Vorbild weisse Kokarden an den Mützen als Kennzeichen der Soldaten eingeführt. Das Weiss dieser Schleifen war die erste Farbe mit symbolischer Bedeutung in Polen, das Zeichen der polnischen Soldaten.
Das Weiss wurde jedoch mit der Farbe der Könige gleichgesetzt. Es wurde auch von fremden Monarchen benutzt, so z.B. in Frankreich, wo es später von der Trikolore, den drei Farben Blau, Weiss und Rot der Französischen Revolution, verdrängt wurde. Seit Ende des 18. Jh. benutzten radikale gesellschaftliche Strömungen in Europa blau-weiss-rote Kokarden als Wahrzeichen der allgemeinen Revolution. In Polen wurden solche Kokarden 1794, in den Tagen des Kościuszko-Aufstandes, von radikalen Jakobinern getragen.
Die nach der Teilung Polens unter Führung von General Jan Henryk Dąbrowski in Italien aufgestellten Polnischen Legionen behielten die Farben der polnischen Uniform bei. Sie benutzten jedoch die von den Franzosen getragenen Kokarden (als Zeichen „eines Volkes, das freien Menschen Schutz gewährt") und Epauletten mit den Farben der Zisalpinischen Republik (grün-weiss-rot). Die dreifarbigen französischen Kokarden wurden auch von den polnischen Legionen getragen, die an der Seite Napoleons kämpften. Am beständigsten war jedoch die weisse Kokarde des Heeres der Adelsrepublik, die in den Armeen des Grossherzogtums Warschau und des „Königreichs Polen" (Kongresspolens) beibehalten wurde.
Erst der Aufstand von 1830/31 rief grundsätzliche Veränderungen hervor. Die Bevölkerung solidarisierte sich mit der Armee, die das Signal zum Aufstand gegeben hatte, und übernahm die weissen Kokarden. Gleichzeitig trugen die Vertreter des radikalen Flügels der Aufständischen die dreifarbigen Kokarden der Revolution. Auch von den Farben des während des Aufstands wieder aufgelebten Wappens hergeleitete weissrote Kokarden tauchten auf. Da diese Zeichen nicht einheitlich waren, nahm der Sejm sich der Frage der Kokarden an. Am 7. Februar 1831 fasste er einen Beschluss über die endgültige Annahme der weissroten Schleifen. Dieser Beschluss war von entscheidender Bedeutung. Er war der erste von der höchsten Volksvertretung

gefasste Rechtsakt, der die Frage der polnischen Nationalfarben in voller Übereinstimmung mit der Tradition und mit den Gesetzmässigkeiten der Heraldik regelte. Weiss und Rot wurden offiziell als Nationalfarben anerkannt.
Nach der Niederschlagung des Aufstandes wurden die weissroten Kokarden ähnlich wie die anderen Symbole von den zaristischen Machthabern streng verboten. Die Tradition dieses Wahrzeichens wurde weiterhin in der Emigration gepflegt. Die weissrote Kokarde kennzeichnete die Anwesenheit von Polen überall dort, wo für „Eure und unsere Freiheit'' gekämpft wurde, in Ungarn und in Italien, auf den Barrikaden von Paris, Wien und Berlin. In Polen selbst wurde dieses Zeichen bei allen Befreiungsbewegungen und Aufständen zu neuem Leben erweckt. Die Farben Weiss und Rot tauchten — wenn auch in unterschiedlicher Form und Zusammenstellung — auch auf den polnischen Standarten in der Emigration sowie bei den Aufständen in Polen selbst auf. Zu eben jener Zeit verbreitete sich das Dunkelrot als Schattierung des Scharlachrots. Diese vom Standpunkt der Heraldik aus nicht begründete, aber im vergangenen Jahrhundert sehr beliebte Farbe wurde später nicht mehr verwendet.
Als in den Jahren des ersten Weltkrieges in Polen die Hoffnung auf Wiedererlangung der Unabhängigkeit aufkeimte, kamen die patriotischen und nationalen Gefühle der polnischen Bevölkerung in Symbolen zum Ausdruck, in weissroten Flaggen, Fahnen und Standarten. Noch während der deutschen Okkupation fand am 3. Mai 1916, dem 125. Jahrestag der Annahme der Verfassung, eine grosse Demonstration in Warszawa statt, bei der Teilnehmer mit polnischen Wappen und Flaggen auftraten. Am 11. November 1918 brachte ein Student der Warschauer Universität auf dem Statthalterpalais, dem Sitz der Besatzungsbehörden, eine grosse weissrote Flagge an, die bereits die nahe Unabhängigkeit verkündete. Die Geburtsstunde der Zweiten Republik war von freudigem Weiss und Rot gerahmt.
Im Jahre 1919 beschloss der Sejm des wiedergeborenen Staates das bis heute gültige Muster der Staatsflagge: weissrot.
Welch grosser moralischer Wert mit den polnischen Nationalfarben verbunden war, zeigte die Epopöe des zweiten Weltkriegs.
In den schwersten Augenblicken der Naziokkupation waren die Farben Weiss und Rot das Kampfeszeichen des um seine

Freiheit ringenden Polen. Die bei Todesstrafe verbotenen Zeichen erschienen an den Nationalfeiertagen auf den Strassen von Warszawa. Sie stärkten die Herzen, weckten Hoffnung und gaben Mut. Sie waren eine Herausforderung an den Gegner. Weissrote Armbinden und Embleme wurden von den Partisanen und Soldaten der polnischen Untergrundbewegung an ihren Beuteuniformen getragen. In den Tagen des Warschauer Aufstandes 1944 bezeichneten die polnischen Staatsflaggen die von den Aufständischen gehaltenen Gebiete, Enklaven einer blutig erkauften, kurzlebigen Freiheit. Weissrote Flaggen kennzeichneten den ruhmvollen Kampfesweg der polnischen Soldaten an fast allen Fronten des zweiten Weltkriegs. Am 2. Mai 1945 wurde die weissrote Flagge von einem polnischen Soldaten auf der preussischen Siegessäule in Berlin gehisst.

Nationalhymne

Wappen und Nationalfarben vieler Völker lassen sich von Symbolen ableiten, die im Mittelalter entstanden sind. Die Hymnen sind dagegen zum grössten Teil ein Ausdruck für die Herausbildung neuzeitlicher Nationen. Diesen Charakter hat auch die polnische Nationalhymne.

Obwohl sie in der Neuzeit entstanden ist, sind ihr ältere nationale Lieder mit Hymnencharakter vorausgegangen. Das älteste davon war das ,,Vaterlandslied" (*Carmen patrium*), die ,,Bogurodzica" (Lied von der gottgeborenen Jungfrau), das von den polnischen Rittern auf den Schlachtfeldern bei Grunwald und Warna gesungen worden ist. Von den in späteren Zeiten, bis Ende des 18. Jh., gesungenen Soldatenliedern wurde jedoch keins zum wahrhaft nationalen Lied.

Als erster machte im 18. Jh. König Stanisław August auf die Notwendigkeit einer Nationalhymne aufmerksam. Das 1774 von Ignacy Krasicki für die Ritterschule in Warszawa geschriebene Poem ,,Heilig geliebtes Vaterland" setzte sich jedoch nicht durch. Während des Kościuszko-Aufstandes wurde gern das ,,Lied der nationalen Kavallerie" nach der Melodie des französischen Liedes ,,Ça ira" gesungen. Zu dieser Zeit entstand auch das Soldatenlied ,,Zu den Waffen, Brüder, zu den Waffen!" nach der Melodie der Marseillaise, des Liedes der Französischen Revolution.

Die neuzeitlichen Nationalhymnen lassen sich von zwei Strömungen herleiten. Die einen sind auf Initiative von Herrschern bzw. Regierungen entstanden, und darin wird Gott gebeten, den König zu schützen und die Monarchie zu erhalten. Andere, wie die Marseillaise, sind aus patriotischen Aufwallungen und Wünschen der Völker heraus geboren worden. Hierzu gehört auch das bedeutendste polnische Nationallied, die Dąbrowski-Mazurka, das ehemalige ,,Lied der Legionen".

Dieses Lied ist 1797 ausserhalb der polnischen Grenzen entstanden. Es begleitete die von General Jan Dąbrowski aufgestellten Polnischen Legionen der französischen Armee in Italien. In einer Atmosphäre der Begeisterung und in der Hoffnung auf eine baldige Rückkehr an die Weichsel wurde es von Józef Wybicki nach der Melodie einer volkstümlichen Mazurka niedergeschrieben. Wybicki war ein geschätzter Publizist und ein aktiver Vertreter des patriotischen Lagers. Zum ersten Mal wurde das Lied im Juli 1797 in Reggio Emilia, dem Standort der Legionäre, gesungen. Die einfachen, zu Herzen gehenden Worte und die charakteristische volkstümliche Melodie setzten sich im Nu unter den Soldaten durch. Das Lied der Legionen gelangte sehr bald nach Polen und weckte bei den Zuhörern echte Begeisterung. Hier ist der ursprüngliche Text dann geringfügig geändert worden.

Die ungewöhnliche Beliebtheit des Liedes erklärt sich vor allem aus seinen ersten Worten: ,,Noch ist Polen nicht verloren, solange wir leben." Diese Worte weckten die Überzeugung, dass das Volk trotz der Abhängigkeit überdauern kann, wenn nur seine Bürger ihr Nationalbewusstsein bewahren und bereit sind, um die Unabhängigkeit zu kämpfen. Die weiteren Worte der Hymne gelten dem Glauben an die eigene Kraft des Volkes (,,Was uns fremde Gewalt entrissen, holen wir mit dem Säbel zurück") und an künftige Siege der Polen (,,Bonaparte hat uns gezeigt, wie wir zu siegen haben"). Der Refrain (Marsch, marsch, Dąbrowski") enthält dagegen das nach jeder Strophe wiederholte Bekenntnis der polnischen Emigranten, dass sie an die Verwirklichung ihres Hauptziels, an ,,die Vereinigung mit der Nation", glauben.

Das Lied der Legionen wurde sofort zum Symbol der Standhaftigkeit Polens und des Glaubens an seine Wiedergeburt, zu einem Symbol, das alle Polen ohne Standesunterschiede im Kampf um die Freiheit des Volkes vereinte. Es wurde bei besonders feierlichen Anlässen und zu Ehren bedeutungsvoller geschichtlicher Ereignisse gesungen. Es erklang auf den Kampfstätten der Aufstände und bei Demonstrationen auf den Strassen. Aus gegebenen Anlässen entstanden auch Gelegenheitsfassungen des Liedes der Legionen und andere Gesänge nach seiner Melodie. Der grössten Beliebtheit erfreute sich jedoch der Originaltext des Liedes.

Nach der Niederschlagung des Novemberaufstands wurde die Dąbrowski-Mazurka als Lied der Nation und der Rebellion verboten. Seine Beliebtheit aber dehnte sich auf das Ausland, auf Emigranten und andere Völker aus. Als Lied der Freiheitskämpfer gewann es unter den liberalen Bevölkerungsschichten Deutschlands und Englands Sympathie. Die in verschiedene Sprachen übersetzte Losung „Noch ist Polen nicht verloren" war zugleich eine Deklaration zugunsten der Freiheit aller Völker. Daher ist es verständlich, dass die Mazurka besonders bei den durch gemeinsames Unglück verbundenen slawischen Brudervölkern sehr beliebt ist. Sie ist in die tschechische und slowakische Sprache übersetzt worden und hat Text und Melodie der allgemeinslawischen sowie der kroatischen und sorbischen Hymne inspiriert. Bis heute klingt die Melodie der polnischen Mazurka in der jugoslawischen Nationalhymne mit.

In den Jahren des ersten Weltkrieges, als die Hoffnung auf eine Wiedergeburt des polnischen Staates erblühte, wurde die Dąbrowski-Mazurka zusammen mit anderen Nationalliedern wie z.B. dem Lied „Boże, coś Polskę" (Gott, schütze Polen...) von Alojzy Feliński, dem Choral „Z dymem pożarów" (Mit dem Rauch der Brände...) von Kornel Ujejski und dem Lied „Rota" (Eid) von Maria Konopnicka im ganzen Land gesungen. Nach der Erlangung der Unabhängigkeit wurde darüber diskutiert, welches dieser Lieder die Rolle der Nationalhymne spielen solle. Bei diesem Streit siegte die Dąbrowski-Mazurka, das Lied, das durch seine enge Verbundenheit mit den Traditionen des nationalen Befreiungskampfes und durch seine temperamentvolle, mitreissende Melodie alle anderen Werke überragte. 1926 wurde die Mazurka offiziell als Nationalhymne anerkannt, und sie ist es bis heute.

Die Wahrheit des ehemaligen Liedes der Legionen lebte in den Tagen des letzten Krieges mit aller Kraft wieder auf. Seine Worte bekamen wieder die frühere Bedeutung, und die Melodie erinnerte daran, dass die Töne der Mazurka schon so oft die Polen in ihrem Freiheitskampf begleitet hatten.

Die Nationalhymne begleitete die polnischen Soldaten auf allen Kriegsschauplätzen, von den norwegischen Fjorden bis zur

Libyschen Wüste, von Lenino bis nach Berlin. In Polen aber war sie oft der letzte Gedanke von Millionen hingerichteter Polen. Sie spielte aber auch eine wichtige Rolle bei der Ermutigung des gepeinigten Volkes.
Die hier angeführte Geschichte des Wappens, der Staatsflagge und der Nationalhymne des polnischen Staates ermöglicht es, den jeweils neuen Gehalt zu verfolgen, den jede Generation von Polen zum Verständnis dieser Symbole beigetragen hat. Trotz der Verbote der Eroberer wurden sie wie eine Stafette von Generation zu Generation weitergereicht. Sie sind zum Allgemeingut aller Polen geworden. Sie sind mit der Tradition der Freiheitskämpfe des polnischen Volkes verknüpft und haben die Rolle eines die Bevölkerung einigenden Faktors gespielt. Diese Symbole stehen mit der republikanischen Strömung der polnischen Geschichte und mit den Losungen von Demokratie und Fortschritt in Zusammenhang. Heute sind darin dieselben Ideale zu finden, die ihnen auch in der Vergangenheit eigen waren. Sie verkörpern Freiheit und Unabhängigkeit des Staates und Einsatz für die gemeinsame nationale Sache.

*

Die Muster für Wappen, Nationalfarben und Flagge sowie den verbindlichen Text und die Notenschrift der Nationalhymne enthält das vom Sejm beschlossene Gesetz vom 31. Januar 1980 (Gesetzblatt der VR Polen Nr. 7 vom 11.3.1980, Pos. 18). Dort sind auch Anlässe und Voraussetzungen festgelegt, unter denen Wappen und Flagge verwendet werden können und die Hymne der VR Polen gespielt werden darf.

Orden und Auszeichnungen der Volksrepublik Polen

Orden

Orden der Erbauer Volkspolens

Orden der Wiedergeburt Polens
- erster Klasse — Grosskreuz
- zweiter Klasse — Kommandeurskreuz mit Stern
- dritter Klasse — Kommandeurskreuz
- vierter Klasse — Offizierskreuz
- fünfter Klasse — Ritterkreuz

Orden *Virtuti Militari*
- erster Klasse — Grosskreuz
- zweiter Klasse — Kommandeurskreuz
- driter Klasse — Ritterkreuz
- vierter Klasse — Kreuz in Gold
- fünfter Klasse — Kreuz in Silber

Orden des Grunwald-Kreuzes
- erster Klasse
- zweiter Klasse
- dritter Klasse

Orden *Banner der Arbeit*
- erster Klasse
- zweiter Klasse

Verdienstorden der VR Polen
- erster Klasse — mit Schärpe
- zweiter Klasse — mit Halsband und Stern
- dritter Klasse — mit Halsband
- vierter Klasse — in Gold
- fünfter Klasse — in Silber

Auszeichnungen

Verdienstkreuz
- in Gold
- in Silber
- in Bronze

Tapferkeitskreuz

Medaille „Für Verdienste auf dem Feld der Ehre"
- in Gold
- in Silber
- in Bronze

Partisanenkreuz
Medaille „Für Eure und unsere Freiheit"
Kreuz der Aufständischen von Śląsk
Kreuz der Aufständischen von Wielkopolska
Medaille für Warszawa 1939—1945
Medaille für Oder, Neisse und Ostsee
Sieges- und Freiheitsmedaille 1945
Medaille „Für Opferbereitschaft und Tapferkeit"
Medaille zum 10. Jahrestag der Gründung Volkspolens
Medaille zum 30. Jahrestag der Gründung Volkspolens
Medaille „Für langjährige Ehe"

Geschichte der polnischen Orden

Seit frühesten Zeiten war es allgemein üblich, Menschen, die sich durch Verstand, Tugend oder Tapferkeit auszeichneten, mit äusseren Zeichen der Anerkennung zu versehen. Diese Zeichen waren ein sichtbarer Beweis für die Anerkennung, die das Volk oder der Monarch verdienstvollen Bürgern zollten. Derartige Auszeichnungen setzten sich in Polen erst spät durch, denn hier verweigerte man in Anlehnung an das goldene Prinzip der Adelsgleichheit die Annahme von Ehrentiteln und Auszeichnungen. Selbst die höchsten europäischen Ehrenzeichen riefen in Polen keine Bewunderung hervor. Als König Stefan Batory im 17. Jh. die Annahme des Ordens vom Goldenen Vlies ablehnte, brachte ihm diese Geste die allgemeine Anerkennung der adligen Gesellschaft ein.

Den ersten polnischen Orden, den Orden der Unbefleckten Empfängnis der hl. Jungfrau Maria, versuchte König Władysław IV. im 17. Jh. einzuführen, um damit den Adel an Dynastie und Thron zu binden. Das von Papst Urban VIII. bestätigte Statut dieses Ordens wurde jedoch 1638 durch den Einspruch des Schlachta-Adels vom Sejm abgelehnt. Erst König August II. Mocny (der Starke), der einige ihm im Kampf um den Thron ergebene Magnaten auszeichnen und andere auf seine Seite ziehen wollte, stiftete am 1. November 1705 den Orden des Weissen Adlers mit der Losung „*Pro Fide, Rege et Lege*". Als die Überreste der polnischen Eigenstaatlichkeit beseitigt wurden, nahm Zar Nikolaus I. den Orden des Weissen Adlers 1831 unter die Auszeichnungen des zaristischen Russlands auf. Nachdem Polen seine Unabhängigkeit wiedererlangt hatte, wurde der Orden des Weissen Adlers mit der neuen Devise „Für Volk und Vaterland" erneut gestiftet und stellte bis 1944 die höchste polnische Auszeichnung dar.

König Stanisław August führte zwei Orden ein, am 7. Mai 1765 den Orden des hl. Stanislaus und am 22. Juni 1792 zum Gedenken an die Schlacht bei Zieleńce den Orden *Virtuti Militari*. Letzterer wurde anfänglich in Form goldener und silberner Medaillen für Verdienste auf dem Schlachtfeld verliehen. Als erste wurden die polnischen Nationalhelden Fürst Józef Poniatowski und Tadeusz Kościuszko mit den Goldmedaillen des *Virtuti Militari* geehrt. Der Orden *Virtuti Militari*, der bereits 1792 durch die verräterische Konföderation von Targowica ausser Kraft gesetzt worden war, wurde 1807 unter der Bezeichnung

Militärorden des Grossherzogtums Warschau wieder eingeführt. Damals wurde auch festgelegt, dass er die Form eines Kreuzes erhalten und in 5 Klassen verliehen werden solle. Der Orden, der 1832 von Zar Nikolaus I. erneut ausser Kraft gesetzt worden war, wurde 1919 im wiedergeborenen polnischen Staat wieder eingeführt. Heute stellt er die höchste militärische Auszeichnung Polens dar. Seine Devise bilden die Worte: „Ehre und Vaterland".

Zur Zeit der II. Republik wurden neue zivile und militärische Orden und Ehrenzeichen eingeführt, u.a. das Tapferkeitskreuz für auf dem Schlachtfeld bewiesenen Mut, der Orden der Wiedergeburt Polens (in 5 Klassen und unter der Losung „*Polonia Restituta*") für hervorragende Verdienste von Staatsbürgern, das Unabhängigkeitskreuz und die Unabhängigkeitsmedaille für Verdienste um die Wiedererlangung des Vaterlandes, das Verdienstkreuz (in 3 Klassen) für hervorragende Leistungen im Beruf und bei der gesellschaftlichen Tätigkeit sowie Gedenk- und Anerkennungsmedaillen (z.B. die Medaille „Für die Rettung gefährdeter Menschenleben"). Der Orden der Wiedergeburt Polens und ein grosser Teil der genannten Auszeichnungen ist nach dem zweiten Weltkrieg in die Reihe der Auszeichnungen der Volksrepublik Polen aufgenommen worden.

Das von den polnischen Soldaten an den Fronten des zweiten Weltkrieges bewiesene Heldentum wurde — in vielen Fällen postum — durch die Verleihung des Ordens *Virtuti Militari* und des Tapferkeitskreuzes geehrt. Zu dieser Zeit tauchte eine Reihe neuer militärischer Auszeichnungen auf. In der polnischen Armee, die auf dem Territorium der Sowjetunion gebildet worden war, wurde 1943 auf Befehl des Führungsstabes der I. Infanteriedivision „Tadeusz Kościuszko" die Medaille „Für Verdienste auf dem Felde der Ehre" (in 3 Klassen) eingeführt. Nach der Schlacht bei Lenino (12./13. Oktober 1943) wurden in der Polnischen Volksarmee die ersten Orden *Virtuti Militari* verliehen. Am 20. Februar 1944 bestätigte der Landesvolksrat den etwas früher festgelegten Orden des Grunwald-Kreuzes (in 3 Klassen). Diese hohe militärische Auszeichnung wurde noch am selben Tag 30 Soldaten der Volksarmee verliehen, die sich im Kampf gegen die Okkupanten besonders hervorgetan hatten. Die Bezeichnung dieses Ordens und das Motiv der beiden Schwerter in der Mitte des Kreuzes knüpfen an den glänzenden Sieg Polens über den Deutschen Ritterorden 1410 in der Schlacht bei Grunwald an. Bei den polnischen Streitkräften im

Westen wurden Medaillen der einzelnen Waffengattungen und für Teilnehmer an der Schlacht von Monte Cassino im Mai 1944 das Monte-Cassino-Gedenkkreuz eingeführt.
Für die Teilnehmer an der siegreichen Offensive der sowjetischen und polnischen Truppen und an bestimmten Schlachten und Kampfhandlungen des zweiten Weltkrieges ist eine Reihe militärischer Auszeichnungen eingeführt worden: Medaille für Warszawa 1939—1945, Medaille für Oder, Neisse und Ostsee, Sieges- und Freiheitsmedaille 1945 und die Medaille für die Teilnahme an den Kämpfen um Berlin. Für die Teilnahme am Partisanenkampf gegen die faschistischen Okkupanten wird das Partisanenkreuz verliehen.
In Anerkennung der bei bewaffneten Aufständen und in der Volksbefreiungsbewegung geleisteten Verdienste sind bereits in Volkspolen drei Auszeichnungen eingeführt worden: das Kreuz der Aufständischen von Śląsk für die Teilnahme an den Schlesischen Aufständen 1919—1921 oder am konspirativen Kampf in Śląsk in den Jahren 1939—1945, das Kreuz der Aufständischen von Wielkopolska für die Teilnehmer am Aufstand in Wielkopolska 1918/19 und die Medaille „Für Eure und unsere Freiheit", die an Teilnehmer der Kämpfe der Internationalen Brigaden in Spanien 1936—1939 und an verdienstvolle Persönlichkeiten verliehen wird, die ihnen dabei geholfen haben.
Die Volksrepublik Polen hat die meisten früheren zivilen Orden und Auszeichnungen übernommen und neue eingeführt. Die höchste staatliche Auszeichnung der Volksrepublik Polen ist der Orden der Erbauer Volkspolens, der 1949 zur Anerkennung aussergewöhnlicher Verdienste beim Aufbau Volkspolens eingeführt worden ist. Dieser Orden wird ausschliesslich polnischen Staatsbürgern sowie Kollektiven, Städten, Betrieben und Institutionen verliehen. Für hervorragende Verdienste beim Aufbau des Sozialismus in Polen wird Persönlichkeiten und Institutionen der 1949 eingeführte Orden Banner der Arbeit (in 2 Klassen) verliehen.
1974 ist der Verdienstorden der VR Polen gestiftet worden. Er wird Bürgern anderer Staaten und im Ausland lebenden polnischen Staatsbürgern verliehen, die durch ihre Tätigkeit einen hervorragenden Beitrag zur Entwicklung der internationalen Zusammenarbeit und zur Vertiefung der Freundschaft zwischen der VR Polen und anderen Staaten und Völkern geleistet haben.
Zur Anerkennung verschiedener ziviler und militärischer Ver-

dienste in Friedenszeiten sind folgende Medaillen eingeführt worden: ,,Die Streitkräfte im Dienste des Vaterlands" (3 Stufen) für 25, 15 und 5 Jahre vorbildlich geleisteten Dienstes in den Reihen des polnischen Heeres, die Medaille ,,Für Verdienste um die Verteidigungsbereitschaft des Landes" (3 Stufen), die an Personen verliehen wird, die zur Stärkung und Entwicklung der Verteidigungskraft Polens beigetragen haben, die Medaille ,,Für Opferbereitschaft und Tapferkeit", die Personen verliehen wird, die unter Einsatz ihres Lebens Ertrinkende retten, Opfern von Naturkatastrophen Hilfe leisten oder gesellschaftliches Gut vor der Vernichtung bewahren, und die Medaille ,,Für langjährige Ehe". In den Jahren 1954/55 ist die Medaille zum 10. Jahrestag der Gründung Volkspolens an Bürger verliehen worden, die sich in ihrer beruflichen und gesellschaftlichen Arbeit besonders ausgezeichnet hatten.
1974 ist die Medaille zum 30. Jahrestag der Gründung Volkspolens eingeführt worden, die für Verdienste bei langjähriger, vorbildlicher beruflicher und gesellschaftspolitischer Tätigkeit verliehen wird.

Stefan Krzysztof Kuczyński

II. Geschichte Polens

Übersichtstafel der polnischen Herrscher

I. Dynastie der Piasten

Frühfeudale Monarchie

um 960—992	Mieszko I.
992—1025	Bolesław I. Chrobry (der Tapfere), König 1025
1025—1034	Mieszko II. Lambert, König ab 1025
1034—1058	Kazimierz I. Odnowiciel (der Erneuerer)
1058—1079	Bolesław II. Śmiały (der Kühne), König ab 1076
1079—1102	Władysław I. Herman
1102—1107	Zbigniew und Bolesław III. Krzywousty (Schiefmund)
1107—1138	Bolesław III. Krzywousty

Zeit der feudalen Zersplitterung (regierende Fürsten von Kraków)

1138—1146	Władysław II. Wygnaniec (der Vertriebene)
1146—1173	Bolesław IV. Kędzierzawy (der Kraushaarige)
1173—1177	Mieszko III. Stary (der Alte)
1177—1194	Kazimierz II. Sprawiedliwy (der Gerechte)
1194—1202	Mieszko III. Stary (der Alte)
1202	Władysław Laskonogi (Dünnbein)
1202—1210	Leszek Biały (der Weisse)
1210—1211	Mieszko Plątonogi (Schlenkerbein)
1211—1227	Leszek Biały
1227—1229	Władysław Laskonogi
1229—1232	Konrad Mazowiecki
1232—1238	Henryk Brodaty (der Bärtige)
1238—1241	Henryk Pobożny (der Fromme)
1241—1243	Konrad Mazowiecki
1243—1279	Bolesław Wstydliwy (der Keusche)
1279—1288	Leszek Czarny (der Schwarze)
1288—1290	Henryk Probus
1290—1291	Przemysław II., 1295—1296 polnischer König
1291—1305	Wacław II. von Böhmen aus der Dynastie der Přemysliden, ab 1300 polnischer König

Vereinigtes Königreich Polen

1306—1333	Władysław I. Łokietek (Ellenlang), König ab 1320*
1333—1370	Kazimierz III. Wielki (der Grosse)

---

* Alle folgenden Herrscher waren Könige.

II. Dynastie der Anjou

1370—1382	Ludwig der Grosse (von Ungarn)
1383—1399	Jadwiga

III. Dynastie der Jagiellonen

1386—1434	Władysław II. Jagiełło
1434—1444	Władysław III. Warneńczyk
1447—1492	Kazimierz IV. Jagiellończyk
1492—1501	Jan Olbracht
1501—1506	Aleksander
1506—1548	Zygmunt I. Stary (der Alte)
1548—1572	Zygmunt II. August

IV. Wahlkönige

1573—1574	Henri de Valois
1576—1586	Stefan Batory
1587—1632	Zygmunt III. Wasa
1632—1648	Władysław IV. Wasa
1648—1668	Jan II. Kazimierz Wasa
1669—1673	Michał Korybut Wiśniowiecki
1674—1696	Jan III. Sobieski
1697—1706	August II. Mocny (der Starke), Wettiner
1704—1709	Stanisław Leszczyński
1709—1733	August II. Mocny
1733—1736	Stanisław Leszczyński
1733—1763	August III. (Wettiner)
1764—1795	Stanisław August Poniatowski

Vor dem Entstehen des polnischen Staates

Älteste Spuren menschlichen Lebens auf polnischem Boden sind im südlichen Raum nachzuweisen. Aus dem ausgehenden mittleren Pleistozän, der sog. grossen Interglazialzeit, stammen geringe Überreste von Siedlungen des Urmenschen (Pithekanthropus), die in den Lössbodenschichten in Piekary bei Kraków, in der Höhle Jaskinia Ciemna in Ojców und im Bergland Pogórze Kaczawskie (Kondratówka) gefunden worden sind. Die damaligen Bewohner jagten Pflanzenfresser, insbesondere die zu jener Zeit zahlreich vertretenen Rentiere. Das rauhe, feuchte Klima brachte eine natürliche Umwelt hervor, die der Grenzzone zwischen heutiger sibirischer Tundra und Taiga ähnelte. Nachdem sich der mittelpolnische Gletscher zurückgezogen hatte (spätestens etwa 50 000 Jahre v.u.Z.), tauchten die Siedlungen des Neandertalers auf, die in den Grotten bei Zawiercie und Ojców und auf dem Gelände des heutigen Kraków entdeckt worden sind. Darin wohnten mehrere Dutzend Menschen umfassende Gruppen von Jägern und Sammlern. Während des Rückgangs der Eiszeit reichten die Siedlungen der Jäger der jüngeren paläolithischen Kultur — vom Körperbau her ähnelten sie bereits dem heutigen Menschen — bis in das nördliche Małopolska. Sie lebten unter den Bedingungen des gemässigten Klimas, das sich allmählich nach Norden ausdehnte. Unter dem jagdbaren Wild jener Epoche tauchten schon Hirsche, Wisente und Bären auf.

Auf den Sandhügeln von Mazowsze sind Spuren von Jägerlagern erhalten geblieben, die vor etwa 14 000 Jahren entstanden sind.

In späteren Jahrtausenden kam es zu einer beträchtlichen Erwärmung: der Zufluss von Wasser nahm stark ab. Die Pflanzenwelt veränderte sich. Es entstanden günstige Voraussetzungen für die Entwicklung des Ackerbaus (Bodenbearbeitung mit Hacke). Etwa 4200 v.u.Z. war der Hackbau bereits verbreitet. Die Bewohner der damaligen Siedlungen begründeten die Kultur der jüngeren Steinzeit (Neolithikum), die nach Art und Weise der Verzierung von Tongefässen Bandkeramik genannt wurde. Sie bewohnten vor allem Lössboden und lössähnliche Böden in Südpolen (Śląsk, Małopolska und die Gegend von Lublin). Allmählich drangen die Siedlungen der Ackerbauern und Viehzüchter nach Norden vor. Sie erfassten hauptsächlich Gebiete mit fruchtbaren Böden, so z.B. Kujawy und das Gebiet um Pyrzyce in Pomorze Zachodnie. Zu jener Zeit wohnten die Menschen in deutlich ausgeprägten Niederlassungen, die Enklaven inmitten ausgedehnter Gebiete mit schwacher oder gar nicht vorhandener Besiedlung bildeten. In Małopolska (Raum Sandomierz) entstanden einige Feuersteingruben, und aus dem zur Bearbeitung geeigneten Feuerstein verfertigte man Werkzeuge. Die grösste dieser Gruben war der Untertagebau in Krzemionki Opatowskie. Die Feuersteinwerkzeuge aus diesen Gruben und aus den Steinbrüchen in Dolny Śląsk und am Fuss des Berges Ślęża verbreiteten sich über die Mittelpolnische Tiefebene und gelangten bis nach Nordwesteuropa und in die ukrainischen Steppen.

Vor Mitte des 2. Jahrtausends v.u.Z. zeigten sich in Polen Einflüsse der Bronzezeit. Aus jener Epoche stammen zahlreiche Schätze in Form bronzener Gegenstände wie Armbänder, Ohrgehänge, Ohrringe und anderer Schmuck, der von der Wohlhabenheit der Besitzer zeugte. Da die einheimischen Kupfervorkommen zu jener Zeit wahrscheinlich noch nicht ausgebeutet wurden, stammten die Bronzeerzeugnisse aus Importen, hauptsächlich aus den Gebieten der heutigen Slowakei und Ungarn. Später tauchten bronzene Werkzeuge auf, vor allem viele reich verzierte Äxte und Schwerter. Unter den Ackerbauern und Viehzüchtern bildete sich eine Schicht vermögender Ritter heraus. Etwa aus dem 13. Jh. v.u.Z. liessen sich auf polnischem Boden Spuren eines zivilisatorischen Umschwungs nachweisen, der mit dem Wirken der Völker der Lausitzer Kultur zusammenhing. Die Lausitzer Kultur, die anfänglich Sachsen, die Lausitz und Wielkopolska umfasst hatte, dehnte sich nach Osten aus. Die günstigen klimatischen Verhältnisse ermöglichten eine mit der Entwicklung des Ackerbaus verbundene Zunahme der Bevölkerungszahl. Zwischen dem 8. und dem 4./3. Jh. v.u.Z. traten an die Stelle der verstreuten Niederlassungen grosse Wehrsiedlungen, die von kastenförmig angelegten, mit Erde und Stein ausgefüllten Wällen umgeben waren. Sie entstanden zu der Zeit, da die einheimischen Stämme von Völkern der skythischen und skythisch-sarmatischen Kultur bedroht wurden, die aus den Steppen Südosteuropas nach Norden vordrangen. Bei Ausgrabungen sind Spuren der Kämpfe mit den Skythen gefunden worden, so z.B. viele skythische Pfeilspitzen in den Überresten der alten Wälle und Siedlungen.

Die Zeit der Lausitzer Kultur war durch eine deutliche Entwicklung des Handwerks, insbesondere der Holzverarbeitung, gekennzeichnet. Der Wagen mit Felgenrädern setzte sich allgemein durch. 1933 ist auf einer Halbinsel des Sees von Biskupin im nördlichen Teil von Wielkopolska eine Wehrsiedlung entdeckt worden, die regelmässig angelegte, parallel verlaufende Gassen aufwies, in denen etwa 105 von einzelnen Familien errichtete Häuser standen.

Die lange Blüte der Lausitzer Kultur auf polnischem Boden bewirkte, dass sich die materielle Kultur der damaligen Bewohner der Siedlungen vereinheitlichte. Spuren der kulturellen Verbindung der Lausitzer Stämme mit der Kultur der Völker des Altertums und des Frühmittelalters sind von den Archäologen nachgewiesen worden. Sie gestatten die Annahme, dass die Lausitzer Kultur im Prozess der sich herausbildenden slawischen Kultur eine bedeutende Rolle gespielt haben muss.

Ende des 4. und Anfang des 3. Jh. v.u.Z. erschienen im Süden von Śląsk und im westlichen Teil von Małopolska die Kelten. Die Einflüsse keltischer Kultur erstreckten sich auf einen bedeutenden Teil der polnischen Gebiete. Die Kelten brachten die technischen Errungenschaften der Mittelmeerländer mit und verbreiteten diese. Ihrem Einfluss schreibt man die Verbreitung der Kunst des Eisenschmelzens in Polen zu. In der Epoche des Einflusses der griechisch-römischen Kultur sind im Świętokrzyskie-Gebirge, in Śląsk und in der Gegend von Kraków grosse Zentren der Eisenverhüttung entstanden. In der Umgebung von Kraków (Nowa Huta) gab es ausserdem ein bedeutendes Zentrum der Töpferei, das auf Handel eingestellt war.

Es war bereits die Zeit der Einflüsse aus den Provinzen des römischen Imperiums, das bis an die Südhänge des Karpatenbogens reichte. Die über die Karpatenpässe und durch die Mährische Pforte führenden Wege trugen dazu bei, dass Erzeugnisse der römischen Kultur, besonders Schmuck, aber auch Gegenstände des täglichen Bedarfs, Verbreitung fanden. Die durch Polen führenden Strassen wurden von Kaufleuten benutzt, die sich auf der Suche nach Bernstein an die Südküste der Ostsee begaben. Eine der Strassen führte über Kalisz (Calisia), das in der Einleitung zur „Geographie" des alexandrinischen Gelehrten Ptolemäus im 2. Jh. v.u.Z. erwähnt worden ist. Zu jener Zeit gab es in Polen Werkstätten zur Verarbeitung von Bernstein und bedeutende Bernsteinlagerplätze. Der grösste Platz zur Lagerung von Bernstein, der im heutigen Wrocław entdeckt worden ist, soll grosse Mengen Bernstein in Brocken und kleinen Stücken enthalten haben.

1. Ferdynand Ruszczyc — ERDE
Polens Grund und Boden — jener Teil des Kontinents, in dem es den Polen beschieden ist, geboren zu werden und zu leben. Die Anstrengungen vieler Generationen haben diesen Boden durch so manchen Tropfen Schweiss und Blut fruchtbar gemacht, denn Arbeit und Kampf fügen sich zur tausendjährigen Geschichte des polnischen Volkes zusammen.

2. Aleksander Lesser — WANDAS TOD
Die Geschichte der Völker beginnt mit Legenden, mit sagenhaften Berichten von Helden, die gegen geheimnisvolle Ungeheuer gekämpft und erste Siedlungen und Städte angelegt haben. Die Sage von Krak und seiner Tochter Wanda, die sich in die Fluten der Weichsel stürzte, weil sie keinen deutschen Fürsten heiraten wollte, gehört zu den bekanntesten Legenden Polens und enthält wie jede Sage bestimmt ein Körnchen Wahrheit, das ein bezeichnendes Licht auf die ewigen polnisch-deutschen Konflikte wirft.

5. Kornel Szlegel — PILGER BEI PIAST

Einer anderen, von Gallus Anonymus (12. Jh.), dem Verfasser der ältesten polnischen Chronik, festgehaltenen Sage zufolge sollen die polnischen Könige aus dem Bauernstand stammen — vom einfachen Stellmacher Piast, dem dann Siemowit, Lestko, Siemomysł und schliesslich der bereits vollauf geschichtlich belegte Mieszko I. folgten. So soll sich die erste, bis hin zum 14. Jh. herrschende Königsdynastie Polens herausgebildet haben, die seit dem 13. Jh. als Piasten-Dynastie bezeichnet wird. Die auf dem Bild Szlegels vor dem Anwesen Piasts auftauchenden biblischen Engel sind wahrscheinlich Verkünder der Mission, die das Schicksal diesem einfachen, rechtschaffenen Bauern zugedacht hat.

4. Jan Matejko — EINFÜHRUNG DES CHRISTENTUMS IN POLEN
Durch die Übernahme des christlichen Glaubens nach römischem Ritus im Jahre 96[illegible] führte Mieszko I. Polen in den Bereich der abendländischen Kultur ein, festigte die Positio[illegible] seines jungen Staates unter den Ländern Europas und schützte ihn so vor deutschen Überfällen, die stets im Namen der Bekehrung der heidnischen Völker zum Christentum unternommen worden waren.

5. Michał Bylina — BOLESŁAW DER TAPFERE MIT GEFOLGE AN DER OSTSEE

Bolesław I. Chrobry (der Tapfere; 992—1025; angegeben wird die Herrschaftszeit), Sohn Mieszkos I., der zweite christliche Herrscher Polens, war bereits eine Persönlichkeit von europäischem Format, ein geschickter Politiker, der erfolgreich um Gebiete und Einflusssphären kämpfte. Durch viele siegreiche Kriege gegen die Deutschen begründete und festigte er die Staatsgrenze im Westen. Auch im Osten erzielte er zahlreiche Eroberungen.

6. Piotr Michałowski — EINZUG BOLESŁAWS DES TAPFEREN IN KIEW

7. DAS STAATSWAPPEN POLENS IN SEINER HISTORISCHEN ENTWICKLUNG

1 Adler auf einem Denar Bolesławs des Tapferen (Anf. 11. Jh.), 2 Adler auf einer Münze Kazimierz' des Gerechten (Ende 12. Jh.), 3 Adler auf dem Schild des Fürsten Kazimierz von Opole (1222), 4 Adler des Fürsten Henryk V. von Legnica (1289), 5 Adler von Przemysł II. (1295), 6 Adler am Grabmal von Henryk IV. Probus (Anf. 14. Jh.), 7 Adler auf dem Krönungsschwert der polnischen Könige (1320), 8 Adler aus der Zeit Kazimierz' des Grossen, 9 Adler aus der Zeit Władysław Jagiełłos, 10 Adler aus der Zeit Kazimierz Jagiellończyks, 11 Adler aus der Zeit Zygmunts I., 12 Adler aus der Zeit Zygmunt Augusts, 13 Staatswappen aus der Zeit der Jagiellonen, 14 Adler aus der Zeit Stefan Batorys, 15 Staatswappen aus der Zeit Stefan Batorys, 16 Adler aus der Zeit der Wasa, 17 Staatswappen aus der Zeit Zygmunts III., 18 Adler aus der Zeit Jan III. Sobieskis, 19 Staatswappen aus der Zeit von August II. und August III., 20 Staatswappen aus der Zeit Stanisław Augusts, 21 Adler aus der Zeit Stanisław Augusts, 22 Adler auf einer Regimentsfahne (1807), 23 Wappen des Grossherzogtums Warschau (1807—1815), 24 Wap-

pen aus der Zeit des Novemberaufstands (1831), 25 Wappen des Königreichs Polen (Muster 1842), 26 Adler auf einem Banner der Polnischen Legion in Ungarn (1848), 27 Wappen aus der Zeit des Januaraufstands (1863), 28 Wappen der Republik Polen (1919—1927), 29 Wappen der Republik Polen (1927—1945), 30 Wappen der Volksrepublik Polen

4

5

6

10

11

12

16

17

18

22

23

24

28

29

30

8., 9. LEGENDE DER HL. JADWIGA VON ŚLĄSK

Die Schlacht bei Legnica (1241) brachte — auch wenn sie mit einer Niederlage der polnischen Ritterschaft ausging — den gefährlichen Einfall der Tataren in Europa zum Stehen. In dieser Schlacht fiel Fürst Henryk II. Probus aus der Dynastie der Piasten von Śląsk. Auf einer der abgebildeten Illustrationen aus der mittelalterlichen „Legende der hl. Jadwiga von Śląsk" erkennt man die grausige Szene, wie sein abgeschlagener, auf eine Lanze gespiesster Kopf um die Mauern der von den Tatarenhorden belagerten Stadt getragen wird.

Hic fert caput eiusdem ducis henrici filij sce hedwigis i lancea a thartaris ante castrum legnicz
Hic vidit in sompnis beata hedwigis animam filij sui ducis henrici ducentem ab angelis in paradysum

10. Jan Matejko — WŁADYSŁAW ELLENLANG BRICHT BEIM TREFFEN IN BRZEŚĆ KUJAWSKI DIE VERTRÄGE MIT JOHANN VON LIETZENBURG, HOCHMEISTER DES DEUTSCHEN ORDENS

Die Herrschaftszeit König Władysław Ellenlangs (1320—1333), der den polnischen Staat nach 180 Jahren feudaler Zersplitterung wieder vereinigte, war zugleich ein Zeitraum unablässiger Kriege gegen den Deutschen Orden, die 1331 bei Płowce durch den ersten Sieg gekrönt wurden. Das Gemälde Matejkos zeigt eine Episode dieses Ringens.

11. Wojciech Gerson — KAZIMIERZ DER GROSSE BEI JUDEN
Die Juden, die Kazimierz der Grosse (1333—1370) nach Polen rief, haben in der polnischen Geschichte eine ansehnliche Rolle gespielt. Dieses alte Volk mit seiner reichen Kultur ist gewissermassen in das polnische Leben hineingewachsen und hat so manches Mal seine enge Verbindung mit dem polnischen Boden bewiesen, den es — wenn es nötig war — gemeinsam mit den Polen vor Feinden und Eroberern verteidigt hat.

12. Jan Matejko — DIE SCHLACHT BEI GRUNWALD (Ausschnitt)
Am 15. Juli 1410 wurde auf den Feldern bei Grunwald (Tannenberg) eine Schlacht ausgetragen, bei der die vereinigten polnisch-litauisch-ruthenischen Truppen unter dem Befehl von König Władysław Jagiełło einen entscheidenden Sieg über die Ordensritter errangen. Jan Matejko hat mit seiner Darstellung dieser grössten Schlacht des Mittelalters ein Meisterwerk der Schlachtenmalerei geschaffen.

13. Marcello Bacciarelli — WŁADYSŁAW JAGIEŁŁO VERLEIHT DER KRAKAUER AKADEMIE PRIVILEGIEN

Die Krakauer Akademie, die älteste polnische Hochschule, ab Mitte des 19. Jh. Jagiellonen-Universität genannt, wurde 1364 von Kazimierz dem Grossen gegründet und im Jahre 1400 von Władysław Jagiełło und Jadwiga reaktiviert. Im 15. und 16. Jh. wurde sie durch ihr hohes Niveau und durch hervorragende Absolventen (Nicolaus Copernicus, Andrzej Frycz-Modrzewski) in ganz Europa berühmt.

14., 15. BEHEM-CODEX (Ausschnitt)
Der 1505 entstandene Codex des Krakauer Stadtschreibers Baltazar Behem enthält die Statuten der Zünfte. Durch 27 farbige Illustrationen vermittelt er ein umfangreiches Bild vom Alltagsleben in Krakau an der Wende vom Mittelalter zur Renaissance. Zu sehen sind u.a. eine Strasse mit Läden sowie eine Schneiderwerkstatt.

16. PONTIFIKALE DES ERAZM CIOŁEK
Das ebenfalls reich verzierte, aus dem Jahre 1515 stammende Pontifikale des Bischofs von Płock Erazm Ciołek veranschaulicht die höfische Welt — grosse Festlichkeiten wie z.B. eine Bischofsweihe, ein Pontifikalamt oder die hier abgebildete Krönung eines Königs.

17. Łukasz Evert — TRIUMPHZUG KAZIMIERZ JAGIELLOŃCZYKS NACH DER EROBERUNG VON MALBORK
Unter Kazimierz Jagiellończyk kam es zum Dreizehnjährigen Krieg gegen die Ordensritter (1454—1466), der durch eine gegen den Deutschen Orden gerichtete Verschwörung der Städte (u.a. von Gdańsk und Toruń) ausgelöst wurde. Der Krieg endete mit einem Sieg der Polen und mit der Rückkehr von Pomorze Gdańskie, Ziemia Michałowska, Ziemia Chełmińska, Warmia, Elbląg und Malbork zu Polen. Der Fries von Łukasz Evert am Rathaus von Gdańsk zeigt eine Episode dieses Krieges.

18. Marcello Bacciarelli — DER PREUSSISCHE LEHNSEID
1525 wurde der Deutsche Orden endgültig aufgelöst. Mit Zustimmung Polens entstand damals das weltliche Herzogtum Preussen (das mit der Zeit zu einer der Teilermächte Polens im 19. Jh. heranwuchs), und Albrecht von Hohenzollern, der Hochmeister des Ordens, wurde — vom polnischen König abhängiger — Herzog von Preussen. Auf dem Krakauer Marktplatz leistete er Zygmunt I. den Lehnseid.

19. Unbekannter Maler — DIE SCHLACHT BEI ORSCHA
Im 16. Jh. beteiligte sich das durch eine Union mit Litauen verbundene Polen am litauisch-russischen Krieg, dem der Konflikt wegen der einst von den Litauern beherrschten rutheni-

schen Gebiete zugrunde lag. Auf dem ältesten polnischen Schlachtengemälde ist die 1514 ausgetragene Schlacht bei Orscha dargestellt, in der die von Konstanty Ostrogski befehligten polnisch-litauischen Truppen einen Sieg über die Moskauer Armee errangen.

20. Jan Matejko — AUFHÄNGEN DER SIGISMUNDGLOCKE AUF DEM TURM DES KRAKAUER DOMS IM JAHRE 1521
Zygmunt I. der Alte (1505—1548) und später sein Sohn Zygmunt III. August (1548—1572) herrschten zur Zeit der Renaissance, einer Blütezeit von Kunst, Wissenschaft und gesellschaftspolitischem Denken. Reichtum und würdevolle Ruhe des „goldenen Zeitalters" strahlen von dem Gemälde aus, das zeigt, wie in Anwesenheit von Zygmunt dem Alten, seiner Gemahlin Königin Bona, seines Sohnes Zygmunt August und des gesamten Hofes auf dem Turm des Waweldoms in Krakau die berühmte Sigismundglocke aufgehängt wird.

21. Jan Matejko — NICOLAUS COPERNICUS
Die Entdeckungen des Renaissancegelehrten Nicolaus Copernicus, veröffentlicht in seinem 1543 in Nürnberg erschienenen Werk „Über die Umdrehungen der Himmelskörper'', bildeten die Grundlage für die neuzeitliche Konzeption der Welt und des Menschen. Matejko hat den bedeutenden Astronomen bei der Arbeit in seinem Observatorium in Frombork dargestellt.

22. Isaak van den Blocke — ALLEGORIE DER VERBUNDENHEIT VON GDAŃSK MIT POLEN
Das 1608 in einem Saal des Rathauses zu Gdańsk ausgeführte Deckengemälde zeugt von den engen Bindungen dieses Ostseehafens mit dem polnischen Hinterland. Symbolisieren sollte das u.a. eines der Ovale mit Merkur, dem Gott des Handels, der den Austausch von Gütern der Erde (Ceres, d.h. Polen) und des Meeres (Neptun als Repräsentant der Stadt Gdańsk) segnet.

23. Johann Krieg — PANORAMA VON GDAŃSK
Der an der Weichselmündung gelegene Ostseehafen Gdańsk spielte eine wichtige Rolle beim Getreidehandel. Während der Herrschaftszeit der Wasa (17. Jh.) erlebte die Stadt eine kulturelle Blüte.

24. Bernardo Bellotto, gen. Canaletto — EINZUG JERZY OSSOLIŃSKIS IN ROM IM JAHRE 1633 Der prunkvolle Einzug des Krongrosskanzlers und Beraters von König Władysław IV., Jerzy Ossoliński, 1633 in Rom als Gesandter zu Papst Urban VIII. war eine aufsehenerregende Schau der reichen, vielfältigen polnischen Sitten und sollte das damalige Europa berauschen. Dieses Ereignis, vielleicht das prachtvollste in der Geschichte der polnischen Diplomatie, ist häufig in der Malerei dargestellt worden.

25. Witold Piwnicki — ŻÓŁKIEWSKI BEI CECORA

Das 17. Jh. war für Polen ein Zeitraum unablässiger Kriege gegen Schweden, Moskauer, Tataren, Türken, Ungarn und Kosaken. Im September 1620 kam es bei Cecora zu einer Schlacht zwischen Polen und Türken, einer der tragischsten Schlachten in der polnischen Geschichte, bei der Krongrosshetman Stanisław Żółkiewski fiel.

26. Unbekannter Maler — BELAGERUNG DES KLOSTERS JASNA GÓRA
In den Jahren 1655—1660, der Zeit des Schwedeneinfalls, trat das ganze Volk zum Kampf gegen den Feind an. Für diese patriotische Bewegung war die siegreiche Verteidigung des Klosters Jasna Góra in Częstochowa von gewaltiger moralischer Bedeutung. Die Belagerung des Klosters, weithin bekannt geworden später durch Sienkiewicz, ist das Thema dieses Gemäldes, das von einem Ordensbruder von Jasna Góra, einem Zeitgenossen der Ereignisse, stammt.

27. Leopold Loeffler — DER TOD CZARNIECKIS
Held des Volkskrieges gegen die Schweden im Jahre 1655 war Kronfeldhetman Stefan Czarniecki, der an der Spitze der Adels- und Bauernbewegung stehend, das Land von der „schwedischen Sintflut" befreite. Das romantische Gemälde Loefflers zeigt den Augenblick des Todes dieses Helden, die sentimentale Szene des Abschieds von seinem Pferd, dem getreuen Begleiter seines Soldatenlebens.

28. Józef Brandt — AUFBRUCH JAN III. SOBIESKIS AUS WILANÓW
Jan III. Sobieski (1674—1696), Triumphator der berühmten Schlacht des katholischen Europa gegen die Türken 1683 vor Wien, war mit der Französin Maria Kazimiera d'Arquien, in Polen allgemein Marysieńka genannt, verheiratet und unterhielt in Wilanów bei Warschau einen prächtigen Hof, an dem sich Anflüge der abendländischen Kultur nicht selten mit orientalischen, von den Türkenkriegen mitgebrachten Bräuchen vermischten. Das Gemälde Brandts versetzt den Betrachter in die Welt dieses Hofes, erfüllt von barockem Elan, der dem sarmatischen Charakter König Jan III. Sobieskis entsprach.

29. Unbekannter Maler — DIE SCHLACHT VOR WIEN
Die Schlacht vor Wien (1683), bei der die vereinigten polnischen, österreichischen und deutschen Truppen unter dem Oberbefehl von Jan III. Sobieski die türkische Armee zerschlugen, bedeutete das Ende der türkischen Expansion in Europa.

30. Unbekannter Maler — FREIE KÖNIGSWAHL IN WOLA BEI WARSCHAU
Nachdem Zygmunt August, der letzte Jagiellone, 1572 gestorben war, ohne Nachkommen zu hinterlassen, wurden die Könige in Polen in sog. freier Wahl gewählt. Das geschah auf einer Versammlung des gesamten Adels, die gewöhnlich in Wola bei Warschau stattfand. Die Adligen standen, nach Wojewodschaften gegliedert, auf dem Wahlfeld, während der Senat, der die Stimmen wog, die Mitte des Platzes einnahm.

31. Bernardo Bellotto, gen. Canaletto — KRAKOWSKIE-PRZEDMIEŚCIE-STRASSE
Dem italienischen Maler Canaletto, der in den Jahren 1767—1780 in Polen tätig war, haben die Polen eine ganze Reihe von Stadtansichten Warschaus zur Zeit des letzten polnischen Königs, Stanisław Augusts (1764—1795), zu verdanken. Dieser fotografisch getreuen Darstellungen der Warschauer Architektur hat man sich beim Wiederaufbau der polnischen Hauptstadt nach dem zweiten Weltkrieg bedient.

32. Bernardo Bellotto, gen. Canaletto —
DŁUGA-STRASSE

34. Kazimierz Wojniakowski — ANNAHME DER VERFASSUNG VOM 3. MAI
Einer der letzten Versuche zur Rettung des Vaterlandes war die von aufgeklärten Polen vorbereitete und am 3. Mai 1791 vom Vierjährigen Sejm verabschiedete fortschrittliche Verfassung, die allgemein als Verfassung vom 3. Mai bezeichnet wird. Dieses zweite — nach der Verfassung der Vereinigten Staaten — neuzeitliche Grundgesetz, in dem die gesellschaftlichen Grundlagen Polens geregelt waren, wurde kurze Zeit später durch die verräterische Konföderation von Targowica zu Fall gebracht. Die Annahme dieser Verfassung auf dem Warschauer Schloss — häufiges Thema von Stichen und Gemälden — ist auch von Kazimierz Wojniakowski, einem mit dem Reformlager verbundenen Künstler, festgehalten worden.

33. Jan Matejko — REJTAN
In der zweiten Hälfte des 18. Jh., als sich Polen von seinem Niedergang zu erholen begann, nahmen Preussen, Österreich und Russland, die bereits seit langem Einfluss auf den durch Kriege geschwächten polnischen Staat ausübten, die erste Teilung polnischer Gebiete vor. Jan Matejko hat auf seinem weithin bekannten Gemälde den historischen Augenblick dargestellt, da sich Tadeusz Rejtan, Abgeordneter aus Nowogród, dem Sejmmarschall und den Senatoren in den Weg warf, um sie daran zu hindern, den Saal zu betreten, in dem das schmachvolle Teilungstraktat unterzeichnet werden sollte.

35. Stanisław Batowski-Kaczor —
DIE SCHLACHT BEI SAVANNAH
Polen, die zu jener Zeit in ihrer Heimat nicht immer das verwirklichen konnten, wozu sie sich berufen fühlten, kämpften damals um die Freiheit anderer Völker. Tadeusz Kościuszko, Absolvent der Ritterschule, Berufsoffizier und Militäringenieur, sowie Oberst Kazimierz Pułaski wurden zu Helden des Unabhängigkeitskampfes der Vereinigten Staaten. In diesem Krieg fiel Kazimierz Pułaski 1779 in der Schlacht bei Savannah.

36. Michał Stachowicz — SCHWUR TADEUSZ KOŚCIUSZKOS AUF DEM MARKTPLATZ ZU KRAKAU
Nach der Aufhebung der Verfassung vom 3. Mai und der von Preussen und Russland vollzogenen zweiten Teilung Polens brach ein Aufstand aus, an dessen Spitze der Held des Kampfes um die Unabhängigkeit der Vereinigten Staaten Tadeusz Kościuszko stand. Starken Anteil an dem Aufstand nahmen die Bauern, denen persönliche Freiheit und geringere Frondienste versprochen worden waren.

38. Aleksander Orłowski — DAS BLUTBAD ZU PRAGA
Die Erstürmung des am Ostufer der Weichsel gelegenen Warschauer Stadtteils Praga durch russische Truppen unter dem Befehl von General Suworow am 4. November 1794 bedeutete die endgültige Niederlage des Kościuszko-Aufstands. Bei der aussergewöhnlich blutigen Einnahme Pragas wurde auch die Zivilbevölkerung nicht geschont. Davon berichtet das Gemälde Aleksander Orłowskis.

37. Aleksander Orłowski — DIE SCHLACHT BEI RACŁAWICE
Der Maler und Zeichner Aleksander Orłowski, Teilnehmer am Kościuszko-Aufstand, schuf nach Skizzen, die er selbst auf dem Schlachtfeld angefertigt hatte, seine berühmte Darstellung der Schlacht bei Racławice, jener Schlacht, die die Aufständischenabteilungen am 4. April 1794 ausfochten. Ausschlaggebend für den Sieg der Aufständischen war ein kühner Angriff der mit Sensen bewaffneten Bauern auf eine russische Geschützstellung.

39. Marcello Bacciarelli — NAPOLEON VERLEIHT DEM GROSSHERZOGTUM WARSCHAU SEINE VERFASSUNG

Als Napoleon Bonaparte den Krieg gegen Österreich, Preussen und später Russland eröffnete, stellten die Polen Abteilungen auf, die an seiner Seife für Frankreich und Polen kämpften. Nach den Blitzsiegen über die Preussen und dem Einmarsch der französischen Armee in Warschau schuf Napoleon aus einem Teil der polnischen Gebiete das Grossherzogtum Warschau und verlieh ihm am 22. Juli 1807 eine Verfassung nach französischem Vorbild.

40. Henryk Pillati — DER TOD VON BEREK JOSELEWICZ IN KOCK
Das Bild Pillatis zeigt den jüdischen Kaufmann und Obersten Berek Joselewicz, der beim Aufstand 1794 ein jüdisches Kavallerieregiment aufgestellt hatte und dann in der Armee des Grossherzogtums Warschau kämpfte. Er fiel 1807 in der Schlacht bei Kock.

41. Piotr Michałowski — DIE SCHLACHT BEI SOMOSIERRA
Polnische Soldaten beteiligten sich an zahlreichen Feldzügen Napoleons, die nicht immer mit den polnischen Interessen übereinstimmten. Das Gemälde Piotr Michałowskis, des bedeutendsten polnischen Malers der Romantik, gibt ausgezeichnet den bravourösen Angriff der polnischen Chevaulegers am Somosierra-Pass 1808 in Spanien wieder.

42. January Suchodolski — DER TOD CYPRIAN GODEBSKIS BEI RASZYN
Im Zusammenhang mit dem französisch-österreichischen Krieg fielen österreichische Truppen 1809 ins Grossherzogtum Warschau ein und marschierten gen Warschau. Bei einer heldenhaften Verteidigungsschlacht, die von Fürst Józef Poniatowski, einem Neffen des Königs, befehligt wurde, fiel der Dichter Cyprian Godebski.

43. Jan Nepomucen Bizański — AUFSCHÜTTEN DES KOŚCIUSZKO - HÜGELS IN KRAKAU
Das Gemälde Bizańskis vermittelt einen genauen Überblick über die Einwohnerschaft von Krakau, die 1821 zu Ehren des Siegers der Schlacht bei Racławice diesen für die Weichselstadt Krakau so charakteristischen monumentalen Gedenkhügel errichtete. Zur Zeit der nationalen Unfreiheit wurden so manches Mal ähnliche patriotische Feiern zu Ehren polnischer Jahrestage veranstaltet und Pantheons für die Nationalhelden gebaut, unter denen Kościuszko neben Fürst Józef Poniatowski einen führenden Platz einnahm.

44. Unbekannter Maler nach Horace Vernet — DER TOD DES FÜRSTEN JÓZEF PONIATOWSKI

Um den Tod des Fürsten Poniatowski, der am 19. Oktober 1813 während der berühmten Völkerschlacht bei Leipzig in der Elster ertrank, hat die Legende einen romantischen Schleier gewoben. Diese durch zahlreiche literarische Werke und Gemälde verbreitete Legende hat die einprägsame Vision eines Nationalhelden geschaffen, der sein Leben — nach antikem Vorbild — für das Vaterland hingibt.

45. Wincenty Kasprzycki — AUSSTELLUNG DER SCHÖNEN KÜNSTE 1828 IN WARSCHAU

Nach dem Wiener Kongress von 1815, auf dem nach der Niederlage Napoleons eine Neuaufteilung Europas vorgenommen wurde, bildete man aus einem Teil der polnischen Gebiete das durch die Person des Herrschers mit Russland verbundene Königreich Polen. Zar Alexander regierte anfangs ziemlich liberal. Es kam zu einem Aufblühen von Industrie, Bildungswesen und Kultur.

46. Marcin Zaleski — ERSTÜRMUNG DES ARSENALS
Der gegen Russland gerichtete Aufstand von 1830/31 brach am 29. November aus, in jener „Novembernacht", da die von Piotr Wysocki geführten Verschwörer der Fähnrichsschule mit Studenten und dem Warschauer Volk die Macht in der Stadt übernahmen. Das Bild Zaleskis veranschaulicht eine Episode dieser Novembernacht — die Eroberung des Warschauer Arsenals durch die Aufständischen.

47. Wojciech Kossak — IM ERLENWALD VON GROCHÓW
Das Gefecht bei Grochów am 25. Februar 1831 war eine der schwersten Schlachten des ganzen Novemberaufstands.

48. Teofil Kwiatkowski — BALL IM HÔTEL LAMBERT
Die „grosse Emigration" — das Heer der nach der Niederschlagung des Novemberaufstands emigrierten Polen — wurde zum führenden Zentrum der polnischen Politik und Kultur. Einer der Emigranten, der Maler Teofil Kwiatkowski, stellte in seinem „Ball im Hôtel Lambert" oder auch „Chopinsche Polonaise" betitelten Gemäldezyklus die Zusammenkünfte dieser Polen dar, unter denen man dem Fürsten Adam Czartoryski, dem Nationaldichter Adam Mickiewicz und dem berühmten Komponisten Fryderyk Chopin sowie verschiedenen Gestalten in historischen Gewändern begegnet, die sich zu den Rhythmen der Chopinschen Musik in einem seltsamen, halb traumhaften Tanz wiegen.

49. Michał Stachowicz — ERNTEFEST
Die Maler des 19. Jh. betonten gerne das Malerische der volkstümlichen Trachten und Bräuche; so manches Mal zeichneten sie ein viel zu idyllisches Bild des Lebens auf dem Lande. Zu dieser Art von Darstellungen gehört das Bild von Stachowicz, das ein ideales Zusammenleben von Dorf und Gutshof zeigt.

50. Unbekannter Maler — DAS GALIZISCHE BLUTBAD 1846
Das Gegenteil zeigt das Gemälde eines unbekannten Malers vom sog. galizischen Blutbad, d.h. vom Bauernaufstand 1846 in Galizien, bei dem sich die Bauern unter der Führung von Jakub Szela gegen die Gutsherren erhoben und um die Aufhebung der Leibeigenschaft und der Fron kämpften.

51. Artur Grottger — VERABSCHIEDUNG DES AUFSTÄNDISCHEN
Die Gemälde Artur Grottgers „Verabschiedung des Aufständischen" und „Begrüssung des Aufständischen" veranschaulichen zwei typische Situationen im Leben der Polin, die zur Zeit der nationalen Aufstände das Wohl des Vaterlandes über das eigene Wohl stellte und ihren geliebten Mann in den Kampf schickte, während sie ihn — als er bezwungen heimkehrte — kühl und gleichsam voller Vorwurf begrüsste, weil er die ihm auferlegte Verpflichtung nicht erfüllt hätte.

52. Artur Grottger — BEGRÜSSUNG DES AUFSTÄNDISCHEN

53. Jan Matejko — POLEN IN FESSELN
Unter den Volksaufständen des 19. Jh. — solchen wie dem Novemberaufstand 1830/31 der Krakauer Revolution von 1846 und dem Aufstand in Wielkopolska 1848 — war de Januaraufstand 1863 der tragischste und blutigste. Das allegorische Gemälde Matejko bezieht sich auf die Unterdrückung des Januaraufstands und symbolisiert, wie das polnisch Volk von zaristischen Schergen in Fesseln geschlagen wird.

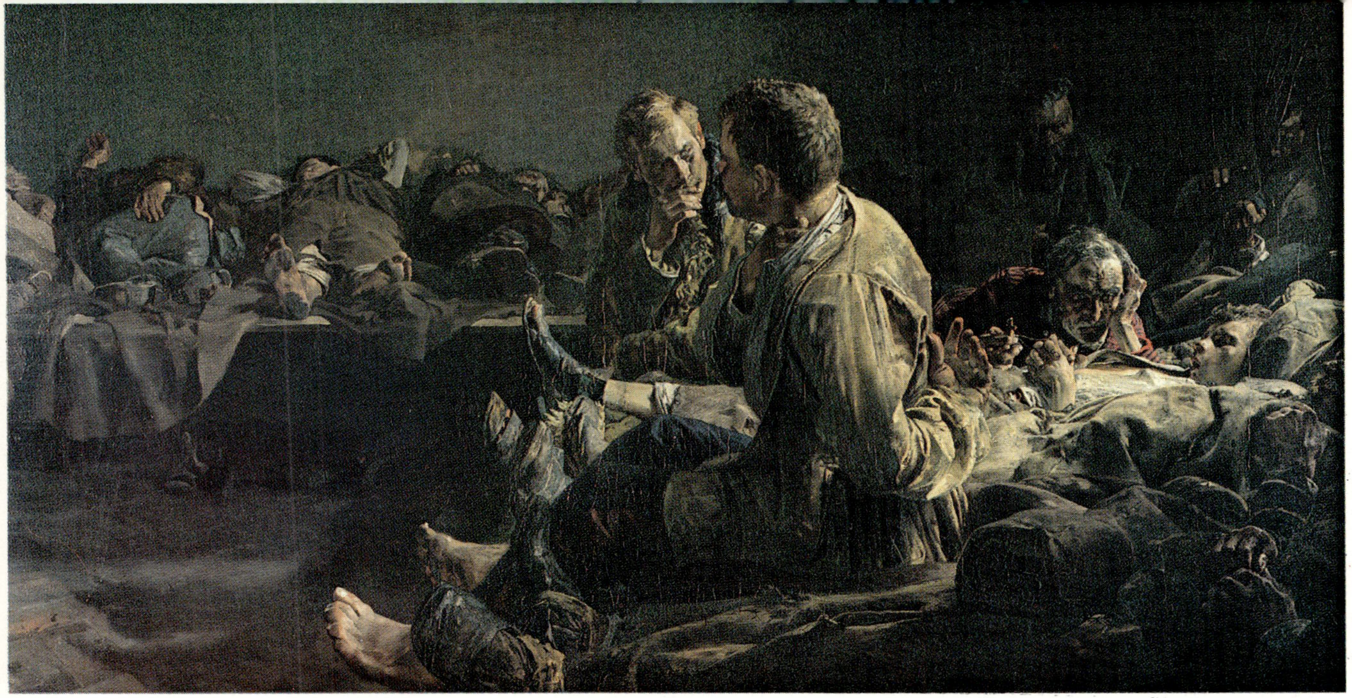

54. Jacek Malczewski — AUF DEM WEG IN DIE VERBANNUNG
Am umfassendsten ist das Martyrium der Verbannung nach Sibirien, das so vielen Aufständischen des Jahres 1863 zuteil wurde, von Jacek Malczewski zum Ausdruck gebracht worden — die Hoffnungslosigkeit der Niederlage, aber auch das Heranreifen der Bezwungenen zu neuem Aufruhr.

55. Jacek Malczewski — MELANCHOLIE
Das ganze 19. Jh. der Polen, ein Jahrhundert der nationalen Unfreiheit und der Befreiungskämpfe, der frische romantische Geist des mehrfachen jugendlichen Aufbegehrens und die bittere Enttäuschung der Niederlage sowie die Altersschwäche des ausgehenden Jahrhunderts — all das spricht aus diesem ungewöhnlichen Gemälde Jacek Malczewskis.

56. Aleksander Gierymski — KIESFÖRDERUNG
Für das Leben und das Schicksal des ländlichen und städtischen Volkes interessierten sich — besonders in der zweiten Hälfte des 19. Jh. — immer öfter Schriftsteller und Künstler, die auf die schwierige Lage der Bauern und der Arbeiter aufmerksam machten und deren Schicksal so manches Mal kritisch kommentierten.

57. Kazimierz Alchimowicz — EINSTELLEN VON LANDARBEITERN

58. Stanisław Lentz — STREIK
Allmählich nahm das gesellschaftliche Bewusstsein der Benachteiligten zu, und die Arbeiterbewegung organisierte sich. 1882 entstand das ,,Proletariat'', die erste polnische Arbeiterpartei, und 1905 wurde Polen von einer Welle revolutionärer Streiks überflutet.

59. Michał Bylina — DAS WARSCHAUER ROTE REGIMENT
Unter den Gegebenheiten, die während des ersten Weltkriegs und der Oktoberrevolution in Russland entstanden waren, wurde es möglich, dass die Polen ihre staatliche Unabhängigkeit zurückerlangen konnten. An der Oktoberrevolution waren auch polnische Kämpfer beteiligt.

60. Stanisław Bagieński — ENTWAFFNUNG DER DEUTSCHEN IN WARSCHAU

Um die Unabhängigkeit Polens kämpften nicht nur die Legionen Piłsudskis und die polnischen Soldaten der Oktoberrevolution, sondern auch die Zivilbevölkerung im Lande selbst. Die inneren Schwierigkeiten der Erobererstaaten ausnutzend, entwaffneten die Polen fremde Soldaten und vertrieben — ohne auf Unterstützung aus dem Ausland zu warten — die Besatzungsbehörden.

61. Michał Bylina — SEPTEMBER 1939
Nach 20 Jahren des Friedens, des Wiederaufbaus und der — nach 123 Jahren der Teilung und der Fremdherrschaft erfolgten — Integration der polnischen Gebiete zu einem einheitlichen Organismus kam es am 1. September 1939 zum hitlerfaschistischen Überfall. Im September leisteten die polnischen Truppen den überlegenen feindlichen Kräften heldenhaften Widerstand — der Beginn jenes unablässigen Kampfes, den die Polen dann an allen Fronten dieses grausamen Krieges führten.

62. Andrzej Wróblewski — ERSCHIESSUNG
Die Hitlerfaschisten verfolgten eine grausame Ausrottung der Zivilbevölkerung, wie sie bis dahin in der Kriegsgeschichte nicht vorgekommen war. Strassenrazzien und öffentliche Erschiessungen waren während der Besatzungszeit alltägliche Ereignisse.

63. Jerzy Krawczyk — WERTLOSE SENDUNG
Das metaphorische Bild bringt das tragische Schicksal der Juden zum Ausdruck, jenes Volkes, das vom faschistischen System zur restlosen Vernichtung verurteilt war. In den Konzentrationslagern, die die Nazis auf polnischem Boden errichteten, erlitten Millionen Opfer aller Nationalitäten den Tod.

64. Andrzej Wróblewski — PARTISANEN
Die Polen kämpften an allen Fronten der Welt gegen die hitlerfaschistischen Okkupanten. Auch in Polen selbst führten Partisanenabteilungen der Landesarmee Ak, der Volksarmee AL und der Bauernbataillone BCh einen regelrechten Krieg gegen die Besatzer.

65. Stanisław Poznański — VEREIDIGUNG DER KOŚCIUSZKO-DIVISION
In der Sowjetunion entstand die I. Infanteriedivision „Tadeusz Kościuszko", die kurze Zeit später zur I. Polnischen Armee ausgebaut wurde und an der Befreiung Polens sowie an der Erstürmung Berlins teilnahm.

66. Michał Bylina — DIE SCHLACHT BEI LENINO
Am 12. und 13. Oktober 1943 eroberte die an der Seite der Roten Armee kämpfende Kościuszko-Division unter schweren Verlusten Lenino.

67. Stefan Garwatowski — ANHÖHE 593
Das Bild Garwatowskis gibt die Atmosphäre des blutigen Ansturms des 2. Polnischen Korps auf das von den Deutschen besetzte Kloster Monte Cassino im Mai 1944 in Italien wieder.

68. Marcin Szczerba — STERBENDE STADT
Bei dem vom 1. August bis zum 2. Oktober 1944 dauernden Warschauer Aufstand fielen 16 000 Aufständische. 25 000 wurden verwundet. 150 000 Zivilisten kamen ums Leben. Warschau wurde im Ergebnis des planmässigen Vorgehens der Hitlerfaschisten zu über 75% zerstört.

69. Aleksander Kobzdej — ZIEGEL HER!
Nach der Befreiung wurde sofort mit dem Wiederaufbau begonnen. Die Polen wurden durch echte Begeisterung zu Taten angeregt. Später änderte sich das etwas. Es veränderte sich auch die Kunst, die — in die Strömung des sog. Sozrealismus einbezogen — einem vom Leben abweichenden Schematismus unterlag.

70. Juliusz Krajewski — BODEN FÜR DIE BAUERN
Die Verstaatlichung der Industrie und die Bodenreform bildeten die Grundlage für die Errichtung einer neuen, der sozialistischen Gesellschaftsordnung in Polen. Diese Anfänge der wesentlichen gesellschaftlichen und sozialen Veränderungen waren häufig das Thema der sozrealistischen Malerei der fünfziger Jahre.

71. Helena Krajewska — JUGENDBRIGADE AUF DEM SCHNELLOBJEKT

72. Andrzej Feliks Szumigaj — ARBEITERKOPF
In Nachkriegspolen begann die Arbeiterklasse zur führenden Kraft zu werden. Von Jahr zu Jahr wurde sie sich immer mehr ihrer Rolle als wahrer, für das Aufblühen und die volle Souveränität des Vaterlandes verantwortlicher Hausherr im eigenen Land bewusst.

Ein Zeugnis für die intensiven Handelsbeziehungen sind auch die zahlreichen Münzfunde aus der Zeit des römischen Imperiums (1./2. bis 3./4. Jh. u.Z.). Ihre Standortverteilung ermöglicht es, die hauptsächlichen Siedlungsgebiete im damaligen Polen abzustecken.
Im 2./3. Jh. zogen ziemlich grosse Gruppen von Goten durch Polen, die von Pomorze an das Schwarze Meer wanderten. Eine Zeitlang wohnten die Goten zwischen den Siedlungen der einheimischen Bevölkerung. Aus der Zeit vor der Völkerwanderung sind auch Spuren eines zeitweiligen Aufenthaltes von Hunnen in Südpolen bekannt (Grab eines Hunnenfürsten in Jakuszowice in Małopolska).
Zu einer grösseren Bevölkerungsbewegung kam es am Ausgang der Antike im 5. und 6. Jh. Damals machten sich die slawischen Bewohner Polens auf der Suche nach besseren, reicheren Siedlungsgebieten auf den Weg nach Süden. Sie zogen in das Gebiet des Böhmischen Kessels und nach Mähren, siedelten sich in Pannonien, im heutigen Österreich, an und gelangten bis nach Kärnten, Slowenien, Kroatien und Dalmatien. Die Expansion der Slawen erfolgte auch in Richtung Westen. Sie erfasste den früher von germanischen Stämmen bewohnten Unterlauf der Elbe und drang bis nach Thüringen und Bayern, bis tief in das Gebiet des heutigen Deutschlands, vor. Die Slawen begannen, sich in den kaum erschlossenen Talkesseln der Alpen im heutigen Österreich und Bayern anzusiedeln. Zugleich brach ein Teil der Slawen von den Steppengebieten an Dnestr und Dnepr aus in den Balkan auf.

*

Im Landschaftsbild des Mittelalters dominierte der Wald. Dichter Urwald bedeckte die gebirgigen Südgebiete. Auch an allen übrigen Grenzen der sich herausbildenden polnischen Gebiete dehnten sich Urwälder aus.
Besonders riesige Wälder erstreckten sich im Westen. Die Urwälder im Nordosten trennten die westslawischen Gebiete von den Siedlungsgebieten der Pruzzen. Die Siedlungen lagen vor allem in fruchtbareren Gegenden, die für die Bodenbearbeitung besser geeignet waren, sie drangen entlang der Flussläufe und Bäche bis in die Urwaldgebiete ein, denselben Weg wanderten auch die Siedler bis tief in das Bergvorland von Małopolska

und Śląsk. Unter den Bäumen der Wälder kam den Laubbäumen zu jener Zeit die weitaus grösste Bedeutung zu, besonders wichtig für die Wirtschaft waren Buchen und Eichen, die wertvolles Bauholz und Früchte lieferten (Eicheln, Bucheckern), die als Viehfutter benutzt wurden, in Hungerjahren aber auch den Menschen als Nahrung dienten.

Das Zuchtvieh war im Mittelalter halbwild. Die Tiere nährten sich im Wald. Die Schweine unterschieden sich nicht von den Wildschweinen. Die Rinder waren klein. Von geringem Wuchs waren auch die Pferde, die als besonders wertvoll angesehen wurden.

Bei der Bearbeitung des Ackerbodens verwendete man Holzgeräte wie Zoche und Krummholz, dessen Schar aus Eisen bestand. Die Felder wurden durch Niederbrennen des Waldes gewonnen. Sie wurden eine Zeitlang genutzt. Wenn der Boden ausgelaugt war, liess man ihn brachliegen und erschloss neue Gebiete. Angesichts der verhältnismässig geringen Bevölkerungsdichte war genügend Boden vorhanden. Die Gehöfte waren je nach vorhandenen Zugtieren und der Zahl der Arbeitskräfte unterschiedlich gross. Sie gehörten sowohl Ackerbauern als auch Rittern. Innerhalb der Stammesgemeinschaften bildete sich bereits vor dem Entstehen des Staates im 10. Jh. eine Gruppe von Vermögenden heraus. Entscheidend für ihren Reichtum waren das bewegliche Hab und Gut, insbesonders Hörige, Rinder und Pferde sowie bessere Waffen, Arbeitsgeräte und Schmuck.

Seit den Wanderungen der Slawen nach Süden und Westen tauchten im 6./7. Jh. frühmittelalterliche Wehrburgen und am Fusse dieser Burgen gelegene Siedlungen auf. Sie waren ein Zeichen für die Entwicklung neuer politischer Organisationen, vorerst mit Stammescharakter. Diese Wehrburgen hatten insbesondere in Südpolen Ausmasse von einem guten Dutzend und in Ausnahmefällen sogar von einigen Dutzend Hektar Fläche. Bei Gefahr boten sie den in der Umgebung siedelnden Bewohnern Schutz. Sie scharten bäuerliche Bevölkerung um sich. Die wenigen Handwerker stellten hauptsächlich Metallgegenstände, Tongefässe u.ä. her.

Die Mitglieder eines Stammes waren freie Menschen, aber es gab auch Hörige, die vorwiegend als Knechte und Mägde der patriarchalischen Grossfamilien arbeiteten. Vor der Annahme des Christentums war bei den Slawen die Mehrehe anzutreffen, sie hatte jedoch auf die vermögenden Schichten begrenzten

Charakter. Ein Vermögender hatte zwei, in Ausnahmefällen auch drei oder vier Frauen.
Reichtum und Einfluss hingen ferner von der Zahl der Hausbewohner ab. Daher waren Familien mit mehr Unfreien oder mehr Verwandten vermögender und einflussreicher. Bei der Arbeitsteilung in der Wirtschaft war den Frauen die meiste Arbeit aufgebürdet. Sie arbeiteten auf dem Hof, beschäftigten sich mit der Zubereitung der Mahlzeiten und dem Konservieren von Nahrungsmitteln. Sie mahlten Getreide, fertigten Kleidung an und erzogen die Kinder. In dieser Hinsicht änderte die Annahme des Christentums anfänglich nicht viel. Den Männern oblagen die Feldarbeit, die im frühen Mittelalter sehr verbreitete Bienenzucht, der Fischfang und die Jagd. Die Männer erzogen die Jungen. Sie bereiteten sie auf die Arbeit in der Wirtschaft vor, insbesondere brachten sie ihnen jedoch bei, zu Jagd- und Verteidigungszwecken und jeglicher Art des Kampfes mit der Waffe umzugehen.
Das damalige Brauchtum war mit dem Glauben der heidnischen Slawen verbunden. Daher hatten die wichtigsten Feiertage zugleich den Charakter religiöser Riten. Sie wurden vom Rhythmus der Jahreszeiten und dem Vegetationszyklus abgesteckt. Von besonderer Bedeutung war das Fest der Sommersonnenwende, das in der kürzesten Nacht des Jahres begangen wurde und Johannisfeuer hiess. Das Erntedankfest und der Totengedenktag fielen in den Herbst bzw. ins Frühjahr. Jeder Stamm hatte seinen Schutzpatron, an den er seine Gebete richtete und dem er Opfer darbrachte.
Die Kultstätten lagen anfänglich weit von den Siedlungen entfernt, sie befanden sich vornehmlich in alten Eichenhainen. Grosse Bedeutung erlangten die heiligen Berge in Südpolen — Ślęża in Śląsk und Łysiec, später Święty Krzyż (Heiliges Kreuz) genannt, in Małopolska. Beide erhoben sich in Gegenden, die fruchtbare Böden aufwiesen und dicht besiedelt waren. Es begann sich auch ein Pantheon der slawischen Götter herauszubilden, in dem Perun, der Herr über Feuer und Blitz, eine besondere Stellung erlangte. Berichte über ihn stammen hauptsächlich aus Quellen, die Ruthenien und Polessje betreffen. Wälder und Gewässer waren von Göttern und Geistern geringeren Ranges bewohnt. In den Anwesen weilten Hausgeister, denen Opfer dargebracht wurden. Beim Errichten neuer Gebäude brachte man bei der Grundsteinlegung Opfer in Form von Speisen oder Kränzen, seltener in Form des Schädels eines

starken Tieres, u.a. des Auerochsen, des mächtigsten Bewohners der damaligen Urwälder.
Man glaubte an ein Fortleben nach dem Tode. Mit diesem Glauben hingen die Begräbnisfeierlichkeiten zusammen, deren wichtigster Akt die Verbrennung der Leiche und die Beisetzung der Asche — meist in einem Hügelgrab — waren. Das Familienleben wurde durch das Herdfeuer symbolisiert. Deshalb ging die in ihre Wohnung geführte Braut um das Feuer herum, setzte sich dann ans Feuer und übernahm die Wirtschaft. Auch die Neugeborenen wurden ums Feuer herumgetragen. Die heranwachsenden Jungen wurden von den Männern in ihre Obhut genommen. Der damit verbundene Ritus hatte feierlichen Charakter. Den Jungen wurden die langen Haare abgeschnitten. Das war anscheinend mit der Namensgebung verbunden. Die slawischen Namen hatten anfänglich individuelle Merkmale; der Brauch, sie weiter zu vererben, bildete sich erst nach der Annahme des Christentums heraus. Den Mädchen wurden die Haare nicht abgeschnitten. Sie trugen langes Haar, das meist zu einem Zopf geflochten war. Nach der Hochzeit bedeckten die Frauen ihr Haar mit weissen Kopftüchern; deshalb wurden sie *Białogłowy* (Weissköpfe) genannt.

Die erste Monarchie der Piasten-Dynastie

Im 9. Jh. begann südlich der Karpaten eine intensive Entwicklung von slawischen Staatsgebilden. Es entstand der grossmährische Staat, der sich die böhmischen Stammesfürsten und die slawischen Herrscher der Ungarischen Tiefebene untertan machte. Der Einfluss Grossmährens auf die südpolnischen Gebiete beschleunigte die Entstehung von Staatsgefügen, die von den Wiślanen an der oberen Weichsel gebildet wurden. Die Polanen, die das Gebiet des späteren Wielkopolska bewohnten, gründeten das älteste Fürstenhaus Polens, das später als Piasten-Dynastie bezeichnet wurde.
Die polnischen Gebiete wurden im 10. Jh. von den Polanen vereint. Im selben Jahrhundert bildeten sich auch die Nachbarstaaten Polens heraus: Böhmen, Ungarn und die Kiewer Rus. Der erste historische Herrscher Polens war Mieszko I.*
Die Tradition des Hofes hat die Namen von drei seiner Vor-

---

* s. Übersichtstafel der polnischen Herrscher S. 28

fahren bewahrt. Der Reihenfolge nach sollen das Siemowit, Lestko (Leszek) und Siemomysł (Ziemiomysł) gewesen sein. Gegen 960 befanden sich unter Mieszkos Herrschaft: Wielkopolska, Kujawy und die Gebiete von Łęczyca und Sieradz. Es ist sehr wahrscheinlich, dass auch Mazowsze zu seinem Herrschaftsbereich gehörte. Sein Einfluss reichte bis zur Weichselmündung. Durch weitere Feldzüge versuchte er, Pomorze Zachodnie zu erobern.

965 ging Mieszko ein Bündnis mit Böhmen ein und erwählte die böhmische Prinzessin Dubrawa zu seiner Gemahlin. Diese Verbindung erleichterte es ihm, sich im folgenden Jahr (966) gemäss dem lateinischen Ritus taufen zu lassen. Sein Übertritt zum Christentum war eine wichtige politische Entscheidung. Sie bewirkte eine Festigung der Position Polens in Europa und den Aufbau eines Staatsapparates. Als christlicher Herrscher konnte Mieszko leichter breite politische Kontakte anknüpfen und die organisatorischen Grundlagen einer mittelalterlichen Monarchie entwickeln. Die Errichtung der Staatsmacht führte der Fürst gleichzeitig mit der Gründung einer kirchlichen Organisation durch. Auf internationaler Ebene verschaffte ihm der Übergang zum Christentum ideologische Argumente im Kampf gegen die heidnischen Stämme der Pomoranen und der Elbslawen.

Im Verlauf der Kämpfe um Pomorze Zachodnie kam es zum Konflikt mit dem deutschen Kaiserreich. 976 wehrte Mieszko einen Feldzug Kaiser Ottos II. ab, musste sich ihm aber für die erst unlängst eroberten Gebiete tributpflichtig erklären und ging mit den Sachsen ein Bündnis gegen die Wjeleten ein. Danach schloss er seinem Reich — unter Bruch des Bündnisses mit Böhmen — gegen 990 die zeitweilig von den böhmischen Přemysliden abhängigen schlesischen Stämme und Kraków an. Im Verlaufe einiger Jahrzehnte gelang es Mieszko I., die Gebiete zwischen Oder und Bug und die Gebiete von den Sudeten und Karpaten bis zur Ostsee unter seiner Herrschaft zu vereinigen. Ähnlichkeiten in Sprache und Kultur und das Fehlen ausgesprochener natürlicher Hindernisse schufen einen günstigen Boden für die Dauerhaftigkeit dieses Bundes. Nicht von ungefähr tauchte gegen Ende des 10. und Anfang des 11. Jh. der Name Polen erstmalig in den Blättern fremder Chronisten auf, zu denen genauere Informationen über den Staat der ersten Piasten gedrungen waren.

Der älteste Sohn Mieszkos I., Bolesław Chrobry (der Tapfere),

setzte die expansive Politik fort. Er unterstützte den Prager Bischof, den hl. Adalbert, bei der Vorbereitung eines Missionszuges gegen die Pruzzen. Während dieses Missionszuges erlitt der Bischof den Märtyrertod. Der hl. Adalbert, der mit einflussreichen Kreisen der damaligen Kirche und des Kaiserreichs in Verbindung gestanden hatte, war eine bekannte Persönlichkeit gewesen. Er wurde in Gniezno bestattet. Kurze Zeit später (im Jahre 1000) unternahm der junge Kaiser Otto III. eine feierliche Pilgerfahrt an das Grab seines Freundes.
Beim damaligen Treffen zwischen Kaiser Otto III. und Bolesław Chrobry wurde die Gründung des Erzbistums Gniezno und einiger ihm untergeordneter Bistümer verkündet. Auf diese Weise erlangte der junge polnische Staat eine voll ausgebaute kirchliche Hierarchie. Mieszko I. hatte das Land bereits früher dem Oberhaupt der römisch-katholischen Kirche, dem römischen Bischof, genannt Papst, unterstellt. Auf diese Weise wollte er ein Gegengewicht gegenüber dem Einfluss des Kaiserreiches schaffen. Die besonders günstigen Umstände im Jahre 1000 bewirkten, dass die beiden höchsten Würdenträger des mittelalterlichen Westeuropas zum Vorteil Polens handelten. Bolesław trat auf politischer Ebene für das universale Programm Ottos III. ein. Leider bewirkte der frühe Tod des Kaisers eine völlige Umkehrung der Beziehungen.
Während der Kämpfe um die Thronfolge im Bereich der deutschen Fürstentümer besetzte Chrobry die Lausitz und Böhmen (1003). Seine Truppen, die den Markgrafen Ekkehard, einen der schwächeren Anwärter auf den Thron, unterstützten, marschierten in Bayern ein. Das leitete einen Zeitraum langjähriger Kämpfe zwischen Polen und dem Kaiserreich ein, die von 1003 bis 1018 dauerten und dreimal verstärkt aufflammten. Dabei kam das Organisations- und Führungstalent Chrobrys voll zur Geltung. Es gelang ihm zwar nicht, Böhmen unter seiner Herrschaft zu behalten, aber er hatte sich als der stärkste westslawische Herrscher erwiesen. Nach dem Bautzener Frieden (1018) unternahm er einen Feldzug gegen die Kiewer Rus und setzte in der Hauptstadt Kiew den mit ihm verschwägerten Fürsten Świętopełk ein.
Gegen Ende der Herrschaft Chrobrys erlangte der junge polnische Staat die grösste Bedeutung, und Chrobry selbst liess sich kurz vor seinem Tode (1025) zum König krönen. Im Lichte damaliger Vorstellungen verlieh die Königskrone den Herrschern in Europa anerkannte Befugnisse.

Die Annahme des Christentums hatte den Weg dafür eröffnet, dass das kulturelle Erbe der Antike und die Errungenschaften des frühen Mittelalters nach Polen vordringen konnten. Das geschah sowohl durch die Aneignung der vor allem in kirchlichen Kreisen gepflegten Schrift als auch durch die Aufnahme von Verbindungen zu den damaligen Zentren des kulturellen und künstlerischen Lebens. Ausländische Meister errichteten die steinernen Mauern der ältesten Dome und Monarchenresidenzen in den wichtigsten Städten (Gniezno, Poznań, Kraków und einige andere). Einer der ausländischen Autoren, der hl. Bruno, Erzbischof von Querfurt, verfasste eine Gedenkschrift, in der er die Politik Chrobrys bei den Auseinandersetzungen mit dem Kaiserreich begründete. Auf eine breitere politische Ebene gelangte man also nicht nur durch Waffengewalt. Man verstand es, sich der Argumente des Wortes und der Schrift zu bedienen.

Im 10. Jh. und zu Beginn des 11. Jh. begannen sich die ältesten frühmittelalterlichen polnischen Städte herauszubilden. Sie beschleunigten die wirtschaftliche und soziale Differenzierung des polnischen Staates, der seit der Herrschaft der ersten Piastenherzöge den Charakter einer Oligarchenmonarchie angenommen hatte, die von den Herrschern und einer kleinen Gruppe von Magnaten regiert wurde. Die Magnaten verfügten über eigene Höfe und bei Bedarf über eine bewaffnete Gefolgschaft. Zu jener Zeit waren die Landgüter jedoch schwach entwickelt, und die Magnaten schöpften einen grossen Teil ihrer Einkünfte aus den Ämtern, die sie in staatlichen Einrichtungen bekleideten.

Das durch die ersten Piastenherzöge geeinte Land wurde im 11. Jh. deutlich von separatistischen Tendenzen durchdrungen. Die fürstlichen Würdenträger und Beamten wurden von der Bevölkerung nicht immer gern gesehen; auch dem christlichen Klerus, der ihr die Muster eines anderen Brauchtums und einer anderen Ethik aufzwingen wollte, war die Einwohnerschaft nicht wohlgesinnt. Die heidnischen Kultstätten wurden vernichtet, und an den bekanntesten Orten war man bestrebt, christliche Gotteshäuser zu errichten. Die Kirche bemühte sich, vielen traditionellen Feiertagen und Bräuchen christlichen Charakter zu verleihen. Die Christianisierung des traditionellen Brauchtums machte jedoch nur langsam Fortschritte und dauerte mehrere Jahrhunderte.

Die Anwendung besonders drastischer Mittel trug dazu bei, dass

in den dreissiger Jahren des 11. Jh. gegen das Christentum gerichtete Bewegungen entstanden. Besonders in Mazowsze breiteten sich separatistische Tendenzen aus. Der plötzliche Überfall des böhmischen Herzogs Břetislav I. im Jahre 1038 oder 1039 auf Wielkopolska führte zur Plünderung der wichtigsten Städte des polnischen Staates (Gniezno, Poznań und andere). Śląsk wurde vorübergehend von Böhmen besetzt. Durch den Verlust von Pomorze wurde der damalige polnische Staat von der Ostsee abgeschnitten. Mit dem Wiederaufbau des geschwächten Staatswesens wurde in Małopolska begonnen. Der Sitz des Herrschers wurde aus den Städten der Polanen nach Kraków verlegt. Kraków war nämlich enger mit den Zentren des aktiven politischen Lebens in West- und Osteuropa verbunden.
Unter Kazimierz Odnowiciel (dem Erneuerer) und seinem Sohn Bolesław Śmiały (dem Kühnen; 1058—1079) wurden die inneren Verhältnisse Polens reorganisiert und die organisatorisch-wirtschaftlichen Grundlagen der Monarchie reformiert. Im Lichte der damaligen politischen Doktrin wurde der Herrscher zum Herrn über das ganze Land und seine Bewohner. Die Einwohnerzahl Polens belief sich auf schätzungsweise eine Million. Die freie und unfreie Bevölkerung war den herzöglichen (königlichen) Vögten und Verwaltern unterstellt, denen sie Abgaben in Naturalien leisten musste. Bestimmte Dienstleute und Handwerker, die meist in ländlichen Siedlungen wohnten, waren verpflichtet, in den Burgen und an den Höfen der Herzöge zu arbeiten oder die Herden des Herrschers und das Wild zu bewachen, das den Mächtigen vorbehalten war, insbesondere die Biber, aber auch das Grosswild wie Auerochsen, Bären, Hirsche und Rehe. Auch den Fischfang in grösseren Flüssen und Seen nahmen die Herrschenden ausschliesslich für sich in Anspruch.
Bolesław Śmiały stellte sich beim Streit zwischen Kaiser Heinrich IV. und Papst Gregor VII. Hildebrand (Investiturstreit) auf die Seite des Papstes. In Anwesenheit seiner Legaten krönte er sich im wiedererbauten Dom zu Gniezno zum König (1076). Trotz seiner Erfolge in der Aussenpolitik (siegreicher Feldzug nach Kiew) und in der Innenpolitik geriet er mit einem Teil der Feudalherren in Konflikt, die sich gegen eine starke Zentralgewalt wandten. Das Todesurteil gegen den Bischof von Kraków, Stanisław (1079), verschärfte die Situation, und der König musste nach Ungarn fliehen. Während der Regierungszeit seines jüngeren Bruders Władysław Herman wuchs der Einfluss

der Feudalherren am Königshof. Bolesław III. Krzywousty (1106—1138), der Sohn Hermans, schränkte diesen Einfluss jedoch in bedeutendem Masse wieder ein. Nachdem er seinen älteren Bruder Zbigniew aus dem Lande vertrieben hatte, konzentrierte er die Macht in seinen Händen. Den Interventionsfeldzug Kaiser Heinrichs V. gegen Polen wehrte er ab. Nach der Sicherung der polnisch-böhmischen Grenze begann er mit der Unterwerfung von Pomorze, das in der Zeit der Wirren nach dem Tode Bolesław Chrobrys von Polen abgefallen war. Mit dem Sieg bei Nakło (1113) war der Weg frei, Pomorze Gdańskie zu besetzen und es dem Staatsverband einzuverleiben. Danach machte Krzywousty den Herrscher von Pomorze Zachodnie Warcisław I. (1122) von sich abhängig.
Die Erfolge in der Aussenpolitik ermöglichten eine Reorganisierung der inneren Verhältnisse. Krzywousty bemühte sich, die kirchlichen Zentren gegen die wachsenden Einflüsse der weltlichen Feudalherren auszunutzen, und machte sie zu einem Lager, das seine Regierungspolitik unterstützte.

Die Zeit der feudalen Zersplitterung

Vor seinem Tode 1138 bemühte sich Bolesław Krzywousty, den inneren Kämpfen vorzubeugen, die durch den Antagonismus unter seinen von verschiedenen verfeindeten Gruppierungen der Magnaten unterstützten Söhnen ausbrechen konnten. Daher legte er auch das Prinzip des Seniorats in der Erbfolge der Machtübernahme für seine Söhne fest. Die jüngeren erhielten einzelne Provinzen zugeteilt. Der älteste der Brüder — der Senior — sollte als oberster Fürst des Landes über die Aussenpolitik und die Kirchenfragen in ganz Polen entscheiden, und ausser seinem Erbteil sollte ihm die Senioral-Provinz gehören, die die wichtigsten Staatszentren umfasste: Kraków, Gniezno und Pomorze. Um die Möglichkeit einer Einmischung durch den deutschen Kaiser einzuschränken, bemühten sich die Hofkreise um Anerkennung dieser Ordnung durch die römische Kurie. Jedoch sollten schon die nächsten Jahre zeigen, wie unbeständig die Festlegungen Krzywoustys waren.
Während der Machtkämpfe der Söhne Bolesławs, die von verschiedenen Gruppen der Magnaten unterstützt wurden, verstärkte sich die Zersplitterung in einzelne Landesteile, es entstanden allmählich Herzogtümer, die eigene Höfe und Verwaltungshierarchien besassen.

Nach der Vertreibung des ersten Seniors, Władysław II., genannt Wygnaniec (der Vertriebene — 1146), übernahm Bolesław Kędzierzawy (der Kraushaarige) die Oberherrschaft. Er widersetzte sich anfänglich dem kaiserlichen Eingreifen, es gelang ihm jedoch nicht, 1157 den Feldzug Friedrich Barbarossas abzuwehren. Trotz der Anerkennung der kaiserlichen Lehnshoheit brachte er es fertig, die Einheit des Staates zu retten. Später, besonders nach dem Tode Kędzierzawys im Jahre 1173, wuchsen die Dezentralisierungstendenzen und führten zur Vertiefung der Teilung des Landes, einer Erscheinung, die auch für andere Länder Mittel- und Osteuropas zu jener Zeit charakteristisch war. Dem autoritären Herzog Mieszko Stary (dem Alten; gest. 1202) gelang es nicht, einer Schwächung der Macht des Seniorherzogs vorzubeugen. Die Teilherzogtümer ermöglichten den einzelnen Feudalherren umfassenden Zutritt zur Regierung.
Trotz der Zersplitterung setzte im 12. Jh. in Polen eine Entwicklung des kulturellen Lebens ein, die im künstlerischen Schaffen und in der geistigen Tätigkeit, mehr noch aber in veränderten Sitten und Gebräuchen zum Ausdruck kam. Schon in der zweiten Hälfte des 11. Jh. liessen sich Einflüsse der ritterlichen Kultur am Königshof erkennen. Bald erreichten diese Einflüsse auch die Kreise der Feudalherren. Es bürgerte sich die Sitte des Ritterschlags ein. Den Söhnen der Feudalherren gab man die Namen von Helden aus Ritterlegenden, unter denen die Sage vom Trojanischen Krieg die grösste Rolle spielte. Im damaligen Polen traten daher Vornamen wie Hektor und Ajax auf. Die älteste polnische Chronik, die zu Anfang des 12. Jh. von einem anonymen Ausländer, den man später Gallus nannte, geschrieben wurde, ist vom Geist dieser Rittermären durchdrungen.

Gegen Ende des 11. Jh. und zu Lebzeiten Krzywoustys war der Fürstenhof ein aktives Zentrum, das sich um die Entwicklung der Kultur bemühte und Gelehrte aus dem Ausland, vor allem Kleriker, heranzog. Sie verbreiteten in Europa ihr Wissen über Polen. Am Hofe des sizilianischen Königs Roger II. charakterisierte der Geograph al-Idrisi Polen Mitte des 12. Jh. als ein Land von Gelehrten, die gebildet sind, die Wissenschaft studieren und aus verschiedenen Gegenden gekommen sind.

Die Zersplitterung des Landes schränkte die Bedeutung der höfischen Zentren im Bereiche der Geisteskultur ein. Dagegen war eine verstärkte Bedeutung der kirchlichen Zentren, insbe-

sondere der Domschulen in Kraków, Płock und Wrocław, zu beobachten. Von grosser Bedeutung war das Wirken der Bischöfe Alexander und Walter, die aus dem wallonischen Malonne stammten. Auch zahlreiche fremde Künstler kamen damals nach Polen, unter ihnen Maler und Bildhauer, die die romanischen Dome, Stiftskirchen und Klöster schmückten. Erhalten geblieben sind Relikte monumentaler romanischer Bildhauerkunst in der Benediktiner-Abtei von Ołbin (Stadtteil von Wrocław) und in der Konventskirche der regulierten Kanoniker in Czerwińsk (Mazowsze), aus denen sich ablesen lässt, dass die Meister italienischer Herkunft waren. Romanische Gotteshäuser entstanden auch in kleineren Wehrsiedlungen, ja sogar in den Residenzen der ländlichen Feudalherren (Skalbmierz, Prandocin, Jędrzejów). Sie erreichten oft ein hohes künstlerisches Niveau. So verbreitete sich allmählich die romanische Kunst in ländlichen Kreisen und nutzte zu jener Zeit immer deutlicher den handwerklichen Fortschritt aus, der vor allem beim Ausbau der ersten Städte anzutreffen war.
Im 13. Jh. wurde die Zersplitterung des Landes noch verstärkt. Die Herzogtümer aus dem Erbe der Piastenherrscher wurden aufgeteilt oder auch miteinander verbunden. Das Herrscherhaus spaltete sich in einige Linien: die Linien Małopolska, Wielkopolska, Dolny Śląsk und Górny Śląsk und die Linie Kujawy-Łęczyca. Auch in Pomorze Zachodnie spaltete sich die dort ansässige Dynastie, die auf Warcisław I. zurückging, den seinerzeit Bolesław Krzywousty besiegt hatte. In Pomorze Gdańskie begründete einer der Nachfolger des Seniorherzogs, Sobiesław I., die Dynastie, die diese Provinz ebenfalls in kleinere Fürstentümer aufteilte.
Kazimierz Sprawiedliwy (der Gerechte) verletzte durch seinen Staatsstreich bereits 1177 das Senioratsprinzip. Anfang des 13. Jh. wurde die Vereinigungspolitik von Leszek Biały (dem Weissen; siehe Übersichtstafel der polnischen Herrscher), dem ältesten Sohn Kazimierz', erfolgreich weitergeführt. Beim Herzogstreffen 1227 in Gąsawa (Wielkopolska) wurde er jedoch hinterrücks ermordet. Sein Tod eröffnete eine neue Etappe der Kämpfe um Kraków, an denen sich der jüngere Bruder Leszeks, Konrad Mazowiecki, über zehn Jahre lang beteiligte. Erfolge in der Wirtschaftspolitik und im Kampf um die Macht errang der Wrocławer Herzog von Śląsk Henryk Brodaty (der Bärtige; 1201—1238), ein Enkel von Władysław Wygnaniec (dem Vertriebenen). Er brachte durch Sorgerecht und Erbfolge einen be-

deutenden Teil von Śląsk unter seine Macht und nahm den südlichen Teil von Wielkopolska und die Provinz Kraków ein. Gegen Ende seines Lebens war er der hervorragendste Vertreter seiner Dynastie. Ähnlich wie Leszek Biały bemühte er sich um die Wiederherstellung des Königreichs. Er wollte seinem Sohn Henryk Pobożny (dem Frommen), der nach dem Tode seines Vaters (1238) die Macht in Kraków und Śląsk übernahm, den Weg zur Krone erleichtern. Kurze Zeit darauf durchkreuzte jedoch der erste Tatarenüberfall diese Pläne.

In den ersten Jahrzehnten des 13. Jh. war ein beträchtlicher Teil Asiens im mongolischen Weltreich vereint, das nach dem Tode Dschingis-Khans in kleinere Staaten zerfiel. Die Mongolen nahmen jedoch weiterhin Eroberungen vor. Nach der Einnahme von Kiew und der Unterjochung der Kiewer Rus rüsteten sie 1241 zu einem Feldzug gegen die europäischen Länder, die den christlichen Glauben nach römisch-katholischem Ritual angenommen hatten. Eine ihrer Armeen überschritt die Karpaten und schlug die ungarischen Truppen am Sajó. Eine zweite verwüstete Małopolska und Śląsk. Henryk Pobożny fiel zusammen mit den hervorragendsten Vertretern der Ritterschaft in der Schlacht bei Legnica. Die mongolischen Truppen verfügten über eine leichtbewaffnete, gut ausgebildete Reiterei, von der die schwerbewaffneten, sich langsam fortbewegenden polnischen Ritterabteilungen leicht geschlagen wurden. Sie nutzten auch die Erfindung von Feuerwerkskörpern, die die Pferde des Gegners in Panik versetzten. Eine Gefahr bedrohte Europa. Die schwer zu besiegenden Mongolen stellte man sich als Teufel aus der Hölle — Tartar — vor (daher der verbreitete Name Tataren). Angesichts der drohenden Gefahr versuchte man, die Länder Europas zu einigen. Es wurden diplomatische Missionen und Aufklärer nach Asien gesandt. Vorbereitet wurden sie oft in den an die Kiewer Rus grenzenden südpolnischen Herzogtümern.

Im Winter 1259/60 erfolgte unter Teilnahme ruthenischer Truppen der zweite Überfall der Tataren, bei dem die südpolnischen Gebiete verwüstet wurden. Die Erinnerung an die Einfälle der Tataren im 13. Jh. ist in der polnischen Tradition lebendig geblieben.

Mitte des 13. Jh. erlangte der Herzog von Kraków und Sandomierz Bolesław Wstydliwy (der Keusche), der mit der ungarischen Königin Kinga vermählt war, die grösste Autorität unter den Piasten. Dieser Herrscher unternahm jedoch keinerlei

Schritte zur Vereinigung der polnischen Gebiete, und er musste mehrmals gegen die sich auflehnenden Adligen vorgehen. Von grosser Bedeutung war hingegen die Heiligsprechung des Krakauer Bischofs Stanisław im Jahre 1253. Sie trug dazu bei, die Position Krakóws während der zunehmenden Vereinigungstendenzen in der zweiten Hälfte des 13. Jh. zu festigen. Der Nachfolger Bolesław Wstydliwys, Leszek Czarny (der Schwarze), verkörperte den Typ des starken Herrschers, der beim Bürgertum, hauptsächlich bei den Krakauer Bürgern, Unterstützung gegen die Magnaten suchte.

Trotz der fehlenden Zentralgewalt war im 13. Jh., in Zeiten der Bedrohung, ein solidarisches Vorgehen vieler Herzöge zu beobachten. Im ersten Viertel des 13. Jh. häuften sich die durch die zerstörerischen Überfälle der Pruzzen und Jadzwingen hervorgerufenen Schwierigkeiten. Man unternahm bewaffnete Aktionen. Auch die Versuche, die Pruzzen zum Christentum zu bekehren, wurden fortgesetzt, jedoch ohne sichtlichen Erfolg. Herzog Konrad Mazowiecki, einer der hervorragendsten Provinzialherrscher, rief 1226 den während der Kreuzzüge gegründeten Deutschen Orden, auch Kreuzritterorden genannt, zu Verteidigungszwecken nach Polen.

Die Kreuzzüge hatten im 12. Jh. Herrscher und Ritterschaft Westeuropas vereint und auch grössere Volksmassen in Bewegung gesetzt. Die polnische Ritterschaft hatte nur sporadisch daran teilgenommen, denn Polen lag in den Randgebieten des damaligen christlichen Europas und befand sich in der Nachbarschaft heidnischer Völker, zu denen die Pruzzen gehörten. Die als Lehnsuntertanen der polnischen Herzöge in der Provinz Chełm angesiedelten Kreuzritter begannen nach kurzer Zeit mit der Unterwerfung der Pruzzen, wobei sie die Hilfe der Ritterschaft anderer Länder Westeuropas in Anspruch nahmen. 1283 hatten sie die Pruzzen unterworfen. Anstatt jedoch einen Schutzschild zu bilden, der die Grenzen Polens sicherte, baute der Orden einen eigenen Staat auf, machte sich vom Einfluss der Herzöge frei und stellte bereits gegen Ende des Jahrhunderts eine ernste Gefahr für die durch Erbteilung zersplitterten Herzogtümer dar.

Während der politische Einfluss Polens im 13. Jh. zurückging, stärkten die in diesem Jahrhundert erfolgenden Veränderungen das Land wirtschaftlich beträchtlich und trugen zur Entwicklung seiner Kultur bei, die vor allem in den höfischen Sitten und ritterlichen Bräuchen zum Ausdruck kam.

Umgestaltung von Wirtschaft und Gesellschaft

Für Polen und seine mitteleuropäischen Nachbarn war das 13. Jh. eine Zeit der intensiven Entwicklung. In jenem Jahrhundert bildeten sich neue Formen des gesellschaftlichen Lebens heraus, die für die nächste, die vorindustrielle Ära charakteristisch waren. Es entstanden die von Feudalherren abhängigen Landgemeinden und die Stadtgemeinden der mittelalterlichen Städte.

Ab Mitte des 12. Jh. hatten die Herrschenden begonnen, sog. Immunitätsprivilegien zu verleihen (teilweise Abgabenfreiheit und Entbindung von der strafrechtlichen Verantwortlichkeit). Zuerst erhielten kirchliche Einrichtungen diese Privilegien, im 13. Jh. auch Grossgrundbesitzer und dann Ritter, insbesondere die reicheren. Auf diese Weise begann sich die Ausübung der Rechtsprechung der Feudalherren über ihre Untertanen herauszubilden, die sog. Patrimonialgerichtsbarkeit.

Provinzialherzöge, Bischöfe und Äbte bemühten sich, einheimische und fremde Siedler heranzuziehen, indem sie ihnen zeitweise Abgabenfreiheit, sog. Freijahre, zugestanden, die die Erschliessung neuen Bodens erleichtern sollte. Ausländische Einwanderer tauchten Anfang des 13. Jh. in Śląsk auf, dann in Wielkopolska und im westlichen Małopolska. Unter ihnen gab es Vertreter verschiedener Nationalitäten. Den überwiegenden Teil bildeten Deutsche. Ähnlich wie die Herrscher von Böhmen und Ungarn gestatteten die polnischen Herzöge ihnen die Anwendung ihres eigenen Rechts.

Bald begann man bei der Besiedlung neugegründeter Dörfer mit einheimischer Bevölkerung das Recht der Fremden, der Wallonen, insbesondere jedoch der Deutschen, hauptsächlich der Sachsen, anzuwenden. Auf diese Weise tauchte das deutsche Recht als dominierendes Recht der Grossgrundbesitzer auf. Es trug zur Herausbildung der von Feudalherren abhängigen Landgemeinden bei. Ein bedeutender Teil der Dörfer verblieb weiter beim polnischen Recht, das ebenso wie das deutsche Recht eine Entwicklung durchmachte. Im 14./15. Jh. glichen sich die nach deutschem und polnischem Recht entstandenen Dörfer einander an.

Ein charakteristisches Merkmal der Dörfer nach deutschem Recht war es, dass sie einem Beamten, dem Schultheiss, unterstanden. Er war gegenüber der Gemeinde Vertreter des Herrn und verkörperte die niedere Gerichtsbarkeit. Die nach deutschem

Recht angesiedelten Bauern erhielten den Boden als ständiges Pachtland, die Hoheitsrechte behielt sich der Grundbesitzer vor. Auf diese Weise bildete sich das sog. getrennte Eigentum heraus. Nach günstigerem Recht wurden die Gruppen der Lehnsuntertanen angesiedelt, die den Kronvasallen und manchmal auch der niederen Ritterschaft eines Herzogs oder Königs gleichkamen. Es bildete sich die feudale Hierarchie heraus, die Menschen erfasste, die in unterschiedlichem Masse abhängig waren.

Im 13. und 14. Jh. wurden viele Wälder und Urwälder gerodet. Die Felder konnten durch Verbreitung des Karrenpflugs, der ein Streichbrett zum Wenden der Schollen aufwies, besser bestellt werden. Es wurden Wassermühlen gebaut, die weitaus produktiver waren als die mit Muskelkraft betriebenen Mahlwerke. Die neuen Dörfer erhielten eine regelmässige Gliederung der Äcker, die in Hufen (poln. *łany* — von dt. *Lehen*) unterteilt waren und die Grundeinheit für die Festlegung der Pacht bildeten, die die Bauern an den Grundherrn entrichteten. Es wurde auch die Dreifelderwirtschaft — Wintergetreide, Sommergetreide, Brache — eingeführt.

Die neuen Gemeinden mit deutschem Recht entstanden im 13. Jh. vor allem in den Gebieten früherer Wehrsiedlungen. Es bildeten sich auch neue Städte heraus, die die Rolle der Märkte der früheren Wehrsiedlungen und Dörfer übernahmen. Die Rechte und Privilegien, die den Städten von den Herzögen verliehen wurden, begünstigten die Herausbildung des neuen bürgerlichen Standes. Die auf der Grundlage des Zinsrechts gegründeten Städte besassen ein regelmässiges Strassennetz, in dessen Zentrum sich der Markt befand. Auf den Marktplätzen wurden Kramläden, Fleischbänke und Verkaufsstände errichtet, die zum Verkauf von Lebensmitteln dienten. Gegen Ende des 13. Jh. tauchten immer häufiger Tuchhallen auf. In den grösseren Städten gab es zu dieser Zeit schon gemauerte Rathäuser. Die Städte, anfangs mangelhaft geschützt, wurden bald mit Wehrmauern versehen. Die Selbstverwaltung der Stadt begünstigte besonders zwischen den wohlhabenden Bürgern eine festere Verbindung. Es bildete sich eine städtische Kultur heraus, die im 14. und 15. Jh. grössere Bedeutung erlangte. Die Entwicklung der Verstädterung ging mit einer Erhöhung der Ware-Geld-Wirtschaft und einer zunehmenden Trennung zwischen städtischer und landwirtschaftlicher Tätigkeit einher. Seit dem 12. Jh. wuchs in den inneren Beziehungen des Landes die

Bedeutung des grossen Handels, dessen Wege Polen über Śląsk und die Häfen in Pomorze (insbesondere Gdańsk) mit den entwickelten wirtschaftlichen Zentren Westeuropas verbanden.
Trotz der Zersplitterung im 13. Jh. kam es zu keiner Minderung des Zusammengehörigkeitsgefühls der polnischen Bevölkerung. Der Begriff der polnischen Nationalität — *Gens polonica* — tauchte in den Blättern einheimischer und ausländischer Chronisten auf. Polen als politisch-geographische Einheit wurde durch eine einheitliche Organisation der Kirche verstärkt.
Das kulturelle Erbe aus der Zeit der feudalen Zersplitterung war trotz der politischen Schwäche des Staates recht bedeutend. In der zweiten Hälfte des 12. und im 13. Jh. begaben sich zahlreiche Polen zum Hochschulstudium ins Ausland. Einer von ihnen — Meister Wincenty Kadłubek, Bischof von Kraków — war der Autor der umfangreichen „Kronika Polski" (Chronik Polens). Die Kirche entwickelte eine kulturell-schöpferische Tätigkeit, die auch mit den höfischen Zentren und mit den neuen Dominikaner- und Franziskanerklöstern in den städtischen Zentren verbunden war. Aus dem 13. Jh. stammen die ersten überlieferten Zeugnisse polnischer Poesie, vorwiegend sakralen Charakters, von denen das schönste die „Bogurodzica" war (ein Vaterlandslied, dessen Text bis heute überliefert ist), gleichermassen Kirchen- und Kriegsgesang, den die Ritter auf den Schlachtfeldern sangen. Der liturgische Gesang fand seinen Ausdruck in den in Polen entstandenen Musikwerken, deren Handschriften nach dem zweiten Weltkrieg entdeckt worden sind, so u.a. im ausdrucksvollen „*Christus surrexit*", das wahrscheinlich aus dem Jahre 1230 stammt.
Unter dem Einfluss des aus dem Westen übernommenen künstlerischen Schaffens entstand das Ritterepos. Das bekannte Waltharilied wurde den polnischen Verhältnissen angepasst. Das kam darin zum Ausdruck, dass einige mit Tyniec und Wiślica zusammenhängende Ereignisse eingeflochten wurden. Überhaupt fesselte die Zeit vor der feudalen Zersplitterung Polens die Aufmerksamkeit der Menschen jener Tage. Pfalzgraf Piotr Włostowic, ein hervorragender Magnat aus der Mitte des 12. Jh., wurde zum Helden einer einheimischen Ritterlegende, in der sich Motive der Tapferkeit, der Treue und des Treubruchs mit Motiven der Sühne und der Freigebigkeit verflochten; und kirchliche Stiftungen umfassten im Gedächtnis der Menschen das Gebiet ganz Polens.
Zusammen mit der Literatur gelangte der Brauch der Ritterspiele

nach Polen, insbesondere der Turniere, die in Anwesenheit der Damen des Hofes ausgetragen wurden, die die Sieger krönten.

Im geeinten Königreich

Die wirtschaftliche Entwicklung und die Umgestaltung der Städte und Dörfer gegen Ende des 13. Jh. wurden zu einem Faktor, der die Provinzen integrierte, insbesondere Wielkopolska und den Raum Kraków mit Śląsk. Der Einigungsgedanke gewann unter den verschiedenen Schichten der Bevölkerung immer mehr Anhänger. Die Vereinigung wurde von Przemysł II., dem Herzog von Wielkopolska, vollzogen, der sich 1295 in Gniezno zum König von Polen krönen liess. Die zunehmende Bedeutung des polnischen Herrschers beunruhigte jedoch die brandenburgischen Markgrafen, die Meuchelmörder aussandten.
Der Tod des Königs (1296 in Rogoźno) eröffnete einen Zeitraum des Kampfes um die Macht in Polen, bei dem zuerst der böhmische König Wenzel II., der stärkste Anwärter auf den Thron, die meisten Anhänger für sich gewinnen konnte. Sein wichtigster Gegenspieler, der bescheidene, aber ausserordentlich hartnäckige Herzog von Kujawy Władysław Łokietek, musste dagegen das Land verlassen.
Die Regierungszeit der böhmischen Přemysliden in Polen währte sechs Jahre. Erst nach dem Tode von Wenzel III. zog Władysław Łokietek 1306 mit Unterstützung der Ritterschaft und eines Teiles des Bürgertums in Kraków ein (schon vorher hatte er das Gebiet von Sandomierz und einen Teil der Provinz Kraków eingenommen).
Auch Pomorze erkannte die Herrschaft Łokieteks an. Jedoch erschienen bald darauf aufgrund eines Verrats durch das Magnatengeschlecht der Święcowie die Brandenburger in Pomorze. Die zu Hilfe gerufenen Ordensritter verdrängten zwar die Brandenburger, metzelten aber verräterisch die polnischen Verteidiger der Stadt Gdańsk nieder und besetzten dieses Gebiet von 1308 bis 1309.
Trotz der erlittenen Niederlagen, der Dezentralisierungstendenzen (z.B. der Aufstand der grösseren Städte von Małopolska und eines Teils der Klöster unter der Führung Alberts, des Stadtvogtes von Kraków) und der ständigen Bedrohung durch die böhmische Dynastie der Luxemburger, die Mark Brandenburg an der Westgrenze und den Deutschen Orden vereinigte

Władysław Łokietek die zwei bedeutendsten Provinzen (Wielkopolska und Małopolska).
Dieser Schritt gestattete es ihm, eine aktive Aussenpolitik zu führen und mit Hilfe der Kurie von Avignon die Krone zu erlangen. Die Krönung am 2. Januar 1320 in Kraków war zugleich der Höhepunkt der Vereinigungsbestrebungen, die von der Ritterschaft und einem grossen Teil der polnischen Magnaten und der Geistlichkeit unterstützt wurden. Łokietek fehlte es jedoch an Kraft, um den Versuch eines wirksamen Anschlusses der Herzogtümer von Śląsk an die Krone zu unternehmen. Auch Pomorze gewann er nicht zurück, obwohl er aus dem Prozess, den er unter päpstlichem Legat gegen die Ordensritter führte, als Sieger hervorging (Inowrocław 1320/21). Später schloss er einen Beistandspakt mit Litauen, das von den Ordensrittern bedroht war (1325). Zu Zeiten Łokieteks begannen die schweren Kämpfe gegen die Ordensritter. Als bedeutendste Episode jener Zeit ist an dieser Stelle die Schlacht bei Płowce (1331) zu nennen.
Im 14. Jh. nahm die Bedeutung Polens und seiner Nachbarländer (Böhmen, Ungarn) im damaligen Europa erheblich zu. Die rasche sozialökonomische und kulturelle Entwicklung dieser Gebiete erfolgte in einer Zeit, da die Länder West- und Südeuropas eindeutig eine Krise durchmachten, die noch durch die Auswirkungen des Schwarzen Todes verstärkt wurde, der die Bevölkerung der am besten bewirtschafteten Gebiete und besonders der grossen Städte dahinraffte. Beträchtlichen Einfluss hatten auch die Folgen der zerstörerischen Kriege, darunter vor allem des Hundertjährigen Kriegs zwischen Frankreich und England. All diese Erscheinungen trugen dazu bei, dass sich die Unterschiede zwischen den neuen Staaten Mittel- und Osteuropas und den am weitesten entwickelten Ländern West- und Südeuropas, die sich stärker auf das Erbe der griechisch-römischen Zivilisation stützten, in starkem Masse zu verwischen begannen.
Diese Erscheinungen machten sich in Polen am deutlichsten zur Regierungszeit von Kazimierz Wielki (dem Grossen; 1333—1370), dem Sohn Władysław Łokieteks, bemerkbar. Unter seiner Herrschaft nahm die Bedeutung Polens auf internationaler Ebene ständig zu. Das kam sowohl in der Wirtschaft als auch in der Politik zum Ausdruck. Kazimierz setzte die Politik seines Vaters fort. Er bemühte sich um die Vereinigung der polnischen Provinzen und eine Erweiterung der Grenzen des Kö-

nigreiches. Grundlage seines Wirkens waren die Freundschaft und Zusammenarbeit mit den ungarischen Vertretern des Herrscherhauses Anjou und mit der Kurie von Avignon. Durch seine aktive und geschickte Diplomatie vermied er es, um den Preis notwendiger Zugeständnisse einen Krieg an zwei Fronten gegen ihm überlegene Gegner (Königreich Böhmen und Kreuzritter) zu führen. Bei der Zusammenkunft in Visegrád (1339) traf er mit dem ungarischen König Carobert ein Abkommen, auf dessen Grundlage der Thron Polens in die Hände des Hauses Anjou übergehen sollte, falls Kazimierz ohne Nachkommen sterben würde.

Die Versuche, die von den Ordensrittern geraubten Gebiete wiederzuerlangen, endeten trotz des günstigen Urteils des Legatsgerichts mit einem ungünstigen Kompromiss für Polen, da der böhmische König Johann von Luxemburg die Interessen der Ordensritter unterstützte. Kazimierz Wielki schloss mit den Ordensrittern auf einer Zusammenkunft in Kalisz einen Vertrag (1343), in dem er ihnen die Ländereien Pomorze Gdańskie, Chełm und das Gebiet Ziemia Michałowska schenkte, um dagegen Kujawy und Dobrzyń zurückzubekommen. Die Ordensritter erkannten den König ferner als Schirmherrn des Ordens an. Dieser Vertrag leitete einen langjährigen Frieden mit den Ordensrittern ein und gab dem König freie Hand auf anderen politischen Schauplätzen.

Kraft eines früher geschlossenen Vertrages wurde Kazimierz Wielki nach dem Tode von Bolesław Trojdenowicz (1340), der das Fürstentum Halitsch-Wolhynien verwaltete, Herr über die Fürstentümer der Rus. Im selben Jahr besetzte er Lwow und verband in Personalunion die Provinzen der Rus mit der Krone. Weniger erfolgreich war er in der schlesischen Politik, in der sich schon sein Vater Władysław Łokietek, besonders in den späteren Jahren seiner Herrschaft, engagiert hatte.

Kazimierz verband geschickt seine politische Tätigkeit mit Aktionen zur Hebung der wirtschaftlichen Situation des Landes, unterstützte die Zinskolonisierung auf dem Lande und versicherte besonders die Städte von Małopolska seiner königlichen Fürsorge. Er begünstigte die Entwicklung des internationalen Handels, der sich dank des Anschlusses der Rus sichtbar belebte. Die türkische Expansion schränkte die Handelsmöglichkeiten mit dem Orient im Mittelmeerraum ein. So gewannen die Landwege, die von Asien über die südpolnischen Gebiete nach Westen führten, an Bedeutung. An diesem Handel beteiligten sich neben Kaufherren aus Wrocław besonders die Kaufleute aus Kraków und, wenn auch vorläufig in geringerem Masse, die aus Lwow. Der Friedensvertrag mit den Ordensrittern belebte den Handel mit den ostpreussischen Städten Toruń und Gdańsk. Er hatte zu dieser Zeit auch schon in bedeutendem Masse Transitcharakter. Durch Polen gelangte ungarisches Kupfer in die Ostseehäfen, eine Ware, die im Westen sehr begehrt war. Das Rivalisieren der ostpreussischen Städte mit Kraków und anderen Zentren von Małopolska um diese Transitwege führte zu Handelskriegen, in denen sich die aktive Unterstützung, die der König dem Bürgertum von Małopolska zuteil werden liess, als wertvolle Hilfe erwies. Die Aufmerksamkeit des Königs konzentrierte sich auch auf Reformen der Staatsverwaltung und der Verwaltung der königlichen Ländereien, deren gute Bewirtschaftung erheblich dazu beitrug, die Einkünfte der Monarchie und des königlichen Schatzes zu erhöhen. Polen umfasste zur Zeit von Kazimierz Wielki ca. 270 000 km^2 (ohne Lehensbesitz). Die Bevölkerungszahl wuchs in dieser Zeit beträchtlich. Schätzungsweise bewegte sich die Zahl der Einwohner im damaligen Königreich zwischen 2 und 2,5 Millionen.

In bedeutendem Masse erhöhten sich auch die Zahl der Städte und deren Reichtum. Das Handwerk in den grossen Städten erfuhr eine grosse Spezialisierung. Es entwickelte sich die Ware-Geld-Wirtschaft, das Vermögen der Landbevölkerung wuchs. In den Städten jener Zeit wurden mehrere Sprachen gesprochen. Neben Polen, Deutschen und Juden waren auch Italiener, Böhmen und Ungarn vertreten. In Lwow gewannen die Armenier grossen Einfluss. Im Ergebnis der Einverleibung der Rus in die Krone wurde die Monarchie unter Kazimierz Wielki zu einem Vielvölkerstaat, ähnlich wie das benachbarte Ungarn, der Ordensstaat und Litauen.

Kazimierz Wielki verkörperte den Typ des aufgeklärten Herrschers, der sich den Zielen eines Erbauers der spätmittelalterlichen konstitutionellen Monarchie in Polen voll bewusst war. Er unterstützte die niederen Schichten, besonders das Bürgertum und den niederen Adel, und hielt das Zepter fest in der Hand. Diese Haltung wurde für die erneut an Einfluss gewinnenden Magnaten immer beschwerlicher.

Grosse Bedeutung mass Kazimierz auch der Gesetzgebung bei. Wielkopolska und Małopolska verdankten dem König und seinen Ratgebern gesonderte Statuten. Das Statut für Małopolska

wurde auf dem Landtag in Wiślica (genannt Statut von Wiślica) verkündet und bildete die Grundlage des geschriebenen Rechts, das im Polen des 14. Jh. fest untermauert wurde.
Erwähnung verdient schliesslich auch das Mäzenatentum des Königs im Bereich der Kultur und der Kunst, besonders aber im Bauwesen. Von Kazimierz sagt man, dass er „ein hölzernes Polen vorfand und ein steinernes hinterliess". Die Vorräte der königlichen Schatzkammer ermöglichten ihm den Bau von steinernen Burgen und die Errichtung von Stadtmauern für zahlreiche Städte. Das erhöhte die Wehrfähigkeit des Landes. Viel Aufmerksamkeit widmete der König auch der Durchführung einer Heeresreform.
Von den Massnahmen auf dem Gebiete der Kultur, die Kazimierz Wielki während der letzten Jahre seiner Herrschaft ergriff, ist die Gründung eines *Studium generale* in Kraków 1364 die wichtigste. Das *Studium generale* bildete die Grundlage für die Entstehung der Universität, der zweiten (nach Prag) in Mitteleuropa. Der König förderte die Bildung. Zu seiner Zeit entstanden zahlreiche Schulen in Städten und Kleinstädten. Das Unterrichtsniveau stieg, das Inventar der Bibliotheken und die Zahl der zu verschiedenen Zwecken angefertigten Dokumente erhöhten sich.
Die Herrschaft Ludwigs des Grossen (des Ungarn, 1370—1382), der gemäss dem Abkommen mit der Dynastie der Anjou Nachfolger auf dem polnischen Thron wurde, bildete in vielen Dingen einen Gegensatz zum Wirken Kazimierz'. Der König, der mehr an den politischen Problemen Ungarns interessiert war, zeigte sich nur selten in Polen, die Regierungsgeschäfte lagen in den Händen seiner Bevollmächtigten, u.a. der Mutter Elżbieta Łokietkówna. Im Bestreben, sich Popularität und für eine seiner Töchter die Nachfolge zu sichern, erliess er im Jahre 1374 in Košice ein umfangreiches Privileg für die Magnaten und den polnischen Kleinadel, das die Epoche der Adelsprivilegien in Polen einleitete. Mit diesem Akt senkte er die Steuern für die Adelsgüter auf 2 Groschen je Hufe Land. Die Auferlegung von höheren Steuern sollte in Zukunft von der Zustimmung des Adels abhängen. Bald darauf erhielt die Geistlichkeit ein ähnliches Privileg.
In den Gebieten der Rus setzte Ludwig die Politik Kazimierz' fort. Er führte die Kolonisierung nach dem Zinsrecht durch und vergab Lehen an Ritterschaft und Magnaten, vorwiegend in Małopolska. 1375 begründete er ein lateinisches Erzbistum

mit Sitz in Halitsch (später nach Lwow verlegt) und einige Bistümer (Kazimierz Wielki hatte sich schon früher um eine Restitution der östlichen Metropole bemüht, die dem Patriarchat in Konstantinopel untergeordnet war).

Unter dem Zepter der Jagiellonen

In der Herrschaftsperiode der Dynastie der Anjou übte in Polen eigentlich eine Gruppe von Magnaten, die sich während der Regierungszeit von Władysław Łokietek und Kazimierz Wielki um den königlichen Hof gebildet hatte, die Macht aus. Sie verhinderte die Besteigung des polnischen Thrones durch deutsche Fürsten bzw. durch den Herzog von Mazowsze Siemowit und strebte gleichzeitig nach einer Annäherung an das Grossfürstentum Litauen, das sie als Verbündeten gegen den Deutschen Orden zu gewinnen trachtete. Der litauische Staat umfasste zu jener Zeit den grössten Teil der Westgebiete der Rus, die durch die Tatarenüberfälle geschwächt war. An seiner nordwestlichen Grenze erlitt er durch den Streit mit den Ordensrittern Verluste.

Nach dem Tode Ludwigs lehnten die Magnaten die Machtübernahme durch Sigismund von Luxemburg, den Gatten Marias, der älteren Tochter Ludwigs, ab und erkannten das Thronfolgerecht ihrer jüngeren Schwester Jadwiga zu. Sie bewirkten aber den Bruch des Verlöbnisses Jadwigas mit Wilhelm von Österreich. 1385 schlossen sie in Krewo ein Bündnis mit dem litauischen Grossfürsten Jagiełło. Gemäss den Festlegungen dieses Vertrages liess Jagiełło sich taufen, nahm den Namen Władysław an und verpflichtete sich, in ganz Litauen die Taufe nach katholischem Ritus einzuführen. Er heiratete Königin Jadwiga und wurde der neue Herrscher Polens. Auf diese Weise kam es durch Personalunion zur Vereinigung Polens mit Litauen.

Die Union mit Litauen stärkte die Kräfte des Königreiches. Für Litauen war das politische Bündnis mit Polen eine Absicherung gegen die Aggression der Ordensritter. Die Verbreitung des Christentums im bisher heidnischen Litauen nahm der Expansion der Ordensritter die ideologische Begründung. Bald darauf wurde auch die Hilfe eingeschränkt, die dem Ordensstaat seit langem aus dem Westen zuteil wurde.

Für Polen eröffneten sich breite Möglichkeiten einer kulturellen

Tätigkeit im Nordosten. Die Bedeutung dieser Tatsache war vor allem aus der Sicht der antagonistischen Beziehungen zum Deutschen Orden erkennbar. Daher wurde auch in den aufgeklärten höfischen Kreisen in Kraków immer deutlicher die Notwendigkeit der Erneuerung und des Ausbaus der von Kazimierz Wielki gegründeten Hochschule hervorgehoben. Die im Jahre 1400 gegründete Akademie zu Kraków wurde bald zu einem bedeutenden wissenschaftlichen Zentrum, das auf der einen Seite eng mit dem Hof, auf der anderen aber mit dem Bürgertum von Kraków verbunden war. Schon in den nächsten Jahren liess sich ein bewunderungswürdig starker Einfluss der neuen Lehranstalt auf die kulturelle Entwicklung der Gesellschaft beobachten. Die intensive Entwicklung des Schulwesens hatte grosse Bedeutung für die Entwicklung der bürgerlichen Kultur, deren Ausstrahlung zu jener Zeit die Kreise des Adels und der Magnaten ergriff.

Der Ausbruch des Konflikts mit dem Deutschen Orden näherte sich unaufhaltsam, besonders seitdem die kluge Politik Jagiełłos die Intrigen der Ordensritter in Litauen eingeschränkt hatte. Ab 1401 war Witold unter Oberhoheit Jagiełłos Grossfürst von Litauen. Als 1409 der Krieg mit dem Deutschen Orden ausbrach, wurde ein gemeinsamer Aktionsplan der Heere Polens und Litauens erarbeitet. Die vereinigten Armeen bereiteten am 15. Juli 1410 den Truppen des Deutschen Ordens bei Grunwald (Tannenberg) eine Niederlage. Das war eine der grössten Schlachten des Mittelalters. Der Hochmeister Ulrich von Jungingen und die Mehrzahl der Ordensritter fielen auf dem Schlachtfeld. Die expansive Kraft des Ordens war gebrochen. Litauen erhielt Samogitien (Schmud). Zwar gelang es Jagiełło aufgrund der Eingriffe der Luxemburger, die die Ordensritter auf internationaler Ebene verteidigten, nicht, seinen grossen militärischen Sieg voll auszunutzen, aber die Schwächung des Ordens eröffnete den Weg zu einer günstigen Lösung des Problems von Pomorze Gdańskie. Die Auseinandersetzungen mit dem Orden, sowohl militärische als auch diplomatische, wurden auf europäischer Ebene weitergeführt.

Zu dieser Zeit nahm der polnische Einfluss auf die internationale Politik ständig zu. Polnische Delegationen nahmen aktiv an den Konzilien teil. Der Sieg bei Grunwald bewog das Fürstentum Pomorze Słupskie (Teil von Pomorze Zachodnie), sich auf Polens Seite zu schlagen. Die böhmischen Hussiten wandten sich an Polen mit der Bitte um Hilfe und unternahmen Versuche,

Władysław Jagiełło oder einem anderen Mitglied der Jagiellonen-Dynastie die böhmische Krone anzutragen. Dagegen stimmte jedoch ein bedeutender Teil der Magnaten, an deren Spitze sich Zbigniew Oleśnicki, der Bischof von Kraków und später Kardinal, stellte. 1420 musste Jagiełło die böhmische Krone ausschlagen und vier Jahre später in Wieluń ein antihussitisches Edikt erlassen und die polnischen Truppen aus Böhmen zurückziehen. Jagiełło erliess während seiner Regierungszeit (beginnend ab 1388) einige Privilegien für die Magnaten und den Adel. Die grösste Bedeutung hatte die königliche Verpflichtung, dass niemand aus dem Stande der Privilegierten vor der Fällung eines rechtskräftigen Urteils gefangengenommen werden durfte. Mit diesem Akt beabsichtigte der König, die Vertreter des privilegierten Standes zunächst für sich und dann für die Erfolge der Jagiellonen in Polen zu gewinnen.

Nach dem Tode Jagiełłos übte Zbigniew Oleśnicki im Namen des minderjährigen Königs Władysław III. die Regentschaft aus. Der polnisch-litauische Staat nahm als Grossmacht nach wie vor an den politischen Auseinandersetzungen in Mitteleuropa teil.

1438 trugen die böhmischen Kalixtiner nach dem Tode Sigismunds von Luxemburg Kazimierz Jagiellończyk, dem jüngeren Sohn von Władysław Jagiełło, die Krone an und verpflichteten sich, ihm die Oberherrschaft über Śląsk zuzuerkennen. Das Magnatentum unter der Führung von Bischof Oleśnicki zerschlug jedoch den Versuch eines prohussitischen Aufstandes des Adels in Polen und verhinderte so die Thronbesteigung des Sohnes von Jagiełło in Böhmen. 1440 wurde Kazimierz Jagiellończyk auf den litauischen Fürstenthron berufen. Damit wurde die Union Litauens mit Polen zerstört. Der sechzehnjährige polnische König Władysław III. wurde im selben Jahr auf den ungarischen Thron berufen. Dadurch schloss sich Polen der antitürkischen Koalition an, denn die Türken, die zu dieser Zeit ihre Feldzüge auf dem Balkan erweiterten, bedrohten den ungarischen Staat. 1444 erlitt die ungarische Armee in der Schlacht gegen die Türken bei Warna eine Niederlage. Der König und eine grosse Anzahl seiner Ritter fielen.

1447 erneuerte Kazimierz, der Grossfürst von Litauen, der nach dem Tode seines Bruders den polnischen Thron erhielt, die polnisch-litauische Union. Im Rahmen der Innenpolitik stellte er sich der Koalition der Magnaten mit Zbigniew Oleśnicki an der Spitze entgegen und spielte die Ritterschaft gegen die Ma-

gnaten aus. In der späteren Zeit seiner Regierung widmete er den Städten grössere Aufmerksamkeit und bemühte sich, für sie zu sorgen. Er wandte sich mit Erfolg gegen das päpstliche Fiskalwesen und unterstützte geschickt seine eigenen Kandidaten bei der Besetzung der Bischofswürden in den einzelnen Bistümern. Die Śląsker Fürstentümer Oświęcim und Zatorsk führte er Polen zu.
Gegen Mitte des 15. Jh. verschärften sich die Konflikte zwischen den reichen und mächtigen preussischen Städten und dem Orden. Auch in Kreisen des Adels von Pomorze und Ostpreussen war die Herrschaft des Ordens immer unbeliebter geworden. Es kam zu einer Konföderation des Adels mit den preussischen Städten. Die grösseren Städte kündigten dem Orden den Gehorsam und stellten sich unter die Schirmherrschaft des polnischen Königs. Auf diese Weise kam es zum Ausbruch des Krieges, den man später den dreizehnjährigen Krieg nannte (1454—1466). Anfangs schien es, dass der König, der mit dem Patriziat der preussischen Städte verbündet war, einen leichten Sieg über den Orden erringen werde. Aber in der ersten Phase der Kämpfe zeigte sich die Unzulänglichkeit des aus einem allgemeinen Aufgebot entstandenen Heeres, das immerhin ein knappes halbes Jahrhundert vorher den Sieg bei Grunwald errungen hatte. Der wachsende Reichtum der Ritterschaft führte dazu, dass diese mehr und mehr zu Feudalherren wurde, die sich mehr der landwirtschaftlichen Betätigung als ritterlichen Kämpfen widmeten. Ausserdem verlangte die im Heerlager bei Nieszawa (1454) versammelte Ritterschaft vom König Privilegien als Preis für ihre Teilnahme am Kampf. Der König verpflichtete sich u.a., dass er in Zukunft keine wichtigen Entscheidungen mehr ohne die Zustimmung des Adels treffen werde. Die Privilegien von Nieszawa wurden so zu einem echten Fundament des polnischen Parlamentarismus. Die Bedeutung der Provinzialversammlungen (Sejmik) und der Landesversammlungen (Sejm) nahm zu. Auf den Provinzialversammlungen wurden die Abgeordneten gewählt, die den Adel und den Klerus repräsentierten. Sie bildeten die Abgeordnetenkammer im entstehenden Parlament, während der Kronrat sich allmählich zu einer zweiten Kammer, dem Senat, entwickelte.
Die Last des Kampfes im dreizehnjährigen Krieg nahmen die von den preussischen Städten und vom König aufgestellten Söldnertruppen auf sich. Endlich errangen sie den Sieg. Im Frieden von Toruń 1466 gaben die Ordensritter die Provinzen

Chełm und Pomorze Gdańskie mit Żuławy an Polen zurück. Warmia, das von den dortigen Bischöfen regiert wurde, wurde dem Königreich als Lehen der polnischen Herrscher einverleibt. Die angegliederten Gebiete bildeten die selbständige Provinz Preussen und behielten eine eigene Ständevertretung. Sie wurden Prusy Królewskie genannt, zum Unterschied von dem beim Orden verbliebenen Prusy Zakonne. Der Hochmeister verlegte seinen Sitz von Malbork (Marienburg) nach Königsberg und verpflichtete sich, dem polnischen König Lehnspflicht zu leisten. Die reichsten Städte, insbesondere Gdańsk, behielten ihre privilegierte Stellung.

Der Frieden von Toruń eröffnete breitere Möglichkeiten des Handels mit den preussischen Städten, besonders mit Gdańsk und Elbląg. Die Weichsel wurde schon in der ersten Hälfte des 15. Jh. zu einem wichtigen Handelsweg, auf dem vor allem Holz und Schätze des Waldes befördert wurden. Der steigende Bedarf an Getreide in den dichtbesiedelten Ländern Nordwesteuropas (Flandern, Niederlande, England) förderte die Entwicklung des Getreideexports. Die Fronhöfe wurden immer mehr zu Unternehmen, die Getreide für den Markt produzierten und immer mehr Arbeitskräfte brauchten. Die Feudalherren, sowohl die Magnaten als auch der Adel, versuchten immer häufiger diesen Bedarf zu decken, indem sie ihren Untertanen immer grössere Lasten in Form von Fronarbeit auferlegten.

Der Frieden von Toruń eröffnete Kazimierz Jagiellończyk die Möglichkeit, eine aktive Politik zugunsten der Jagiellonen-Dynastie zu führen. Noch während des Krieges traf er in Głogów 1462 mit dem böhmischen König Georg von Podiebrad ein Abkommen, in dessen Ergebnis nach dem Tode Georgs (1471) Władysław, der Sohn Kazimierz Jagiellończyks, auf den böhmischen Thron gelangte. 1490 bestieg er auch den ungarischen Thron. Die Einflüsse der Dynastie der Jagiellonen hatten in Europa ihren Höhepunkt erreicht. Vier Länder erkannten die Herrschaft von Vertretern dieses Herrscherhauses an: Polen, Litauen, Böhmen und Ungarn, also fast ganz Mittel- und Osteuropa. Ausserhalb des Herrschaftsbereiches der Jagiellonen verblieb im Osten nur das zu jenem Zeitpunkt unbedeutende Fürstentum Moskau, das auf mühseligen Wegen einen Zusammenschluss der russischen Gebiete anzustreben begann. Die Jagiellonen wurden zu einem der einflussreichsten Herrscherhäuser Europas. Hinsichtlich der Grösse des von ihnen regierten Territoriums überragten sie alle damaligen Herrscherhäuser einschliesslich der Habsburger.

Gesellschaft und Kultur des späten Mittelalters

Am Ausgang des Mittelalters hatte die Gesellschaft Ständecharakter. In der besten Lage befand sich der privilegierte Stand der Ritter und Adligen. Ähnlich wie in Ungarn war der Adel in Polen eine umfangreiche, stark differenzierte Gruppe. Es gab Gegenden, in denen Angehörige des Kleinadels wohnten, besonders im Gebiet um Łuków in Mazowsze, aber auch in Wielkopolska und in Małopolska, insbesondere in der Nähe ehemaliger herzoglicher Burgen. Einen gesonderten Stand bildete das Bürgertum. Im Gegensatz zu den Adligen hatten die Bürger keine allgemeinen Standesprivilegien. Die Lage der Bürger in den Städten der Krone unterschied sich also von der Lage der Bürger in Kleinstädten, besonders in privaten.
Der Bauernstand hatte keine öffentlichen Befugnisse und Privilegien. Die Zeiten günstiger wirtschaftlicher Entwicklung bewirkten jedoch, dass die Wohlhabenheit der Bauern zunahm. Ihre Verbindung zu den Städten und Kleinstädten, die den Hauptabsatzmarkt für die landwirtschaftlichen Erzeugnisse bildeten, wurde enger. Das ermöglichte es den Landbewohnern, die Erzeugnisse der städtischen Handwerker zu nutzen.
Viele Bauern übersiedelten in die sich zu jener Zeit entwickelnden Städte und Kleinstädte. Auch Vertreter der Ritterschaft und des Adels suchten in den Städten nach einer Chance, ihre Lage zu verbessern. Zugleich ging das immer wohlhabender werdende Patriziat der wichtigsten Städte, insbesondere von Kraków und Lwow, verwandtschaftliche Bindungen mit dem wohlhabenderen Adel und den Magnaten ein. Die Bürger erwarben Landgüter, ein Teil der reichsten Familien zog aufs Land und erwarb Adelsprivilegien.
Ein kennzeichnendes Merkmal der Struktur des spätmittelalterlichen Adelsstandes war die grosse Bedeutung der genealogischen Verbindungen, die zu jener Zeit vor allem heraldischen Charakter trugen und im Prinzip oft auf eine fiktive verwandtschaftliche Bindung gestützt waren, die im Familienwappen, im Wahlspruch und im Namen eines Geschlechts zum Ausdruck kam. Adelsgeschlechter traten im 12./13. Jh. unter den Magnaten auf. In ihren Kreisen wurden Blutsbande und Abstammung

von bedeutenden Vorfahren besonders geschätzt. Bei der Herausbildung der Städte erfassten die Adelsgeschlechter auch die mittlere und niedere Ritterschaft. Es begannen sich Geschlechter der niederen Ritterschaft herauszubilden, die sich das Zeichen des Gebiets zulegten, in dem sie wohnten. Die Ritter zogen nämlich unter der Fahne ihres Gebiets in den Krieg. Viele polnische Adelsgeschlechter gehen auf Krieger und niedere Gefolgsleute zurück, die sich in einer bestimmten Gegend niederliessen, z.B. Śreniawici und Drużynici an der Śreniawa in der Provinz Kraków.

Die inneren Verhältnisse im 15. Jh. waren vom zunehmenden Einfluss der Magnaten gekennzeichnet. Das Rivalisieren zwischen Magnaten und Adligen trat im 15. Jh. an die Spitze der gesellschaftspolitischen Struktur des Staates. Die vom übermässig zunehmenden Einfluss der Magnaten, insbesondere der Magnaten in Małopolska, bedrohten Herrscher trugen Sorge dafür, dass diese keinen getrennten Stand bildeten, wie das in den Nachbarländern Böhmen und Ungarn der Fall war. Diese Bemühungen waren von Erfolg gekrönt. Die Magnaten verblieben formalrechtlich innerhalb des Adelsstandes, aber der Kronrat, aus dem später die oberste Kammer des polnischen Parlaments (der Senat) entstand, setzte sich fast ausschliesslich aus Vertretern der Magnatenschaft zusammen. Dem Landtag hingegen, aus dem in der zweiten Hälfte des 15. Jh. der eigentliche Sejm hervorging, gehörten ebenfalls Magnaten an, besonders solche, jedoch nicht ausschliesslich, die Ämter auf dem Lande bekleideten.

In der Entwicklung der mittelalterlichen Wissenschaft und Kultur Polens machte sich besonders ein Anteil des Bürgertums und der Plebejer bemerkbar. Das Geistesschaffen war nämlich nicht dem privilegierten Stand vorbehalten. Fast das gesamte Mittelalter hindurch wurde es von Geistlichen oder mit der Geistlichkeit verbundenen Menschen ausgeübt. Das künstlerische Schaffen hatte handwerklichen Charakter und war im Grunde genommen eine Beschäftigung, die einem Vertreter des privilegierten Standes nicht anstand.

Die ältesten aus Polen stammenden Vertreter der Wissenschaft sind aus dem 13. Jh. bekannt. Sie waren in ausländischen Kreisen tätig. Erst die Gründung der Krakauer Akademie schuf die Grundlage für die Entwicklung eines wissenschaftlichen Zentrums in Polen.

Der Krakauer Kreis nahm also im 15. Jh. an den damaligen

geistigen Strömungen in Europa regen Anteil und vertrat auf einigen Gebieten bahnbrechende Ideen, so in Völkerrechtslehre, Philosophie und Astronomie. Stanisław aus Skalbimierz vertrat (1431) den Standpunkt, dass das natürliche Recht für alle gleich sei. Zusammen mit Paweł Włodkowic stellte er (1415) die Frage, ob Kriege in den internationalen Beziehungen zulässig seien, und trat gegen die Bekehrung der Heiden mit dem Schwert ein. In der zweiten Hälfte des 15. Jh. formulierte Jan Ostroróg (1436—1501), Vertreter einer bekannten Magnatenfamilie, ein Reformprogramm für den Staat. Ähnlich wie die Denker aus der ersten Hälfte des 15. Jh. verkündete er die Idee der Souveränität des Staates und seiner Unabhängigkeit vom Kaiserreich. Auf diese Weise fanden die aktuellen Fragen der Innen- und Aussenpolitik ihre Verallgemeinerung im lebendigen theoretischen Gedankengut. Das war ein beredtes Zeugnis dafür, dass sich das spätmittelalterliche Polen von einem unbedeutenden, am Rande Europas gelegenen Land in einen Partner verwandelte, der die Ideen des Humanismus verkündete.

Schon vor dem 13. Jh. war die Strafe des Verkaufs in die Sklaverei, die anfänglich die ganze Familie eines Beschuldigten umfasst hatte, aufgehoben worden. In der Gesetzgebung des 13. Jh. tauchte die humane Idee auf, den Armen Rechtsschutz zu gewähren. Spuren davon sind in den Verfügungen des polnischen Sittenkodex (13. Jh.) anzutreffen, in denen untersagt wurde, das Bündel eines Armen zu konfiszieren. Kirchliche Einrichtungen und städtische Kreise bemühten sich zu jener Zeit darum, der Forderung nach Betreuung der Armen gerecht zu werden; denn die Städte zogen naturgemäss obdachlose und kranke Menschen an, die dort Unterkunft suchten. Auch das System der Körperstrafen wurde in der Praxis eingeschränkt; Strafen wie Blenden oder Herausreissen der Zunge wurden abgeschafft.

Im Alltag war die damalige Welt jedoch voll sozialer Ungleichheit und Konflikte, die in den Tumulten der Stadtarmut gegen die Herrschaft des Patriziats zum Ausdruck kamen. Es kam auch zum Aufbegehren der Bauern, hervorgerufen durch übermässige Unterdrückung.

Ein charakteristisches Merkmal des späten Mittelalters war die grosse Beweglichkeit der Menschen. Polnische Ritter begaben sich ins Ausland und boten fremden Herrschern ihre Dienste an. Einige von ihnen drangen bis Nordafrika vor. Handwerker wanderten auf der Suche nach Brot von Stadt zu Stadt, Lehrlinge hingegen suchten einen Meister. Weltliche und geistliche Politiker verfolgten umfassende diplomatische Aktivitäten. Bauern überschritten die Grenze des Staates und siedelten sich in den preussischen Urwäldern an. Es setzte eine Völkerwanderung in Richtung der schwächer besiedelten Gebiete Litauens und der Kiewer Rus ein.

Im Bild der polnischen Zivilisation des späten Mittelalters spielten auch Mode und Stil der Gotik, die gleiche oder ähnliche Merkmale trug wie die Gotik in anderen Ländern, eine wichtige Rolle. Es war eine Mode, die von städtischen und höfischen Kreisen eingeführt worden war. Im 15. Jh. wurden Dorfkirchen, Bürgerhäuser und Landsitze aus Stein errichtet, deren Schutzwälle gewöhnlich einen steinernen Bestandteil, meist einen Wehrturm, enthielten. Das späte Mittelalter war auch durch die Entwicklung von Fachwerkkonstruktionen gekennzeichnet. Es wurden Holzkirchen gebaut. Dabei ahmte man in Holz die charakteristischen Merkmale des gotischen Bauwesens nach, vor allem die Spitzbögen über Fenstern und Türen.

In den grossen Städten nahm die Zahl der Baumeister, Zimmerleute, Maler, Miniaturmaler und Bildhauer zu. Die grösste Bedeutung erlangte Kraków, das Małopolska und die benachbarten Gebiete des ungarischen Staates (die heutige nördliche Slowakei) beeinflusste. Zum hervorragendsten Vertreter der Kunst wurde der aus Nürnberg stammende Bildhauer Veit Stoss, der in der zweiten Hälfte des 15. Jh. in Kraków tätig war. Er schuf in Polen seine hervorragendsten Werke, allen voran den Hauptaltar in der Marienkirche zu Kraków.

Die damalige Bildhauerkunst, vor allem der Holzschnitt, entwickelte sich in zwei Richtungen. Sie zeigte die Schönheit oder strebte nach Darstellung des Mystischen. Die erste Richtung war durch die meisterhafte Wiedergabe der Schönheit des menschlichen Körpers, besonders des Gesichts und der Hände, gekennzeichnet. Die zweite griff in der Suche nach Ausdrucksmitteln auf eine Deformation zurück, die Ekstase und Leiden ausdrücken sollte. Diese, den Regeln der Spätgotik untergeordnete Deformation artete in eine manieristische Kunst aus, die jedoch oft ausgezeichnete Kunstwerke hervorbrachte.

Es war eine bunte Welt, meist voll intensiver Farben, die die Innenwände der Gotteshäuser bedeckten, eine Welt, die in die Residenzen des Königs und der Magnaten und in die reichen Patrizierhäuser vordrang. Dort begegneten die Wand- und

Deckenmalereien gemusterten Geweben, beleuchtet vom flackernden Schein der Kerzen in Kandelabern und seltener in hängenden Leuchtern, die vor allem an den Gewölben geräumiger gotischer Kirchen anzutreffen waren. Das ganze Mittelalter hindurch waren nämlich Glanz und Licht sehr geschätzt; besonders zur Zeit der Gotik erzielte man durch die Malerei auf den Scheiben der grossen Fenster und durch die entsprechend verteilte Beleuchtung effektvolle Farbspiele. Man schätzte auch die Farbe der Tracht und deren Kostbarkeit, die ein Ausdruck der Wohlhabenheit und der sozialen Stellung war. Daher rührten die Versuche, die Tracht der reichen Bürger und auch die Gewänder des Klerus einzuschränken, der sich in Übereinstimmung mit den Prinzipien der christlichen Religion im Alltag bescheiden zu kleiden hatte und nur bei religiösen Feierlichkeiten in vollem Glanz auftreten sollte.
Seit der Unterwerfung eines Teils der Kiewer Rus durch Kazimierz Wielki kam Polen auch mit der orientalischen Kultur in Berührung, und zwar sowohl durch Handelsbeziehungen, u.a. mit den in Lwow wohnenden Armeniern, als auch durch Kriege im Orient. Diese Beziehungen bewirkten bereits im späten Mittelalter, dass die orientalische Mode besonders auf dem Gebiet der Kleidermode nach Polen vordrang. Durch die Eroberung der Kiewer Rus und die Personalunion mit Litauen kam Polen mit der Tradition der byzantinischen Kultur in Berührung. Über Ungarn, die Moldau und die Walachei verbreiteten sich Einflüsse aus den Balkanländern in Polen. Vor allem durch die Unterstützung König Władysław Jagiełłos erhielten die in byzantinisch-slawischer Art gemalten Fresken in einigen wichtigen Kirchen Daseinsrecht, nicht ausgenommen der Dom zu Gniezno, der Waweldom, die Św.-Krzyża-Abtei und die Stiftskirche zu Sandomierz. Das späte Mittelalter verlieh also der Entwicklung der noch nicht voll ergründeten Kunst und Geisteskultur reiche Impulse. Sie haben starken Einfluss auf die weitere Entwicklung der Zivilisation in Polen ausgeübt.

Tadeusz Lalik

Blütezeit Polens unter den letzten Jagiellonen

Nach dem Tode Kazimierz Jagiellończyks wurde die polnisch-litauische Union zeitweilig unterbrochen: Aleksander, einer der

Söhne des grossen Königs, bestieg den litauschen Thron, und Jan Olbracht, der älter war als Aleksander, wurde zum König von Polen gewählt.

Jan Olbracht (1492—1501), intelligent und ehrgeizig, setzte die politische Linie seines Vaters fort und stützte sich auf den mittleren Adel. An der Schwelle seiner Herrschaft kam es zur endgültigen Herausbildung des polnischen Sejm. Seither, bis zum Ende der ersten Republik, setzte sich der Sejm aus zwei Kammern zusammen, dem Senat, d.h. dem früheren Kronrat, und der Abgeordnetenkammer, die von den Abgeordneten gebildet wurde, die auf den Provinzialversammlungen (Sejmik) gewählt wurden.

1497 unternahm der König einen Feldzug, um den Türken die Schwarzmeerhäfen Belgorod Dnestrowski (Akerman) und Kilia abzujagen und den Lehnsbesitz Moldau stärker von sich abhängig zu machen. Der Feldzug missglückte jedoch, die Moldau wandte sich gemeinsam mit der Türkei gegen Polen, und die auf dem Rückzug befindlichen Truppen des allgemeinen Aufgebots erlitten in der Bukowina eine Niederlage.

Nach dem Tode Jan Olbrachts kam Aleksander (1501—1506) auf den polnischen Thron, und die Personalunion mit dem Grossfürstentum Litauen wurde erneuert. Bereits gegen Ende der Regierungszeit von Kazimierz Jagiellończyk begannen sich die Ostgrenzen Litauens, die in etwa 150 km Entfernung von Moskau verliefen, zu verschieben. Zu dieser Zeit begann nämlich der Moskauer Grossfürst Iwan III., die russischen Provinzen zu vereinigen, d.h. die Grenzen seiner Herrschaft zu erweitern, u.a. auf die ruthenischen Provinzen des Jagiellonen-Staates.

Während Aleksander in Litauen weilte, regierten die Senatoren, die alten Magnatenfamilien angehörten. Das erweckte die Opposition der Schlachta, die von Kanzler Jan Łaski geführt wurde. 1504 fasste der Sejm gegen die Magnaten gerichtete Beschlüsse: Er verbot die Konzentration von hohen Ämtern in einer Hand und schränkte die Verteilung von königlichem Hab und Gut ein. Im folgenden Jahr wurden die Grundlagen der entstehenden Adelsrepublik festgelegt — in einem auf dem Sejm zu Radom gefassten Beschluss verpflichtete sich der König, keine neuen Steuern aufzuerlegen und keine neuen Gesetze zu erlassen, ohne vorher die Zustimmung des Senats und der Abgeordnetenkammer einzuholen. *Nihil novi... sine communi consensu* (nichts Neues... ohne gemeinsame Zustimmung).

Der Krieg mit Moskau dauerte mit Unterbrechungen bis 1537, d.h. also auch zur Regierungszeit des jüngsten Sohnes Kazimierz Jagiellończyks, Zygmunts I. Stary (des Alten; 1506—1548). Die wichtigsten Ereignisse fielen in das Jahr 1514: der Verlust von Smolensk, einer grossen Stadt und strategisch wichtigen Festung, sowie der glänzende Sieg der polnisch-litauischen Truppen unter Hetman Konstanty Ostrogski bei Orscha.
1515 musste ein hoher Preis gezahlt werden, um das gefährliche Bündnis des Kaisers Maximilian I. mit dem Herrscher von Moskau zu brechen. Bei einem Treffen in Wien bestätigte Zygmunt I. den Verzicht seines Bruders auf den böhmischen und den ungarischen Thron. Als dann der Sohn Władysław Jagiellończyks, Ludwik, 1526 in der Schlacht gegen die Türken bei Mohács fiel, gerieten Böhmen und Ungarn (deren Ausdehnung von den Angreifern zwar stark reduziert worden war) unter die Herrschaft der Habsburger. So endete die 36jährige Herrschaft der Jagiellonen in vier Staaten. Diese Staaten verfolgten widersprüchliche Interessen (Ungarn war z.B. am Krieg gegen die Türkei interessiert, Polen aber nicht), und die Dynastie bildete keinen geschlossenen politischen Block.
Die Hochmeister des Deutschen Ordens vernachlässigten schon seit der Zeit Jan Olbrachts ihre Lehnspflicht gegenüber dem polnischen König. Als aber Albrecht von Hohenzollern (übrigens ein Neffe Zygmunts I.) die Befreiung von der Lehnspflicht anstrebte und sich zu diesem Zwecke mit Moskau verbündete, griff Polen Prusy Zakonne an. Aus dem Krieg 1519—1521 ging die polnische Seite als Sieger hervor. Das endgültige Ergebnis allerdings war ein Kompromiss; der deutsche Staat in Ostpreussen wurde nicht zerstört, sondern nur aus einem kirchlichen Ordensstaat in ein weltliches Fürstentum umgewandelt. (Die Ordensritter traten zum weltlichen Klerus über und bekannten sich zum neuen lutherischen Glauben.) Der Hochmeister Albrecht wurde Erbfürst und Lehnsmann des polnischen Königs. Nach Erlöschen der von ihm begründeten Dynastie sollte das Fürstentum Preussen Polen angeschlossen werden. Dieser Vertrag wurde 1525 in Kraków abgeschlossen und durch den Lehnseid Albrechts für den König bestätigt. Er unterbrach die Verbindung des ostpreussischen Staates zum Papst und zum Kaiser, sollte Polen dagegen grossen Einfluss sichern. Erst die späteren Zugeständnisse der Adelsrepublik führten zu den katastrophalen Folgen dieser Festlegung.
Anfang des 16. Jh. bemühte sich Bogusław X., der Fürst von

Pomorze Zachodnie, um eine politische Verbindung seines Landes mit Polen. Aus Furcht vor einer Verschlechterung der Beziehungen mit dem Kaiserreich und der Mark Brandenburg wurde diese Chance jedoch nicht wahrgenommen. Ein unbestreitbarer Erfolg Zygmunts I. war die Einverleibung von Mazowsze in das Land der Krone, als 1526 die dortige Linie der Piasten ausstarb.

Die der Schlachta von den früheren Königen erteilten Privilegien, besonders die Festlegung „*Nihil novi*", sicherten ihr volle politische Rechte und damit zugleich den alleinigen Einfluss auf den Sejm, der später oberstes Organ der Staatsmacht werden sollte. Der Adelsstand in Polen war zahlenmässig besonders stark (etwa 10% der Bevölkerung), jedoch war ein grosser Teil davon Kleinadel, der keine Untertanen besass und mit eigenen Händen das Land bebaute. Die wirtschaftliche Grundlage des mittleren Adels und der Magnaten waren die Fronhöfe. Im 16. Jh. vergrösserten sich die Fronhöfe zusehends, ihre Zahl wuchs. Parallel dazu stieg der Getreideexport Polens, der hauptsächlich über Gdańsk auf dem Seewege nach Westeuropa ging.

Die Schlachta, die ihr politisches Übergewicht gemäss den Interessen ihres Standes zu nutzen trachtete, strebte nach Privilegien, die die Rechte der Bauern und Bürger einschränkten. Bereits das 1496 von Jan Olbracht erlassene Privileg brachte die Bindung der Bauern an das Land; d.h., das Recht der Bauern oder deren Söhne, das Dorf zu verlassen, um zum Handwerk überzugehen oder an städtischen Schulen zu lernen, wurde erheblich eingeschränkt. Im ersten Viertel des 16. Jh., als der König der Rechtsprechung in Streitfällen zwischen der Bauernschaft und dem Adel entsagte, wurden die Bauern zu absoluten Untertanen ihrer Herren, der Frondienst wurde erweitert und gefestigt. Die Rechte des Bürgertums beschnitt der Adel durch ein Verbot zum Erwerb von Landbesitz und ein Verbot zur Bekleidung höherer kirchlicher Würden, er erlegte dem Bürgertum Höchstpreise im städtischen Handel auf und befreite gleichzeitig den eigenen Handel vom Zoll. Trotzdem war die wirtschaftliche Lage der Bauern und Bürger unter den letzten Jagiellonen noch gut, besonders die grösseren Städte gelangten als Zentren des internationalen Handels zu erheblichem Reichtum.

Zur Zeit Zygmunts I. trat der mittlere Adel gegen die Magnaten auf, wandte sich aber auch gleichzeitig gegen die Politik des

Hofes. Der umsichtige, wirtschaftlich erfahrene Monarch wurde im Laufe der Jahre immer schwerfälliger. Um so mehr wuchs dagegen (ab 1518) der Einfluss seiner zweiten Frau, der italienischen Prinzessin Bona Sforza. Ihre Sorge galt vor allem dem Wohl der Dynastie, sie kaufte zahlreiche verpfändete Domänen der Krone zurück und nahm sie in eigene Verwaltung, darüber hinaus versuchte sie, eine Hofpartei zu schaffen, die sich aus von ihr abhängigen Magnaten zusammensetzte.

In der politisch heranreifenden Opposition der Schlachta (Exekutivbewegung) entstand das Programm einer Staatsreform, die auf die Einhaltung des früheren Rechts und die Revindikation der Krongüter abzielte. Das Programm umfasste eine Neuordnung der bestehenden Gesellschaftsordnung, verbunden mit der Wiedereinsetzung des früheren — damals nicht verwirklichten — Rechts und der Rückgabe der unrechtmässig verteilten königlichen Güter. Ausserdem stellte diese Exekutivbewegung, die innerlich gespalten war und einer Evolution unterlag, zahlreiche andere Forderungen. Das zeigte sich z.B. im Verhältnis zu den Habsburgern, die unter den polnischen Magnaten viele Parteigänger hatten; die Schlachta dagegen sah in der kaiserlichen Dynastie die Vertreter des Absolutismus, den Hauptfeind der Adelsdemokratie.

Im Kampf um die Revindikation kam es 1537 bei Lwow zum Aufstand der Truppen des allgemeinen Aufgebots, die Ende des 15. Jh. zum Kampf gegen das Moldaugebiet eingezogen worden waren. Schliesslich musste Zygmunt Stary mit seinem Senat dem Adel Zugeständnisse machen.

Der einzige Sohn Zygmunts I., Zygmunt August (1548—1572), stützte genau wie sein Vater über ein Jahrzehnt hindurch seine Herrschaft auf die Zusammenarbeit mit dem Senat. Den Anfang seiner Regierungszeit füllte der Kampf um die Anerkennung seiner Ehe mit Barbara Radziwiłłówna, die er 1547 insgeheim geschlossen hatte. Der Adel und die Kronmagnaten, die die feindliche Einstellung Bonas gegen Barbara unterstützten, wandten sich heftig gegen eine Verbindung des Königs mit der mächtigen litauischen Familie der Radziwiłł. Zygmunt August gelang es jedoch durch eine geschickte Taktik, die Krönung Barbaras durchzusetzen (1550).

1562 stellte sich der Monarch auf die Seite der Abgeordnetenkammer, die von der Exekutivpartei beherrscht wurde. Damit begann die Bewegung um eine Staatsreform Früchte zu tragen. Die Revindikation der Güter wurde realisiert. Damit verbesserte sich das Finanzwesen des Staates, es wurde ein stehendes Heer zur Verteidigung der Südostgrenze gebildet. Prusy Królewskie wurde enger an die Krone angeschlossen. Mit Litauen wurde die Realunion abgeschlossen.

Das war die Zeit der schweren Kämpfe um Livland, in denen die Interessen Polens und Litauens sich mit denen Moskaus kreuzten. Seit einigen Jahrhunderten hatten in Livland die Ordensritter geherrscht, und zwar eine regionale Abzweigung, die die Traditionen des Ordens vom Hl. Schwert fortsetzte. Als von Osten her die Soldaten Zar Iwans IV. (des Schrecklichen) die Grenze dieses Landes überschritten und von Norden her die Schweden Estland einnahmen, führte der Meister Gotthard Kettler 1561 die Säkularisierung des Ordens durch und stellte sich unter die Oberhoheit des polnischen Königs, mit dem er schon früher ein Bündnis eingehen musste. Damals wurde ein grosser Teil Livlands an Litauen und die polnische Krone gebunden, und Kettler wurde als Fürst von Kurland Lehnsmann der Adelsrepublik. Der Krieg um Livland, an dem ausser den Jagiellonen und Moskau auch Schweden und Dänemark teilnahmen, verwandelte sich in den Nordischen Siebenjährigen Krieg um die Ostseeherrschaft (1563—1570).

Die Bemühungen Polens um eine Vertiefung des Bündnisses mit dem Grossfürstentum Litauen entsprachen den Wünschen des dortigen Adels, der sich als Stand erst jetzt herausbildete und eine gleiche Stellung wie der Adel der Krone anstrebte. Das starke litauische Magnatentum war jedoch gegen diese Union. Die schwierigen, langjährigen Verhandlungen über den Abschluss der Realunion endeten erst 1569 auf dem polnisch-litauischen Sejm in Lublin. Einige Jahre vorher hatte Zygmunt August, der ohne Nachkommen geblieben war, zugunsten der Krone auf das Erbrecht auf den Thron Litauens verzichtet. Auf dem Sejm in Lublin brach er den Widerstand der litauischen Magnaten und entriss dem Grossfürstentum die Ländereien Podlasie, Wolhynien, Podole Bracławskie und die Provinz Kiew und verleibte sie der Krone ein. Mit dem Akt vom 1. Juli 1569 wurde Litauen mit Polen zu einer Adelsrepublik beider Nationen verbunden, in der es seither nicht nur einen gemeinsamen Monarchen, sondern auch einen gemeinsamen Sejm geben sollte. Dagegen verblieben die einzelnen Verwaltungen, der Schatz und das Heer jedem dieser Länder.

Die Lubliner Union, die als Folge der Entwicklung der polnisch-litauischen Beziehungen seit der Zeit Jagiełłos entstanden war, zählte zu den bedeutungsvollsten Fakten in der Geschichte Mittel- und Osteuropas. Sie beschleunigte die wirtschaftliche, gesellschaftliche und kulturelle Entwicklung der Gebiete des Grossfürstentums Litauen. Die kulturelle Entwicklung führte zur Polonisierung des litauischen und des ruthenischen Adels, der mit gleichen Privilegien versehen war wie der Kronadel, und dehnte den Einfluss der polnischen Kultur auch auf den russischen Staat aus. Andererseits jedoch mussten die Polonisierung des Adels im Grossfürstentum und die Expansion des Kronadels in den Ostgebieten zur Verstärkung der nationalen Gegensätze führen. Die Union, die die Kräfte des Magnatenlagers im Königreich bedeutend stärkte, führte zur Erschütterung des Gleichgewichts innerhalb des Adelsstands und zur Übernahme der Macht durch die Magnaten.

1569 war der Prozess der Herausbildung der Adelsrepublik als Vielvölkerstaat abgeschlossen. (Auch die Monarchie der Habsburger und andere Staaten jener Zeit vereinten innerhalb ihrer Grenzen Menschen verschiedener Nationalitäten.) Unter der Herrschaft der letzten Jagiellonen begann Polen, sich in die Angelegenheiten Litauens und dessen Konflikte mit Moskau einzumischen. Daher war Polen gezwungen, seine politische Aktivität im Süden und Westen einzuschränken. Das führte zu einer Verringerung des Interesses an den polnischen Stammgebieten im Westen.

Die Ära der letzten Jagiellonen war eine Zeit der höchsten Blüte in der Geschichte des frühen Polen. Das Land war ausgedehnt und reich, unter den Bedingungen einer relativen Ruhe fand eine beschleunigte wirtschaftliche Entwicklung statt, und der Wohlstand wuchs. Die Adelsrepublik hatte damals auf internationaler Ebene eine starke Position inne. Während sich in vielen Staaten der Absolutismus entwickelte, bildete sich in Polen eine Adelsdemokratie heraus. Der Begriff „Rzeczpospolita" (*res publica*) bedeutete in diesem Falle nicht Republik, sondern Adelsmonarchie.

Die Grundprivilegien des Adels, von denen die Unverletzbarkeit der Person und der Güter die wesentlichste Bedeutung hatten, wurden zu jener Zeit noch durch die Glaubensfreiheit erweitert.

Bereits in den zwanziger Jahren des 16. Jh. hatte die Reformation Städte in Prusy Królewskie und Teile von Wielkopolska ergriffen. Sie erweckte einen gesellschaftlichen Radikalismus, der sich in bedrohlichen Erhebungen des Plebs und der Stadtarmut in

Toruń, Gdańsk und Elbląg äusserte. Zygmunt Stary wandte sich sehr entschieden gegen die Verbreitung von anderen Glaubensbekenntnissen und gegen die gesellschaftliche Bewegung, sein Sohn dagegen nahm in Glaubensfragen eine tolerante Haltung ein. Die Herrschaft Zygmunt Augusts wurde zu einer Epoche der stürmischen Entwicklung der Reformation, die aber rasch gehemmt wurde.

Während die Luthersche Lehre im Bürgertum die meisten Anhänger fand, breitete sich der Kalvinismus hauptsächlich in den Kreisen der Schlachta aus. Mitte des 16. Jh. siedelten sich in Wielkopolska die Böhmischen Brüder an, die die Lehre der Hussiten fortsetzten. In den Jahren 1562—1565 trennten sich die Polnischen Brüder oder Arianer vom Kalvinismus und bekannten sich zur radikalsten theologischen und gesellschaftlichen Doktrin, dem Antitrinitarismus (Auftreten gegen die Leibeigenschaft). Es entstand auch ein Programm zur Loslösung von Rom und zur Schaffung einer Nationalkirche.

Die Reformation, die die Abschaffung der Vermögensprivilegien des Klerus und der klerikalen Jurisdiktion über den Adel anstrebte, hatte in starkem Masse den Charakter eines gesellschaftspolitischen Kampfes gegen den katholischen Klerus, insbesondere gegen die kirchliche Hierarchie. Diese Bestrebungen der Andersgläubigen fanden Eingang in die Exekutivbewegung, was u.a. dazu führte, dass der Sejm einen Beschluss fasste, der den Starosten die Vollstreckung der von kirchlichen Gerichten gefällten Urteile untersagte (1563). Die Verwirklichung der Revindikationspostulate verminderte das Interesse des Adels an der Reformation, was gleichbedeutend war mit dem beginnenden Erlöschen dieser Bewegung. 1570 trafen die Kalvinisten, die Lutheraner und die Böhmischen Brüder in Sandomierz ein Übereinkommen, um sich gemeinsam gegen die wachsende Kraft der katholischen Gegenreformation zu verteidigen. Gestärkt wurde sie insbesondere von den 1564 nach Polen gerufenen Jesuiten.

Schon nach dem Tode Zygmunt Augusts im Jahre 1573 erreichte der Adel im Rechtsakt der Warschauer Konföderation die gesetzliche Garantie der Glaubensfreiheit und der Gleichberechtigung der Andersgläubigen gegenüber den Katholiken. In der Praxis galt dieses Recht auch für andere Stände, ausgenommen einige Städte und private Liegenschaften. Die polnischen Bauern verblieben fast ohne Ausnahme beim Katholizismus. Die religiöse Toleranz war eine grosse Errungenschaft der polnischen politischen Theorie und Praxis. Für viele andere Länder, die sich in Religionskriege stürzten, war Polen ein besonderes Asyl, in dem die Glaubensunterschiede niemanden auf den Scheiterhaufen brachten.

Das 16. Jh., das sog. Goldene Zeitalter in der Geschichte Polens, war vor allem von kulturellen Errungenschaften gekrönt. Die günstigen wirtschaftlichen Bedingungen und der innere Frieden im Lande begünstigten die Entwicklung der Kultur, deren Hauptrichtung vor allem der Humanismus zur Zeit der Renaissance und die Reformation bestimmten.

Die polnische Sprache drang in alle Bereiche des gesellschaftlichen und kulturellen Lebens vor. Sie brach die Vorherrschaft des Latein im Schrifttum und erlangte grössere Vollkommenheit. Den Hauptgrund dafür bildete die Notwendigkeit, die neuen humanistischen Ideen, vor allem die Ideen der Reformation, zu verbreiten. Die Reformation führte in jedem Land dazu, dass die Nationalsprache Eingang in die religiösen Bräuche und Schriften fand, und der gleichen Waffe bediente sich dann, wenngleich in geringerem Masse, der Katholizismus. Damals konnten die Texte schon weitaus grössere Verbreitung finden als vorher. Das war dem Buchdruck zu verdanken, der die Weitergabe von Gedanken revolutioniert hatte. 1473 wurde in Polen der erste Text gedruckt, und die rasche Entwicklung des Buchdrucks datierte — vor allem in Kraków — seit den ersten Jahren des 16. Jh. Die Druckereien trugen zur Vereinheitlichung und Normierung der polnischen Sprache, d.h: zur Herausbildung der gesamtpolnischen Literatursprache, bei.

Die Grundkenntnisse vermittelnden Pfarrschulen bildeten ein verhältnismässig dichtes Netz. Zu jener Zeit tauchte ein neuer Typ des Schulwesens auf — die Oberschule, vertreten insbesondere durch die protestantischen Gymnasien und später auch durch die Schulen der Jesuiten. Die lutheranischen Oberschulen in Gdańsk und Toruń wurden später zu akademischen Gymnasien, ja fast zu Hochschulen ausgebaut. Die Krakauer Universität hatte ihre humanistische Glanzzeit bereits hinter sich und kehrte teilweise wieder auf mittelalterliche Bahnen zurück. Junge Adlige und Bürger begaben sich jetzt in grosser Zahl zum Studium ins Ausland. Sie studierten hauptsächlich an italienischen und deutschen Universitäten. Im 16. Jh. erreichten die Polen in Wissenschaft und Kunst europäischen Rang und bereicherten das allgemeine Kulturgut durch ihren eigenen wertvollen Beitrag. Vor allem das Werk „*De revolutionibus orbium coelestium*" von Nicolaus Copernicus (1543) brachte eine Umwälzung in der Astronomie und daraus resultierende weitreichende philosophische Konsequenzen. Andrzej Frycz Modrzewski, der Verfechter einer rechtlichen Gleichstellung aller Stände, stellte in seinem Traktat „*Commentariorum de Republica emendanda*" (1551—1554) eine der damaligen Staats- und Rechtswissenschaft weit vorauseilende Konzeption vor; dieses Traktat wurde ins Polnische, Deutsche („Über Verbesserungen im Staat"), Spanische, Französische und Russische übersetzt (in den letzten beiden Sprachen nicht gedruckte Übersetzungen). Die Lyrik Jan Kochanowskis, des Schöpfers einer neuzeitlichen polnischen Poesie, gehört zu den hervorragendsten Kunstwerken der Welt. Die Musik zu den von Kochanowski ins Polnische übersetzten Psalmen schuf der hervorragende Komponist der polnischen Renaissance Mikołaj Gomółka.

In der Architektur und Bildhauerkunst der Renaissance wurden italienische Vorbilder verarbeitet und dem „polnischen Himmel" angepasst. Die ersten neuen Werke entstanden auf Initiative König Zygmunts des Alten auf dem Wawelhügel in Kraków: das Schloss mit seinem prächtigen Arkadenhof und die Sigismundkapelle am Dom. Charakteristische Werke der Renaissancearchitektur in Polen waren Paläste der Magnaten und Rathäuser des Patriziats. Die Bildhauerkunst erlebte eine besondere Blütezeit, da es Mode war, in Kirchen und Kapellen — oft monumentale — Grabmäler aufzustellen. Diese Grabmäler waren Porträts weltlicher und geistlicher Magnaten, von Adligen und reichen Bürgern. Neben namhaften italienischen Bildhauern wirkte der begabte polnische Künstler Jan Michałowicz aus Urzędowo.

Mit den als Handwerk geltenden bildenden Künsten befassten sich ausschliesslich Bürgerliche. Auch in anderen Bereichen der Kultur gehörten viele Künstler diesem Stand an, während nur wenige aus Bauernfamilien stammten. Vor allem war die polnische Renaissance jedoch von der Schlachta geprägt. Den Adligen insgesamt gefiel der nützliche Aspekt der Ideen des Humanismus — das Auskosten der angenehmen Seiten des Lebens. Die mittelalterlichen Ideale vom Ritter und Heiligen machten neuen Idealen Platz — vom Grundherrn und Bürger, der zwar bereit war, zum Kampf anzutreten, falls es notwendig sein sollte, der aber ein ruhiges, bequemes und sattes Leben auf seinem Hof über alles stellte.

Im Jahrhundert des Humanismus und der Reformation vollzog sich ein beachtlicher Fortschritt in der Entwicklung des polnischen Nationalbewusstseins, das etwas anderes war als das verschiedene Nationalitäten der Adelsrepublik umfassende Bewusstsein der Zugehörigkeit zum Staat. Gestaltet wurde das Nationalbewusstsein durch die zunehmende Bedeutung der polnischen Sprache und ihre Vereinheitlichung, durch die verstärkte politische Rolle der Schlachta, durch die gesellschaftliche und juristische Vereinheitlichung des Staates und durch die intensiveren wirtschaftlichen und kulturellen Beziehungen zwischen den einzelnen Landesteilen. Auf dieser Grundlage entwickelte sich ein spezifisches Zusammengehörigkeitsgefühl zwischen allen Einwohnern des Staates, die polnisch sprachen. Im 16. Jh. war das Ende dieses Prozesses jedoch noch nicht abzusehen. Nationalbewusstsein hatten die Angehörigen der Schlachta, nur ein Teil des Bürgertums (vielleicht die Mehrheit) und höchstens ein kleiner Teil des Bauernstandes. Damals ging die sprachliche Polonisierung des deutschen Patriziats in der Adelsrepublik zu Ende — ausgenommen die Städte im Raum Prusy Królewskie.

Im besprochenen Zeitraum tauchte eine Ansicht auf, die sich später ausbreitete und das Wachstum des polnischen Nationalbewusstseins hemmte. Diese Ansicht setzte das Volk mit dem ganzen Adel des ganzen Staates gleich, ohne seine ethnische Zugehörigkeit zu berücksichtigen, während sie Bürger und Bauern vom polnischen Volk ausnahm. Maciej aus Miechów knüpfte in seiner geographisch-historischen Beschreibung des slawischen Raums („Tractatur de duabus Sarmatiis, Asiana et Europiana", 1517) an alte Ansichten an und leitete die Herkunft der Polen von den Sarmaten des Altertums ab. Diesen Mythos griffen dann andere Schriftsteller auf und entwickelten ihn weiter, und so wurde Sarmatien zum Synonym für Polen und der Sarmate zum Synonym für den Polen, d.h. eigentlich für den polnischen Schlachta-Adligen.

Von der Adelsdemokratie zur Magnatenoligarchie

Zu Lebzeiten Zygmunt Augusts wurden weder Normen, die die Funktionsweise des Staates im Interregnum regelten, noch die Prinzipien einer Monarchenwahl erarbeitet; nach dem Tode des letzten der Jagiellonen wurde das allerdings zur Notwendigkeit. Staatsoberhaupt für das Interregnum wurde der Primas (der sog. *Interrex*). 1573 nahm der sog. Konvokationssejm (d.h. der Sejm, der die Monarchenwahl vorbereitete) das Prinzip an, dass der gesamte Adel das unmittelbare Monarchenwahlrecht habe, die Wahl wurde also *viritim* festgelegt. Unter den damaligen Bedingungen war das ein demagogisches Prinzip, das nur dem Anschein nach die Position des mittleren Adels festigte, faktisch aber die Intrigen der Magnaten und der fremden Staaten begünstigte.

Im selben Jahr formulierte der die Königswahl bestätigende Sejm die wichtigsten Prinzipien der Staatsordnung, die kurz darauf dem neugewählten König Henri de Valois vorgelegt wurden. Seit dieser Zeit musste jeder neugewählte König auf die *Articuli Henriciani* und zusätzliche individuelle Verpflichtungen (sog. *Pacta conventa*) den Eid ablegen. Die Henri-Artikel garantierten u.a. freie Wahlen, die Einberufung des Sejm mindestens alle zwei Jahre und die Arbeit eines ständigen Senatorenrates an der Seite des Königs. Im Falle des Nichteinhaltens dieser Festlegungen durch den König ermächtigten die Henri-Artikel den Adel, dem König den Gehorsam zu verweigern. Sie stellten also nicht nur eine weitere Einschränkung der Macht des Königs, sondern auch eine Kontrolle dar; sie waren gleichzeitig die Drohung eines legalen Aufruhrs.

Der französische Kronprinz Henri de Valois herrschte in Polen nur einige Monate (1573—1574), denn als er vom Tod seines Bruders Charles IX. erfuhr, verliess er heimlich Kraków, um den französischen Thron zu besteigen.

Bei der nächsten Wahl proklamierte die Mehrheit des Senats Kaiser Maximilian II. zum König, der Adel dagegen den siebenbürgischen Fürsten Stefan Batory, dem man Anna Jagiellonka, die Schwester Zygmunt Augusts, zur Gemahlin bestimmte. Stefan Batory kam dem Habsburger zuvor und bestieg den Thron (1576—1586). Er bewog die kaisertreuen Gruppierungen der Magnaten zum Nachgeben und brach in offenem Krieg — teils mit Gewalt, teils durch Zugeständnisse — den Widerstand von Gdańsk (1577). Der König widmete sich hauptsächlich der Aussenpolitik und militärischen Fragen, während er in innenpolitischen Fragen meist vom Kanzler und Hetman Jan Zamoyski vertreten wurde. Stefan Batory, der sich um die Autorität der Königsmacht kümmerte, hatte keine glückliche Hand in der Innenpolitik und verfiel oft in Konflikt mit der Schlachta und der Magnatenopposition.

Stefan Batory, der die Schlachta zur Festlegung hoher Steuern für die Ausrüstung eines Heeres gewinnen wollte, erfüllte eine alte Forderung der Exekutivbewegung und erklärte sich mit der Berufung eines höchsten Adelsgerichtshofes, des Krontribunals, einverstanden (1578). Der Sitz des Tribunals für Małopolska war Lublin und für Wielkopolska Piotrków. Drei Jahre später wurde das litauische Tribunal berufen (in Wilna, Nowogrudok und Minsk). Die Tribunale, deren Richter jedes Jahr auf den Provinziallandtagen gewählt wurden, ersetzten die Jurisdiktion des Königs gegenüber der Schlachta.

Der Überfall einer Armee Iwans des Schrecklichen auf Livland 1577 bedeutete den Ausbruch eines Krieges. Die polnischen Streitkräfte wurden u.a. durch Bauerntruppen verstärkt, die Batory unter den Bauern der königlichen Güter auswählte. Der begabte Heerführer schlug in den drei folgenden Jahren (1579—1581) drei siegreiche Schlachten gegen Moskau, eroberte Polozk und Wielikije Luki und belagerte Pskow. Der Krieg, der 1582 mit dem Waffenstillstand von Jam Zapolski beendet wurde, stärkte die Position Polens in Livland und dehnte die Grenze Litauens bis auf die Gebiete von Polozk aus. Der König plante einen Feldzug gegen die Türkei, dessen Anfang die Unterwerfung Russlands durch Polen sein sollte, aber sein unverhoffter Tod durchkreuzte diese Absichten.

Bei der dritten Wahl wurden wiederum zwei Kandidaten für den polnischen Thron aufgestellt: Zygmunt Wasa, der Sohn des schwedischen Königs Johan III. und Katarzyna Jagiellonkas, und Erzherzog Maximilian von Habsburg. Der Sieg Zamoyskis über Maximilian in der Schlacht bei Byczyna (1588) entschied die Angelegenheit für den mütterlicherseits von den Jagiellonen abstammenden Wasa.

Zygmunt III. Wasa regierte lange, von 1587 bis 1632. Kühl und unzugänglich, in der Politik nicht sonderlich geschickt, Einflüssen der Jesuiten unterliegend und sich mit den Habsburgern verbündend, war er bei den meisten Adligen unbeliebt.

In den Jahren 1595/96 ging die orthodoxe Kirche des Landes mit der katholischen Kirche in Brest-Litowsk ein Bündnis ein und ordnete sich dem Papst unter. Dieses Bündnis sollte eine engere Verbindung der ruthenischen Gebiete mit Polen herbeiführen. In diesen Gebieten entsprachen die nationalen Beziehungen in hohem Masse den gesellschaftlichen Beziehungen, denn die ruthenischen Magnaten und die mittlere Schlachta wurden polonisiert, die polnischen Siedler in der Ukraine unterlagen leicht der Assimilation (ihre Eigenständigkeit bewahrten ledig-

lich der Kleinadel und teilweise das Bürgertum). Anders war es nur in der sog. Roten Rus. Dort trat eine stärkere Polonisierung der Städte, des Kleinadels und oft auch der Bauern ein. Die Polonisierung zog auch eine Änderung des Glaubensbekenntnisses nach sich.
Die mit dem Bündnis von Brest-Litowsk verknüpften Pläne gingen jedoch nicht in Erfüllung, da der Grossteil der ruthenischen Bevölkerung die Verbindung zur katholischen Kirche verwarf. Versuche einer gewaltsamen Realisierung des Bündnisses verschärften die Situation im Osten des Landes, besonders weil zu den Verteidigern des orthodoxen Glaubens die Kosaken zählten. Das war ein militärisch organisiertes Volk, das sich z.T. aus entlaufenen Bauern zusammensetzte, denen die riesigen Gebiete der Ukraine sicheren Schutz gewährten.
Der erbliche schwedische Thron hatte für Zygmunt III. grössere Bedeutung als der Thron eines Wahlkönigs in Polen, das nicht die Interessen seiner Dynastie sicherte. Nach dem Tode seines Vaters 1592 wurde Zygmunt Wasa König von Schweden, jedoch führten der Territorialstreit um Estland und die Entstehung einer Opposition gegen den König in Schweden zu dessen Entthronung. Als Antwort auf den Verlust der Krone erkannte der König Polen den nördlichen Teil Estlands zu, worauf schwedische Truppen in Livland einrückten. Das war der Beginn eines Krieges, der mit Unterbrechungen von 1600 bis 1629 dauerte. Die Misserfolge in der Anfangsphase machten die Polen 1605 mit einem hervorragenden Sieg des Hetmans Jan Karol Chodkiewicz bei Kircholm wett.
Die wachsende Opposition eines Teils der Magnaten und des Adels gegen die Politik Zygmunts III. und seiner Partei fand ihren Ausdruck in einem Aufruhr, der, nach einem seiner Führer benannt, als Zebrzydowski-Aufstand (1606—1608) in die Geschichte eingegangen ist. Trotz der Niederlage, die die Aufständischen in der Schlacht bei Gruzów (1607) erlitten, musste die Hofpartei von ihren Plänen, die königliche Macht zu stärken, Abstand nehmen. Der Aufruhr setzte die Autorität des Monarchen herab, er brachte dem mittleren Adel keinen Erfolg, festigte aber statt dessen die Position der Magnaten.
Die Aufständischen warfen dem König vor, er hätte den Feldzug des Falschen Demetrius gegen Moskau unterstützt. Einige polnische Magnaten erwiesen diesem angeblichen Sohn Iwans des Schrecklichen bewaffnete Hilfe (1604—1606). Einige Jahre später war die Adelsrepublik schon offiziell in die inneren Zwi-

stigkeiten Moskaus um den Thron verwickelt. Als der Zar Wassili Schuiski 1609 ein Bündnis mit Schweden schloss, belagerten polnische Truppen Smolensk. Diese Festung wurde erst nach zwei Jahren erobert, währenddessen zerschlug Hetman Stanisław Żółkiewski bei Kluschino den Hauptteil der russischen Armee und nahm Moskau ein, wo Schuiski bereits entthront worden war. Władysław, der Sohn Zygmunts III., wurde zum Zaren gewählt, aber als die Gegner erstarkt waren, musste die polnische Besatzung im Kreml 1612 kapitulieren. Ein erneuter misslungener Feldzug Władysławs zur Eroberung der Moskauer Krone endete 1619 mit dem Waffenstillstand von Deulin, der Polen die Gebiete von Smolensk, Tschernigow und Nowgorod-Sewerski zuerkannte.

Die Furcht vor einem schwedisch-brandenburgischen Bündnis bewog Zygmunt III. zu einem Vertrag mit dem Kurfürsten von Brandenburg, der das erbliche Recht erhielt, im Herzogtum Preussen zu herrschen, falls die dortige Linie der Hohenzollern erlöschen sollte. Seitdem wurde das Lehnsverhältnis des Herzogtums Preussen gegenüber der Adelsrepublik immer lockerer.

Die Kosakenüberfälle auf türkisches Gebiet, die Intervention polnischer Magnaten im Moldaugebiet und die militärische Unterstützung, die den Habsburgern als Feinden der Türken zuteil wurde, auf der einen Seite und die Tatarenüberfälle auf Polen auf der anderen bewirkten den Abbruch der friedlichen Beziehungen zur Türkei. Das Heer unter Hetman Żółkiewski, das 1620 in das Moldaugebiet zog, erlitt bei Cecora in der Schlacht gegen die Türken eine Niederlage und wurde auf dem Rückzug völlig aufgerieben. Im nächsten Jahr hielt das polnische Heer mit tatkräftiger Unterstützung der Kosaken die mächtige türkische Armee bei Chocim auf, worauf Frieden geschlossen wurde.

Der letzte Abschnitt des Krieges gegen die Schweden wurde für die Adelsrepublik zum bedrohlichsten. 1626 besetzten die Schweden das Küstengebiet von Prusy Królewskie mit Ausnahme von Gdańsk, und obwohl das polnische Heer einige Erfolge errang (1627 Sieg in der Seeschlacht bei Oliwa), gelang es ihm nicht, die Angreifer zurückzuschlagen. Den Krieg beendete der 1629 in Stary Targ unterzeichnete Waffenstillstand. Durch diesen Waffenstillstand behielt Schweden den grössten Teil Livlands. Es bekam das Recht, einige Festungen an der polnischen Küste zu besetzen und in Gdańsk Zoll zu erheben, was den Handel der Krone erheblich belastete.

Nach dem Waffenstillstand von Jam Zapolski (1582) umfasste das Territorium der Adelsrepublik ca. 815 000 km^2. Die Eroberungen Zygmunts III. im Osten (vor den Verlusten in Livland) vergrösserten die Gesamtfläche auf 990 000 km^2. In der ersten Hälfte des 17. Jh. zählte die Bevölkerung der Adelsrepublik etwa 10—11 Millionen, davon waren etwa 40% Polen.
Die ständige Entwicklung der Fronhöfe führte zu einer erhöhten Belastung und Verarmung der Bauern, was wiederum den Bedarf an handwerklichen Erzeugnissen aus der Stadt einschränkte. Die kleinen Städte bekamen das sehr früh zu spüren, dagegen war die Situation der grossen Zentren der Herstellung von Luxusgegenständen und des Aussenhandels, die der begüterten Schlachta Waren lieferten, in der ersten Hälfte des 17. Jh. noch ziemlich günstig. Eine Ausnahmestellung unter den Städten der Adelsrepublik hatte das grosse und reiche Gdańsk, das weitreichende wirtschaftliche und politische Privilegien besass, die es sogar noch überschritt, indem es u.a. eine eigenständige Aussenpolitik betrieb. Auf die Notlage der Bauern wiesen zahlreiche Vertreter der katholischen Kirche hin, vor allem Jesuiten wie der berühmte Prediger und Schriftsteller Piotr Skarga.
Zu dieser Zeit geriet die Schlachta — vor allem die besitzlose — immer mehr in die wirtschaftliche Abhängigkeit der Magnaten, die infolgedessen ihren Einfluss auf die Provinzialversammlungen und den Sejm vergrössern konnten. Am mächtigsten waren die reichen Magnaten der Ukraine.
Die schrittweise Einschränkung der königlichen Prärogativen stärkte die Rolle des Sejms als höchstes Machtorgan des Staates. Es bildete sich eine gewisse übergeordnete Position der Abgeordnetenkammer gegenüber dem Senat heraus. Das bedeutete allerdings nur scheinbar eine Weiterentwicklung der Adelsdemokratie, führte faktisch aber zur Herausbildung der Magnatenoligarchie. Die Bedeutung der Provinzialversammlungen, die mit ihren Instruktionen die Vollmachten der Abgeordneten einschränkten, wuchs; und da gegen Ende des 16. Jh. die Tendenz aufkam, einstimmige Beschlüsse zu fassen, endeten einige Sejms ergebnislos.
Je mehr Erfolge der Katholizismus erzielte, desto intoleranter wurde er. Am schärfsten ging er gegen die Arianer vor. 1683 wurde die in ganz Europa berühmte arianische Akademie in Raków geschlossen. Die polnische Gegenreformation war allerdings weit entfernt von jener blutigen Intoleranz, die in den

Ländern Westeuropas triumphierte, besonders im katholischen Spanien und im protestantischen England. Bis Mitte des 17. Jh. fanden zahlreiche Ausländer in der Adelsrepublik Zuflucht, die ihre Heimat wegen religiöser Verfolgung hatten verlassen müssen.

An der Bildung der jungen Adligen hatten die Jesuitenschulen den entscheidendsten Anteil. Stefan Batory erhob das Jesuitenkollegium in Wilna in den Rang einer Akademie (1578), Jan Zamoyski gründete eine eigene Akademie in Zamość (1595).

Am Ausgang des 16. Jh. bildete sich die polnische Tracht heraus, die bis zum 18. Jh. getragen wurde. Die polnische Adelstracht hatte orientalischen Charakter und beruhte auf türkischen Vorbildern, die zuvor aus Persien übernommen worden waren. Unabdinglicher Bestandteil der Adelstracht und Symbol der Zugehörigkeit zum herrschenden Stand war der Säbel, eine gekrümmte Waffe ebenfalls orientalischer Herkunft. Man war bestrebt, Säbel und Gewänder reich zu verzieren. Die polnische Tracht, die vor Gold, Perlen und Edelsteinen schimmerte und von prächtigen, glänzenden Seidengürteln zusammengehalten wurde, erweckte in Westeuropa Bewunderung. Die polnische Tracht war ein Adelsgewand, aber das reiche Bürgertum entfaltete denselben Luxus wie die Schlachta, und selbst die Feiertagsgewänder der wohlhabenden Bauern ahmten in Schnitt und Farbigkeit die Adelstracht nach.

Die Räume der Magnatenpaläste und Landsitze der Adligen waren u.a. mit seidenen persischen oder türkischen Teppichen oder mit in Polen nach orientalischem Vorbild hergestellten Arbeiten geschmückt. In der angewandten Kunst tauchten auch westeuropäische Einflüsse auf, so bei keramischen Gefässen, die nach italienischem Vorbild gefertigt wurden, oder bei den Kachelöfen holländischer Art. In der polnischen Architektur kam es damals zu einer Synthese der verschiedensten Elemente aus Süd- und Nordeuropa. Die Architektur entwickelte sich zu jener Zeit ebenso wie die anderen Bereiche der Kunst im Stil der Spätrenaissance, des Manierismus und des Frühbarocks. Die zahlreichen Magnatenresidenzen, die sich sowohl durch ihre Pracht als auch durch ihren Wehrcharakter auszeichneten, waren ein sichtbarer Ausdruck der Macht ihrer Eigentümer, die die Staatsordnung und die Politik des Staates prägten. Eine führende Rolle bei der Förderung der Kunst spielte die Dynastie der Wasa. Zygmunt III. verlegte seine Residenz von Kraków nach Warszawa und machte diese Stadt zur Hauptstadt der Adelsrepublik. Sein Sohn und Nachfolger Władysław IV. (1632—1648) residierte ebenfalls in Warszawa.

Der neue König, gebildet und begabt, erfreute sich im Gegensatz zu seinem Vater beim Adel grosser Beliebtheit, die sich allerdings mit den Jahren seiner Herrschaft verringerte. Władysław IV., der sich auf eine Gruppe aufgeklärter Magnaten stützte (z.B. Kanzler Jerzy Ossoliński), versuchte, eine innere Staatsreform durchzuführen. Diese Bemühungen waren jedoch nicht von Erfolg gekrönt. Die Opposition war zu stark, darüber hinaus führte der König selbst durch seine Ungeduld und Inkonsequenz die Zerschlagung seiner Pläne herbei. Die Aussenpolitik des Monarchen war ziemlich elastisch, er band sich nicht so stark an die Habsburger wie Zygmunt III.

An der Schwelle seiner Herrschaft musste Władysław IV. einen Krieg gegen Moskau führen, den der Friede von Polanów (1634) beendete. In Übereinstimmung mit dem Waffenstillstand von Deulin wurde der territoriale Besitz beider Staaten bestätigt. Damals verzichtete Władysław IV. auf den Zarentitel und die Ansprüche auf den Moskauer Thron.

Der Monarch, der einen neuen Krieg gegen Schweden vorbereitete, stellte eine Flotte auf und liess auf der Halbinsel Hel Fortifikationen bauen, aber die in Opposition zum König stehenden Magnaten und Angehörigen der Schlachta, die eine Stärkung der Macht des Königs fürchteten, sprachen sich gegen diesen Krieg aus. Im Ergebnis eines neuen Waffenstillstandsvertrages, der 1635 in Sztumska Wieś geschlossen wurde, zog Schweden seine Besatzungen aus den Festungen an der polnischen Küste zurück und verzichtete auf die Erhebung von Zöllen in Gdańsk.

Ermuntert von der Diplomatie Venedigs, des Papstes und des deutschen Kaisers, plante Władysław IV. einen grossen Feldzug gegen die Türken, um die Balkanvölker zu befreien und Konstantinopel zu erobern. Diese Projekte wies der Sejm in den Jahren 1646 und 1647 entschieden zurück. Damit zerschlug sich auch die Hoffnung der Kosaken auf eine Teilnahme am Türkenfeldzug, was zum Ausbruch eines Aufstandes in der Ukraine beitrug.

Die dortigen Magnaten strebten nach einer Einschränkung der Zahl der freien, sog. registrierten Kosaken, die im Sold der Adelsrepublik standen, und nach Unterjochung des übrigen, grösseren Teiles der Kosaken. Das war die Hauptursache für die immer wieder aufs neue ausbrechenden Kosakenaufstände, die bei den Massen der ruthenischen Bauern Unterstützung fanden. Für die gegen Polen kämpfenden Kosaken wurde auch die Verteidigung des orthodoxen Glaubens zur Losung, obwohl die Hierarchie dieser Kirche 1620 wiedergebildet und danach offiziell legalisiert worden war. 1648 brach ein grosser Kosakenaufstand unter der Führung von Bogdan Chmelnizki aus. Zur selben Zeit starb Władysław IV. Die Situation in der Adelsrepublik wurde dadurch noch komplizierter.

Rivalität der Magnaten und Bedrohung der Souveränität

Jan Kazimierz, der Bruder des verstorbenen Königs, wurde sein Nachfolger (1648—1668) und heiratete auch die verwitwete Königin Marie-Louise aus der französischen Linie der Fürsten von Gonzague. Die Königin überragte ihn an Begabung und Charakterfestigkeit und gewann auf diese Weise Einfluss auf die Regierungsgeschäfte.
Bevor es zur Wahl von Jan Kazimierz kam, überwanden die Kosaken mit Hilfe der Tataren das polnische Heer bei Sholtyje Wody und Korsun. Dann besiegten sie die Truppen des allgemeinen Aufgebots bei Pilawce. Der Aufstand erfasste fast die gesamte ruthenische Bevölkerung in den ukrainischen Gebieten der Adelsrepublik, in denen die Kosaken einen eigenen Staat zu gründen begannen. Die anfänglichen Bemühungen des Königs und des Kanzlers Ossoliński, den Konflikt versöhnlich zu beenden, verliefen ergebnislos. Erst 1649 nach der gelungenen Verteidigung des von Kosaken und Tataren belagerten Sbarash und nach der unentschiedenen Schlacht von Zborow wurde ein Vertrag geschlossen, in dem die Polen zu grossen Zugeständnissen gezwungen wurden. u.a. mussten sie die Position Chmelnizkis als Hetman in der Ukraine anerkennen. 1651 brach der Krieg erneut aus. Als die polnische Armee in der grossen, drei Tage währenden Schlacht von Berestetschko einen Sieg über die Truppen der Kosaken und Tataren errang, kam es zu einem neuen Vertrag in Belaja Zerkow, der für die Kosaken ungünstiger ausfiel. Im Ergebnis der anschliessend durch die blutige Schlacht bei Batoh wiederaufgenommenen Kampfhandlungen wurde 1653 das Abkommen von Shwanez getroffen, das die Bedingungen des Vertrages von Zborow wieder in Kraft setzte. Chmelnizki, der bei anderen Staaten Unterstützung suchte, fand

diese in Russland. Aufgrund des 1654 in Perejasław geschlossenen Abkommens nahm der Moskauer Zar die Ukraine unter seine Herrschaft. Das verursachte den Ausbruch des polnisch-russischen Kriegs, führte aber andererseits zur Einigung der Adelsrepublik mit den Tataren. Der Krieg um die Ukraine, in dem die Russen fast das gesamte Territorium des Grossfürstentums Litauen besetzten, wurde mit dem Waffenstillstand von 1656 abgebrochen, denn Moskau wollte nicht durch weitere Kriegshandlungen Schweden den Sieg erleichtern.

Der schwedische König Karl X. Gustav, der nach der Vormachtstellung im Ostseeraum strebte, unternahm im Sommer 1655 einen Überfall auf Polen. Die Situation Polens, das durch den jahrelangen Krieg erschöpft und nicht zur Verteidigung vorbereitet war, wurde noch durch das Kapitulantentum und den Verrat der Magnaten, die sich in Opposition gegen Jan Kazimierz befanden, verschlimmert. Die von Krzysztof Opaliński geführten Truppen des Adels von Wielkopolska kapitulierten bei Ujście, während Janusz und Bogusław Radziwiłł in Kiejdany Litauen an Schweden preisgaben. Die Schlachta folgte dem Beispiel der Magnaten und erkannte auf den Provinzialversammlungen die Herrschaft Karl Gustavs an. Nach einigen Schlachten kapitulierte die Armee der Krone, und Jan Kazimierz flüchtete nach Śląsk. Bis Ende 1655 hatte die schwedische „Sintflut" fast das ganze, nicht von Russen und Kosaken besetzte Gebiet der Adelsrepublik überschwemmt.

Die Plünderungen und Gewalttaten der protestantischen Eroberer riefen bald in verschiedenen Gebieten des Landes bewaffnete Bauernaufstände hervor, anschliessend erhoben sich das Bürgertum und die Schlachta. Breites Echo fand die erfolgreiche Verteidigung des Klosters Jasna Góra zu Częstochowa. Jan Kazimierz, der ins Land zurückgekehrt war, sammelte um sich fast alle Polen, die sich vorher im schwedischen Lager befunden hatten. Der Heerführer Stefan Czarniecki führte einen den Feind aufreibenden Kleinkrieg.

1656 versicherte sich Karl Gustav der Hilfe des Kurfürsten Friedrich Wilhelm von Brandenburg, aber auch die vorübergehenden Erfolge wendeten das Kriegsglück nicht zugunsten der Schweden. Karl Gustav erreichte nur noch ein Traktat, das die Aufteilung der Adelsrepublik zwischen Schweden, Brandenburg, Siebenbürgen und den Kosaken vorsah. Darüber hinaus sollte Bogusław Radziwiłł einen Teil Litauens als unabhängiges Fürstentum erhalten. Mittelbares Ergebnis dieses Vertrages

war ein Überfall des siebenbürgischen Fürsten Georg Rákóczi (1657), der Polen verwüstete. Da griffen Österreich und Dänemark in den Krieg gegen Schweden ein. Anschliessend liess der brandenburgische Kurfürst seinen Bündnispartner Karl Gustav im Stich. Polen bezahlte allerdings dafür mit einem Traktat, das im Herbst 1657 in Welawa festgelegt wurde und in dem Jan Kazimierz Friedrich Wilhelm die Alleinherrschaft über Prusy Książęce (Teil Ostpreussens) zuerkannte. 1660 wurde durch Vermittlung französischer Diplomaten in Oliwa der Friedensvertrag mit Schweden unterzeichnet, der den territorialen Besitz der Adelsrepublik auf dem Vorkriegsstand festlegte.
Die „Sintflut", die das Land schrecklich verwüstet hatte, war zu Ende, aber in den östlichen Grenzgebieten begann sie von neuem. Jan Wyhowski, der Nachfolger Chmelnizkis, brach 1658 das Abkommen von Perejaslaw und traf in Gadjatsch einen Vergleich mit Polen. Diese Übereinkunft sah vor, in den polnisch-litauischen Staatsverband einen dritten autonomen Mitgliedsstaat aufzunehmen, das ruthenische Fürstentum. Die Mehrheit der ukrainischen Bevölkerung wandte sich jedoch gegen ein solches Abkommen mit der Adelsrepublik. Im Endeffekt entbrannte der polnisch-russische Krieg aufs neue. Er wurde mit einem Waffenstillstand beendet, der 1667 in Andruschewka geschlossen wurde und Moskau die Gebiete um Smolensk, Tschernigow und Nowgorod-Sewerski, den östlich vom Dnepr gelegenen Teil der Ukraine sowie Kiew zuerkannte. Die damals festgelegten Grenzen wurden später durch den sog. Grzymułtowski-Frieden (1686) bestätigt.
Die militärischen Niederlagen verschärften die innere Krise Polens. 1652 kam es erstmalig zur Auflösung des Sejms durch einen einzigen Abgeordneten, d.h. zur Anwendung des *Liberum veto* (des Rechts, Veto einzulegen).
Jan Kazimierz und Marie-Louise strebten die Durchführung einer politischen Reform an. Die Opposition liess die Realisierung dieser Pläne nicht zu, und als der Oppositionsführer, der Marschall und Hetman Jerzy Lubomirski, zur Verbannung verurteilt wurde, brach unter seiner Führung ein Aufruhr aus (1665—1666). Während die Königspartei mit dem französischen Hof verbunden war, bekamen die Aufständischen insgeheim Unterstützung aus Wien. Die Niederlage des Königs in der Schlacht bei Mątwy durchkreuzte trotz der späteren Kapitulation der Aufständischen die Möglichkeit einer Reform.
Nach dem Tode der Königin dankte Jan Kazimierz 1668 ab und

begab sich nach Frankreich, wo er 1672 starb. Mit ihm starb die polnische Linie der Wasa aus, die die Fortsetzung der Jagiellonen-Dynastie gewesen war.
Während der Königswahl entstand der Plan, einen einheimischen Fürsten zu wählen. König wurde Michał Korybut Wiśniowiecki (1669—1673), Sohn des berühmten Kosakenverfolgers Fürst Jeremi. Er war den ihm auferlegten Pflichten nicht gewachsen; unfähig und ohne politische Begabung stützte er sich auf die Anhänger Österreichs und wurde zum Werkzeug in den Händen der Magnaten. Die Oppositionspartei der Magnaten, die von Hetman Jan Sobieski geführt wurde, repräsentierte eine französische Orientierung.
1672 rückte Sultan Mehmed IV. gegen die Adelsrepublik vor. Unter dem Druck der türkischen Übermacht fiel die Festung Kamenez Podolskij, und die Eindringlinge zwangen Polen daraufhin, in Butschatsch ein entwürdigendes Traktat einzugehen. Die Türkei nahm Polen Podolien und das südliche Gebiet der Provinz Kiew ab und sollte darüber hinaus einen jährlichen Tribut erhalten. Im nächsten Jahr errang Sobieski bei Chocim einen hervorragenden Sieg über die Türken, konnte jedoch die verlorengegangenen Gebiete nicht zurückerlangen. Nach dem Tod des Konigs ermöglichte der Sieg von Chocim dem Hetman die Thronbesteigung.
Jan III. Sobieski (1674—1696) zeichnete sich nicht nur durch sein Führertalent, sondern auch durch seinen weltoffenen Geist und gute politische Orientierung aus. Ziel seiner Politik waren der Abschluss eines dauerhaften Friedens mit den Türken und die Wiedererlangung von Prusy Książęce von den Brandenburgern. Zur Realisierung dieser Bestrebungen sollten seine Bündnisse mit Frankreich (1675) und Schweden (1677) beitragen. Kurz darauf aber musste der König seine Pläne verwerfen. Der Krieg gegen das osmanische Reich wurde nur zeitweilig durch den Waffenstillstand von 1676 unterbrochen, der Polen einen kleinen Teil der westlich des Dnepr gelegenen Gebiete der Ukraine wieder zuerkannte. Die Bedrohung durch die Türken blieb weiterhin bestehen, da aber der überwiegende Teil der Schlachta und der Magnaten an einer Annäherung mit Schweden und Frankreich nicht interessiert war, musste Jan III. seine politischen Pläne ändern und sich mit den Habsburgern verbünden. 1683 schloss die Adelsrepublik einen Vertrag mit Österreich. Als das riesige türkische Heer vor den Mauern Wiens stand, rückten die Polen zum Entsatz der Stadt an. Sobieski übernahm

den Oberbefehl über die verbündeten christlichen Armeen und errang einen glänzenden Sieg über das Heer des Grosswesirs Kara Mustafa (12. September 1683). Die Schlacht bei Wien, in der der Einsatz der schweren polnischen Reiterei eine wichtige Rolle spielte, war der letzte grosse militärische Erfolg der Adelsrepublik. Dieser Sieg hielt die Expansion der Türken in Europa auf. 1684 trat Polen der antitürkischen Heiligen Liga bei und setzte den Krieg fort, der sich bis in die Zeit nach dem Tode Jans III. hinzog.

In der Innenpolitik strebte Sobieski eine Festigung seiner Macht und die Einschränkung der Selbstherrlichkeit der Magnaten an, jedoch konnte er die Opposition des Adels und der Magnaten nicht überwinden, die von den Intrigen der Gesandten fremder Länder genährt wurde. Niedergeschlagen durch die Misserfolge, verlor der König im Laufe der Jahre an Energie und Selbständigkeit.

Nach dem Tode Jans III. ging aus den Kämpfen um den polnischen Thron, an denen sich u.a. die Königin Maria Kazimiera (Marysieńka) beteiligte, der sächsische Kurfürst Friedrich August aus der Dynastie der Wettiner — unterstützt von Österreich und Russland — als Sieger hervor. Er wurde von der Minderheit der Schlachta ausgerufen, kam jedoch dem Fürsten François Louis de Bourbon zuvor, den die Mehrheit gewählt hatte. Gekrönt als August II., hatte er den Beinamen „der Starke", weil er sich durch ungewöhnliche Körperkraft auszeichnete. Als Ziel seiner Herrschaft (1697—1733) setzte er sich die Einführung einer erblichen absolutistischen Monarchie in Polen.

Zu Beginn der polnisch-sächsischen Personalunion erhielt Polen die durch den Vertrag von Butschatsch verlorenen Gebiete zurück, indem es zusammen mit anderen Staaten in Karlowitz mit den Türken Frieden schloss (1699).

August II. verbündete sich als sächsischer Kurfürst mit Russland und Dänemark zu einem Krieg gegen Schweden (Nordischer Krieg 1700—1721). 1702 marschierte der schwedische König Karl XII. mit seiner Armee in Polen ein. Die Mehrheit der Schlachta blieb August II. treu und schloss sich zu seinem Schutz zur Konföderation von Sandomierz zusammen, ein Teil der Schlachta sprach sich jedoch für Schweden aus. 1704 verkündeten die Gegner Augusts des Starken dessen Absetzung vom Thron und wählten den Magnaten Stanisław Leszczyński. Dieser war jedoch vollkommen von Schweden abhängig. Da aber gleichzeitig die Parteigänger des legalen Monarchen ein Bündnis mit Zar Peter I. schlossen und der russischen Armee damit militärische Aktionen auf dem Territorium Polens gestatteten, hatte das Land jetzt zwei Könige und zwei fremde Protektoren. 1706 marschierten die Schweden in Sachsen ein, August II. musste abdanken. Nach der Niederlage Karls XII. bei Poltawa erlangte er 1709 in Polen wieder seine Macht.

Die Ausschreitungen des sächsischen Heers in Polen führten 1715 zum Abschluss der Konföderation von Tarnogród. Die inneren Zwistigkeiten wurden durch den Kompromissvertrag von Warszawa, der mit Hilfe Russlands zustande kam (1716), und durch den sog. „stummen Sejm" (1717), bei dem man aus Furcht vor einer Auflösung der Beratung die Abgeordneten nicht zu Wort kommen liess, beendet. Der nur einen Tag währende „stumme Sejm" bestätigte die Abhängigkeit Polens von Russland, das sich zu einem Garanten der „goldenen Freiheit" der Schlachta erklärte.

Als die Adelsrepublik aufhörte, auf internationaler politischer Ebene eine aktive Rolle zu spielen, und in einen Zustand politischer Lähmung verfiel, erstarkte nicht nur das Zarenreich, sondern auch Brandenburg, das 1701 zum Königreich Preussen proklamiert wurde. Dieser Staat strebte eine Vereinigung seiner ostpreussischen Besitztümer mit Brandenburg über Prusy Królewskie und Wielkopolska an. Projekte einer Teilung Polens entstanden allerdings nicht nur in Berlin, sondern auch am Hofe des polnischen Königs. August II. wollte nämlich seine Macht festigen und seinem Sohn selbst um den Preis einer Verkleinerung des Landes die Nachfolge sichern. Er zögerte also nicht, anderen Höfen seine Teilungspläne zu unterbreiten. Es wurde aber zu dieser Zeit noch kein Versuch unternommen, Polen zu teilen; vor allem deshalb nicht, weil Russland die Adelsrepublik in ihren bestehenden Grenzen gewahrt wissen wollte. Dagegen einigten sich die drei Nachbarstaaten Polens untereinander, dass in Polen die Ordnung beizubehalten sei, die über die Schwäche der Adelsrepublik entschied. Nach vorangegangenen bilateralen Gesprächen schlossen Russland, Österreich und Preussen 1732 einen geheimen Vertrag über die Frage Polens, der als Vertrag der drei schwarzen Adler bezeichnet wurde (diese Bezeichnung knüpfte an die Wappen der Staaten an).

Die wirtschaftliche Krise in Polen hatte schon früher begonnen, die militärischen Niederlagen vertieften sie noch: Verwüstun-

gen infolge der Kampfhandlungen, Plünderungen durch die Armeen verschiedener Staaten und Nationalitäten und die den Krieg begleitenden Epidemien. Der Wiederaufbau des Landes nach den grossen Verheerungen Mitte des 17. Jh. war nicht leicht, und als er nach einigen Jahrzehnten zu Teilresultaten führte, kam eine neue Verwüstung durch den Nordischen Krieg. Die Städte verfielen bis auf wenige Ausnahmen. Auch die Landwirtschaft, die sich in grossem Masse auf die Fronarbeit der Bauern stützte, durchlebte eine tiefe Krise. Die feudale Ausbeutung der bäuerlichen Massen, die zwei Drittel der polnischen Bevölkerung ausmachten, rief leidenschaftliche Empörung gegen die Feudalherren hervor.
Theoretisch hatte Polen nach wie vor den Charakter einer Adelsdemokratie, doch in Wirklichkeit übte eine Handvoll Magnaten die Macht aus. Grundlagen der Macht waren für die Magnaten der Besitz gewaltiger Ländereien, eigene Armeen und die grosse Zahl des völlig von ihnen abhängigen niederen Adels. Die einzelnen Magnaten, ihre Familien und ganze Cliquen rivalisierten untereinander um die Macht in den Provinzen und im Staate. Die Zusammensetzung der Magnatenlager und ihre politische Orientierung waren veränderlich, immer aber befanden sich die Parteigänger einer Stärkung der schon sehr geschwächten Königsmacht in der Minderheit. Die Opposition konnte auf eine bedeutend breitere Unterstützung durch den mittleren Adel rechnen, der sich allen politischen Änderungen widersetzte. Sowohl die Hofpartei als auch die oppositionellen Gruppierungen suchten Unterstützung bei fremden Mächten.

Die Magnaten beherrschten die staatlichen Ämter und Güter. Die vom König ernannten Minister übten ihre Funktion auf Lebenszeit aus und konnten auch nicht zur Verantwortung gezogen werden. Den Ton gaben die Hetmane an, die für den König zu fast gleichberechtigten Partnern im Spiel um die Politik geworden waren. Die Sejms wurden immer öfter durch das *Liberum veto* aufgelöst, nicht nur im Interesse der polnischen Magnaten, sondern auch auf Drängen und Bestechung durch andere Staaten. Zugleich mit der fallenden Bedeutung des allgemeinen Sejms wuchs die Rolle der Provinzialversammlungen, die regionale Steuern beschlossen und eigene Armeen einberiefen. Die Macht der Provinzialversammlungen, die von den örtlichen Potentaten abhängig waren, wurde vom „stummen Sejm" bedeutend eingeschränkt, indem er ihnen die finanzielle Kompetenz z.T. und die militärische völlig entzog.

Die selbstherrlichen Magnaten, deren Einfluss sich auch auf die Gerichte erstreckte, bewirkten die Auflösung staatlicher Institutionen. In der Adelsrepublik herrschte Anarchie. Die Schlachta glaubte, dass die Existenz eines solchen Staates und die Unantastbarkeit seiner Grenzen im Interesse der drei benachbarten Grossmächte läge.

Von übergeordnetem Wert für den Adel war die „goldene Freiheit", die ihm solche grundlegenden, unantastbaren Rechte wie die freie Königswahl und das *Liberum veto* sichern sollte. Unter diesen Rechten fand sich auch das Prinzip der Gleichheit aller Mitglieder des Adelsstandes. Je mehr die tatsächlichen Unterschiede wuchsen, um so grössere Bedeutung gewann die scheinbare Gleichheit, so z.B. Nichtanerkennung von aristokratischen Titeln (mit Ausnahme der Titel alter litauischer und ruthenischer Fürstengeschlechter). Im 18. Jh. erlangten jedoch immer mehr Adelsfamilien vom Kaiser oder Papst Grafentitel. Unter dem Adel bildete sich die Ansicht heraus, dass die Adelsrepublik mit ihrem hervorragenden System anderen Staaten überlegen sei. Mit der nationalen Überheblichkeit verband sich die Standesüberheblichkeit, die Selbstverherrlichung des „Adelsvolkes". Unter diesen Umständen verstärkte sich auch die Feindseligkeit allem Fremdem gegenüber, die auf der Überzeugung beruhte, alles, was fremd war, könne sich als schädlich für die einheimische Ordnung und die eigenen Sitten erweisen, besonders aber, die Seuche der „Tyrannei" könne vom Ausland her in Polen eindringen.

Die genannte politische Ideologie sowie die gesamte Adelskultur jener Zeit wird als Sarmatismus bezeichnet. Der Sarmatismus hatte sich zwar schon früher herausgebildet, aber seine Blütezeit erlebte er in der zweiten Hälfte des 17. Jh. und im 18. Jh. Das kam im Lebensstil und in den Sitten und Bräuchen der Schlachta zum Ausdruck, die durch Traditionalismus und Konservatismus gekennzeichnet waren. Der Schlachta machte es Vergnügen, ständig auf Provinziallandtagen zu debattieren, Nachbargüter zu überfallen und vor allem reiche Festmahle auszurichten. Die barocke Neigung zur Üppigkeit artete in Polen zur Prunksucht der Magnaten aus, die mit der Armut und Vernachlässigung von Dörfern und Städten kontrastierte. Der Sarmatismus, der sich u.a. durch eine Orientalisierung des künstlerischen Geschmacks auszeichnete, verlieh der polnischen Literatur und Kunst des Barocks einen eigenen Ausdruck. Das polonisierte Barock brachte in Architektur und bildender Kunst

eine besondere Mischung aus westlichem Luxus und orientalischer Farbigkeit hervor.
In der zweiten Hälfte des 17. Jh. verstärkten sich in Polen religiöser Fanatismus und Intoleranz des Katholizismus. Das fand seinen Niederschlag vor allem in Repressalien gegen die Arianer, die man seinerzeit Sozinianer nannte und die nach einem Beschluss des Sejms von 1658 aus dem Lande vertrieben wurden (übrigens übten die Sozinianer bedeutenden Einfluss auf die Entwicklung der westeuropäischen Philosophie und Religion aus). 1733 sprach der Sejm Andersgläubigen das Recht ab, öffentliche Ämter und Würden zu bekleiden. Die triumphierende Gegenreformation stellte die Anhänger anderer Religionen ausserhalb der nationalen Gemeinschaft und verkündete, dass der Pole Katholik sei. Gemäss der zu dieser Zeit allgemein verbreiteten Überzeugung erfüllte die Adelsrepublik eine besondere Mission als „Bollwerk des Christentums". Seit dem Frieden zu Karlowitz hatte diese Ansicht jedoch ihre reale Grundlage verloren, wenn man unter der genannten Bezeichnung ein Land versteht, das das Christentum vor dem Islam verteidigte, und nicht nur die Existenz eines katholischen Staates in mohammedanischer, russisch-orthodoxer und protestantischer Umgebung.
Der Sieg der Gegenreformation und des Sarmatismus bedeutete ein Absinken des Niveaus der Geisteskultur in Polen, deren Verbindungen zu den Kulturen anderer Länder bedeutend abgeschwächt wurden. Trotzdem gab es bis Ende des 17. Jh. im Moldaugebiet und in Russland lebhafte Einflüsse der polnischen Kultur.
Nach dem Tode Augusts II. kam es zu einem Krieg um den polnischen Thron. 1733 sprach sich bei der Wahl eine grosse Mehrheit für Stanisław Leszczyński aus, dessen Popularität in Polen seit dem Nordischen Krieg gestiegen war und der auf die Unterstützung Frankreichs bauen konnte (seine Tochter Maria war die Frau Ludwigs XV.). Dieser Versuch, sich von der Abhängigkeit der drei benachbarten Grossmächte zu befreien, wurde durch eine bewaffnete russische Intervention vereitelt, die den Kandidaten der Minderheit, den Sohn des verstorbenen Monarchen, unterstützte. Leszczyński musste in Gdańsk Schutz suchen. Er weilte dort während der Belagerung der Stadt durch die Truppen des Zaren. Später begab er sich, aller Hilfe beraubt, nach Frankreich. 1736 entsagte Stanisław Leszczyński seinen Ansprüchen auf die polnische Krone für die Regierung

des Fürstentums Lothringen auf Lebenszeit (er starb 1766). König in Polen wurde August III. (1734—1763).
Im Gegensatz zu seinem Vater erwies sich August III. als ein aussergewöhnlich unfähiger Herrscher. Er lebte im ererbten Sachsen und kümmerte sich nicht um das Schicksal Polens, die Regierungsgeschäfte übte in seinem Namen der sächsische Minister Heinrich von Brühl aus. Unter der Herrschaft Augusts III. endete nur ein Sejm mit einer Beschlussfassung, die anderen wurden abgebrochen. Während des Siebenjährigen Kriegs (1756—1763), den Preussen mit seinem Bündnispartner Grossbritannien gegen die Koalition Österreich, Russland, Frankreich, Schweden und die meisten deutschen Kleinstaaten führte, wurde Polen zu einem „Durchgangslager" für die kämpfenden Armeen: die russische, die preussische und die österreichische.
Die Zeit der Sachsenherrschaft war eine Epoche des tiefsten Verfalls der Adelsrepublik, aber schon damals erwachten neue Kräfte, die eine Wende zum Besseren herbeiführten. Der langanhaltende Frieden begünstigte den Wiederaufbau Polens, und das wirtschaftliche Niveau begann sich — wenn auch langsam und ungleichmässig — zu heben. Einige Grossgrundbesitzer ergriffen die Initative und ersetzten die Leibeigenschaft durch die Zinswirtschaft. Das sollte die wirtschaftliche Situation der Fronhöfe sowie der Bauernhöfe verbessern.
Publizisten unterbreiteten Projekte für politische Reformen, vor allem zur Beseitigung oder Einschränkung des *Liberum veto*. Das ausgereifteste Programm zur Verbesserung der Situation der Adelsrepublik stellte der Piarist Stanisław Konarski in seinem Werk „O skutecznym rad sposobie" (Über ein wirksames Verfahren für Beratungen; 1760—1763) vor. Früher hatte er mit der Modernisierung des Schulwesens begonnen, er begründete 1740 in Warszawa die Lehranstalt *Collegium Nobilium* (ein Adelskolleg), das die Jugend in patriotischem und staatsbürgerlichem Geiste erziehen und sie zu aktiver Teilnahme am politischen Leben des Landes vorbereiten sollte. Ein Neuererprogramm für den Unterricht wurde später vom gesamten Schulwesen der Piaristen und Jesuiten aufgenommen. Die wissenschaftliche Tätigkeit, die nach einer Zeit der Stagnation wieder auflebte, fand ihre Protektoren vor allem in den Brüdern Józef und Andrzej Załuski, die in Warszawa die erste öffentliche Bibliothek stifteten, eine der ersten und grössten Bibliotheken der Welt (1774). Der geistige Umbruch vollzog sich unter dem

Einfluss der Ideologie der Aufklärung, die aus Westeuropa nach Polen vordrang.

Reformen und Verfall der Adelsrepublik

Im Interregnum (1763—1764) ermöglichte es die bewaffnete russische Intervention, die im Einverständnis mit Preussen unternommen wurde, der Partei der Czartoryskis, der sog. „Familia", ihre Gegner zu besiegen. König wurde der zur „Familia" gehörende Stanisław August Poniatowski, der von Katharina II. protegiert wurde. Er strebte die Durchführung von Reformen an, die die wichtigsten Fehler im System der Magnatenoligarchie beseitigen und Polen aus seiner wirtschaftlichen und kulturellen Rückständigkeit herausführen sollten. Er widersetzte sich dem Protektorat Russlands nicht, strebte aber gleichzeitig danach, in inneren Angelegenheiten maximale Selbständigkeit zu erlangen.

Der Konvokationssejm wurde in eine Generalkonföderation umgestaltet. Das ermöglichte eine Beschlussfassung bei Stimmenmehrheit. In den Jahren 1764—1766 wurden einige Postulate der „Familia" realisiert, u.a. wurde eine Kommission für finanzielle und militärische Angelegenheiten gebildet und damit die Selbstherrlichkeit der Magnaten und Hetmane eingeschränkt und die Abführung an den Staatsschatz vergrössert. Als jedoch das Projekt einer Einschränkung des *Liberum veto* vorgestellt wurde, verlangten Russland und Preussen eine Auflösung der konvokativen Konföderation und Gleichberechtigung der Dissidenten.

1767 wurden unter dem Schutz der russischen Armeen zwei Dissidentenkonföderationen gebildet, die litauische in Sluzk und die Kronkonföderation in Toruń. Einige Monate später kam es, inspiriert vom zaristischen Botschafter Repnin, in Radom zur Bildung der Generalkonföderation. Sie schloss zum Schutz des früheren Systems und der Privilegien des Katholizimus die konservative Opposition zusammen, die eine Aufhebung der Reformen und die Absetzung des Königs forderte. Katharina II. enttäuschte jedoch die Hoffnung der Radomer Konföderation. Der Sejm musste sich mit der völligen Gleichberechtigung der Dissidenten einverstanden erklären, die Reformen der exekutiven Macht wurden beibehalten, und Stanisław August verblieb, wenn auch gedemütigt, auf dem Thron.

Auf diesem Sejm wurde die russische Garantie der grundlegenden Rechte der Schlachta bestätigt.
Die enttäuschten Hoffnungen der „Radomer" und die von Repnin durchgesetzten Gewaltakte führten zur Entstehung der Konföderation von Bar (1768—1772). In Bar (Podolien) gegründet, wurde sie in allen Provinzen der Adelsrepublik zu einer bewaffneten Bewegung der Schlachta gegen den König, die Dissidenten und Russland, die die Standesprivilegien, die katholische Religion und die Unabhängigkeit des Staates verteidigte. Die Truppen der Schlachta wurden vor allem von den russischen Truppen, teilweise auch von der Armee des Königs bekämpft. Unter den führenden Vertretern der Konföderation von Bar zeichnete sich Kazimierz Pułaski (der später an den Unabhängigkeitskriegen der Vereinigten Staaten teilnahm) durch seine Fähigkeiten aus. Die Konföderation wurde von Magnaten geführt, die untereinander Kämpfe austrugen und eine unfähige Politik führten. Es wurde der Versuch unternommen, Stanisław August zu entführen, nachdem man bereits das Interregnum ausgerufen hatte, aber dieser Versuch misslang (1771). Die Türkei stellte sich auf die Seite der Konföderation und erklärte Russland den Krieg (1768). Frankreich sandte Instrukteure nach Polen. Nichts konnte jedoch die Bewegung vor der Niederlage retten.
Die Konföderation von Bar, die den Widerstand gegen die Reformen des Systems mit der Verteidigung der Unabhängigkeit verband, bewirkte ein Wachstum der politischen Selbständigkeit der Schlachta. Katastrophal waren die Folgen der vier Jahre dauernden bewaffneten inneren Kämpfe, sie verwüsteten das sich eben von seinem Niedergang erhebende Land und gaben den Nachbarländern einen Vorwand zur ersten Teilung.
Preussen nutzte die Schwierigkeiten des in den Krieg gegen die Türken verwickelten Russland aus und bewog es zur Zustimmung für eine Teilung Polens. 1771, nachdem Österreich dem preussisch-russischen Vertrag beigetreten war, wurden die Teilungstraktate unterzeichnet. Preussen nahm sich den territorial und bevölkerungsmässig kleinsten Teil, der aber wirtschaftlich und politisch am wichtigsten war: Prusy Królewskie mit Warmia, allerdings ohne Gdańsk und Toruń, und auch die an der Noteć liegenden Gebiete von Wielkopolska und Kujawy (36 000 km^2). Im Hinblick auf die Bevölkerungszahl gewann Österreich am meisten. Es riss das südliche Małopolska und fast das ganze Gebiet der sog. Roten Rus an sich. Das österreichische

Besatzungsgebiet wurde Galizien genannt (83 000 km²). Der grösste, aber unbedeutendste Teil fiel Russland zu: das polnische Livland und der Teil von Belorussland bis Dwina und Dnepr (92 000 km²). Von seinem ursprünglichen Territorium (733 000 km²) verlor Polen 29% und von seiner Bevölkerung (12—14 Millionen) etwa 35%. Die Abtretung der abgetrennten Gebiete wurde dem Sejm 1773 abgezwungen.

1775 beschloss der Sejm eine neue Regierungsform in Polen. Die Staatsgeschäfte sollte der Ständige Rat, der sich aus 18 Senatoren und 18 Vertretern der Schlachta zusammensetzte und sich in 5 Departements gliederte, unter Führung des Königs ausüben. Stanisław August gelang es, die russische Protektion zu nutzen, um das Territorium Polens vor einer weiteren Annexion durch Preussen und Österreich zu schützen. Auf der anderen Seite aber hemmte Russland die Emanzipationsbestrebungen der Königspartei mit Hilfe der Magnatenopposition, die die Durchführung von Reformen auch nach 1780 untergrub, als sich keine zaristischen Truppen mehr in Polen befanden. In den Jahren 1776—1778 versuchte der König unter dem Vorwand einer Modifikation der Rechtsprechung eine Reform für die Bauern und Bürger durchzuführen, die unter Leitung von Andrzej Zamoyski vorbereitet wurde. Er stiess aber auf die entschiedene Ablehnung des russischen Botschafters Stackelberg, des päpstlichen Nuntius und der Adelsopposition. Stanisław August hoffte auch, dass sich Russland als Gegenleistung für die Teilnahme der Adelsrepublik am Krieg gegen die Türkei damit einverstanden erklären werde, die Zahl der Soldaten des polnischen Heeres zu erhöhen und die königliche Macht zu festigen.

Nach der ersten Teilung lebte Polen trotz der Störungen durch Russland und trotz der Drosselung des polnischen Ostseehandels durch die Preussen wirtschaftlich auf. Es ordnete Finanz- und Verwaltungswesen, bildete Kader für eine moderne Armee aus und richtete eine eigene Rüstungsindustrie ein. Die Offiziere wurden an der Ritterschule ausgebildet, die Stanisław August 1765 gegründet hatte.

Für die Entwicklung der Städte hatten die Abschaffung der Binnenzölle und die Festlegung eines generellen Zolls, die Vereinheitlichung des Mass- und Gewichtssystems und die Berufung einer Kommission für öffentliche Ordnung in den dem König gehörenden Städten entscheidende Bedeutung.

Besonders intensiv entwickelte sich die Hauptstadt Warszawa, in der sich neue soziale Gruppen und neue Formen des wirtschaftlichen (Manufakturen, Banken) und kulturellen Lebens herausbildeten.

Entscheidenden Einfluss auf die im Lande vor sich gehenden Veränderungen, besonders aber auf die kulturelle Entwicklung Polens, übte die Ideologie der Aufklärung aus. Sie bewirkte auch die Herausbildung der Grundlagen einer modernen Nation, die sich nicht nur auf den Adel beschränkte, sondern alle Stände umfasste. Die führende Rolle beim Werk der Aufklärung fiel der sich damals herausbildenden Intelligenz zu.

1773 rief der Sejm die Kommission für Nationale Bildung ins Leben, die die Güter des vom Papst aufgelösten Jesuitenordens und die Schirmherrschaft über das gesamte Schulwesen übernahm und dieses einer Reform unterzog. Es war die erste staatliche Bildungsbehörde in Europa, die den Charakter eines Ministeriums trug. Die Reform der Universitäten in Kraków und Wilna bewirkte einen Fortschritt der exakten Wissenschaften, der die Verspätung Polens gegenüber anderen Ländern in hohem Masse ausglich. In Warszawa, wo mit der Herausgabe populärwissenschaftlicher Zeitschriften begonnen worden war, entwickelten sich vor allem die mit der Publizistik zusammenhängenden Geisteswissenschaften. Die Gelehrten gehörten zu den Fürsprechern nicht nur des kulturellen, sondern auch des sozialen und politischen Fortschritts; dieselbe Haltung nahmen die Schriftsteller ein. Die hervorragendsten Schriftsteller der Zeit Stanisław Augusts waren Ignacy Krasicki, Stanisław Trębecki und Adam Naruszewicz (letzterer glänzte nicht nur als Dichter, sondern auch als Historiker). Wojciech Bogusławski war es zu verdanken, dass es zum Entstehen des Nationaltheaters kam. Schon früher hatte Stanisław Konarski um die Reinheit der polnischen Sprache gekämpft, die nach barocker Manier mit lateinischen Redewendungen überladen war. In der zweiten Hälfte des 18. Jh. lehrten die Werke der hervorragenden Schriftsteller ein natürliches, richtiges Polnisch, das damals auch zur Sprache der Wissenschaft wurde. Eine die Entwicklung der Kultur fördernde Rolle spielte weiterhin das Mäzenatentum der Magnaten und des Königs, dessen Vorliebe für die Kunst über den Charakter der ihn umgebenden und sich entwickelnden Kunst entschied (der Stil Stanisław Augusts bedeutete in der Architektur eine Verbindung italienischer Barockelemente mit Elementen des französischen Klassizismus). Obwohl man sich an

fremde Vorbilder anlehnte, vertieften sich in der Kunst jener Zeit die nationalen Merkmale.
Das Missverhältnis zwischen Russland und Preussen, das während des Krieges Russlands und Österreichs gegen die Türken (1787) noch vertieft wurde, kündigte in Polen eine günstige Konjunktur für die Befreiung von der russischen Bevormundung an. Preussen, das auf friedlichem Wege im Austausch für eine eventuelle Rückgabe Galiziens durch Österreich weitere polnische Gebiete gewinnen wollte, war an einer Annäherung mit Polen und an der Schwächung des Petersburger Einflusses in Warszawa interessiert.
Im Oktober 1788 trat in Warszawa der Sejm zusammen, der als Vierjähriger oder Grosser Sejm bekannt wurde, denn ab 1790 tagte er mit doppelter Teilnehmerzahl. Er wurde zu einer Konföderation zusammengeschlossen. Schon in den Anfangsberatungen wurde die zahlenmässige Vergrösserung der polnischen Armee beschlossen und die Evakuierung der zaristischen Truppen gefordert, die sich wieder innerhalb Polens befanden. Auch der von Russland aufgezwungene Ständige Rat wurde aufgelöst. Die polnische Armee sollte von knapp 20 000 auf 100 000 Mann vergrössert werden. Es zeigte sich aber, dass die Armee trotz erheblicher Steuererhöhungen nur auf 65 000 Mann vergrössert werden konnte.
Die Beschlüsse, die die Protektion Russlands verwarfen und die Einführung von Reformen anstrebten, waren das Werk der patriotischen Partei, die im Sejm die Mehrheit hatte. Führer dieser Richtung war Ignacy Potocki. Eine grosse Rolle bei der Vereinigung der Reformanhänger im Sejm und bei der Gestaltung der öffentlichen Meinung hatten die Schriften von Stanisław Staszic sowie die Veröffentlichungen des hervorragenden Gelehrten und Staatsmanns Hugo Kołłątaj und der Publizisten, die sich in der sog. Kuźnica Kołłątajowska um ihn gruppierten. Die von Russland ermunterte Opposition gruppierte sich im Sejm um den Hetman Franciszek Ksawery Branicki. Der König beabsichtigte anfänglich, Reformen durchzuführen, ohne mit Russland zu brechen. Als er aber zu einer Zusammenarbeit mit der patriotischen Strömung überging, nahm er schliesslich die preussische Orientierung dieser Linie an. 1790 schloss Polen ein Bündnis mit Preussen.
Zwei Beschlüsse (März und April 1791) zur Reorganisierung der Provinzialversammlungen und zur Städteordnung gingen dem grössten Werk des Vierjährigen Sejms, der Verfassung vom

3. Mai, voraus. Das war (nach der Verfassung der Vereinigten Staaten) das zweite, schriftlich verankerte Grundgesetz der Welt. Der Sejm beschloss sie in einem verkürzten Verfahren unter dem Druck der öffentlichen Meinung des patriotischen Warszawa. Die Verfassung vom 3 Mai, die grundlegende Fehler des bisherigen politischen Systems wie das *Liberum veto* und die freie Königswahl beseitigte, war das Ergebnis eines Kompromisses zwischen dem König, der den Entwurf für dieses Gesetz ausgearbeitet hatte, und den führenden Vertretern der patriotischen Partei. Sie festigte die Staatsmacht bedeutend. In dieser Verfassung wurde festgelegt, das erbliche Thronfolgerecht einzuführen, eine Regierung in Gestalt des „Hüter der Gesetze" genannten Kronrates (König, Primas und 5 Minister) zu bilden, den Einfluss der Magnaten einzuschränken, die Rechte des Bürgertums zu erweitern und den Bauern den Schutz des Gesetzes und der Regierung angedeihen zu lassen. Die Verfassung stellte einen Versuch dar, in Polen die konstitutionelle Monarchie einzuführen, und gemäss den Absichten ihrer Schöpfer sollte sie ein Ausgangspunkt für weitere Veränderungen des Systems sein. Das letzte Jahr des Vierjährigen Sejms verstrich mit der Entwicklung und Modifizierung der Postulate der Verfassung. Indessen beschloss Katharina II., der die nahende Beendigung des Türkenkrieges wieder freie Hand liess, nicht nur ihr Protektorat über Polen wiederzuerlangen, sondern auch, gestützt auf das konservative Magnatentum, die Reformen wieder rückgängig zu machen. Am 18. Mai 1792 überschritt eine grosse russische Armee die Grenze Polens. Gleichzeitig wurde in dem an der Grenze gelegenen Targowica ein offizieller Akt der Konföderation zur Verteidigung der verletzten „goldenen Freiheit" proklamiert (der Akt war früher in Petersburg unterzeichnet worden). Marschall der Konföderation wurde Szczęsny Potocki. Die Preussen hielten ihr Bündnis mit Polen nicht ein, und die polnische Armee konnte die Übermacht der zaristischen Armee nicht aufhalten. Nach einigen Kämpfen und nach Zurückweisung eines Kompromissvorschlages Stanisław Augusts durch Katharina II. beendeten die Kapitulation des Königs und sein Beitritt zur Konföderation von Targowica den Krieg. Die von der Konföderation zu Targowica eingesetzte Regierung übernahm die Macht und schaffte die Reformen ab.

Am 23. Januar 1793 trafen Preussen und Russland in Petersburg ein neues Abkommen über die Teilung Polens. Das preussische Besatzungsgebiet umfasste Gdańsk, Toruń, Wielkopolska und

Teile von Mazowsze und Kujawy (57 000 km^2). Russland nahm die Gebiete der Ukraine und Belorusslands östlich der Linie Druja-Pinsk-Kamenez Podolskij (250 000 km^2) ein. Diesmal wurde die Teilung ohne Österreich vorgenommen.
Der letzte Sejm der Adelsrepublik, der 1793 in Grodno zusammentrat, musste die territoriale Abtretung sanktionieren, die grundlegenden Rechte der Schlachta wiedereinführen und den Ständigen Rat zurückberufen, wobei nur einige Reformen des Vierjährigen Sejms beibehalten werden konnten.
Die zweite Teilung und die russische Okkupation verstärkten in dem bereits stark verkleinerten Polen das Aufbegehren der Bevölkerung und führten zu einer Verschwörung von Aufständischen, denen sich auch die patriotischen Emigranten anschlossen, die in Frankreich Kontakt zur Revolution suchten. Als eine beschleunigte Reduzierung der polnischen Armee angeordnet und die Verschwörer in Warszawa verhaftet wurden, brach der Aufstand los. Eingeleitet wurde er durch den Marsch der Brigade Madalińskis von Ostrołęka nach Kraków (12. März 1794).
General Tadeusz Kościuszko, ehemaliger Teilnehmer an den Unabhängigkeitskriegen der Vereinigten Staaten und am Krieg zur Verteidigung der Verfassung vom 3. Mai, Ehrenbürger Frankreichs, verkündete auf dem Marktplatz in Kraków den Aufstand und legte den Eid als Oberbefehlshaber ab (24. März 1794). Die siegreiche Schlacht bei Racławice (4. April), in der sich das mit Dreschflegeln und Sensen bewaffnete Bauernheer besonders auszeichnete, erweckte ein breites Echo. In Warszawa bezwangen das Volk, das vom Schuster Jan Kiliński angeführt wurde, und polnische Soldaten die stärkste russische Einheit auf polnischem Boden (17. und 18. April). Einige Tage später entwaffnete Jakub Jasiński an der Spitze der Soldaten und des Volkes die zaristische Garnison in Wilna.
Nach der Niederlage bei Szczekociny (6. Juni) begab sich Kościuszko nach Warszawa, das erfolgreich vor den preussischen und russischen Truppen verteidigt wurde (Juli—September). Der Aufstand, der im August in Wielkopolska losbrach, unterstützte die Expedition des Generals Jan Henryk Dąbrowski. Indessen kapitulierte Kraków schon im Juni, im August fiel Wilna. Kościuszko, der auf die Nachricht vom Anrücken neuer russischer Truppen aus der Ukraine hin einen Zusammenschluss der feindlichen Kräfte verhindern wollte, griff bei Maciejowice das Fersensche Korps an (10. Oktober), erlitt jedoch eine Nie-

derlage und geriet in Gefangenschaft. Befehlshaber wurde Tomasz Wawrzecki. Am 4. November besetzte die russische Armee unter Führung von Suworow den Warschauer Stadtteil Praga und richtete unter der Zivilbevölkerung ein Blutbad an. Einige Tage später kapitulierte Warszawa kampflos. Ein Teil der polnischen Truppen zog sich nach Süden zurück, doch am 16. November lösten sie sich endgültig auf, und Wawrzecki geriet in Gefangenschaft. Das bedeutete das Ende des Kościuszkoaufstands.

Der Aufstand hatte die Königsmacht nicht formal liquidiert, sie aber aufgehoben. Kościuszko, der die Lage der Bauern zu verbessern trachtete und sie zur Teilnahme am Aufstand bewegen wollte, hob mit dem Manifest von Połaniec die Leibeigenschaft der Bauern auf und verringerte das Ausmass der Frondienste (7. Mai 1794). Das Volk von Warszawa, inspiriert von radikalen polnischen Jakobinern, zwang die Aufständischen-Regierung zu entschiedeneren Schritten und bestrafte angesichts ihrer Tatenlosigkeit die Verräter selbst (Mai—Juni). Der Kościuszkoaufstand rechnete auf die Hilfe des revolutionären Frankreich, bekam sie aber nicht. Er erleicherte jedoch selbst in bedeutendem Masse die Situation der französischen Armee, indem er gegen die Truppen der Feinde der Revolution kämpfte.

Während der Unterdrückung des Aufstandes kristallisierten sich Projekte für eine dritte Teilung heraus, die den polnischen Staat diesmal endgültig liquidieren sollte. Ein Jahr lang zog sich das Feilschen um die Aufteilung hin. Am 24. Oktober 1795 kam es zum dritten Traktat über die Teilung Polens. Österreich nahm sich das Land, das bis an die Flüsse Pilica, Bug und Weichsel reichte (47 000 km^2), Preussen das Land, das sich bis an die Pilica, den Bug und den Njemen erstreckte (48 000 km^2), der Rest fiel and Russland (120 000 km^2).

Stanisław August wurde am 25. November 1795 zum Verzicht auf den Thron gezwungen (er starb 1798 in Petersburg). Polen verschwand von der Landkarte Europas. Diese Tatsache wurde von den Regierungen im allgemeinen gleichgültig aufgenommen oder sogar unterstützt. Die öffentliche Meinung der liberalen und demokratischen Kreise Europas und Nordamerikas hingegen reagierte anders, sie verurteilte die Teilungen als dem Völkerrecht widersprechende Massnahmen.

Die Teilungen Polens fanden zu einer Zeit statt, da sich das Land schon von seinem Niedergang erholte. Es war allerdings nicht in der Lage, die Kraft aufzubringen, sich vor den Teilungsabsichten seiner Nachbarn zu schützen. Die gesellschaftlichen und kulturellen Umwälzungen der Aufklärung gaben den Ausschlag für ein Weiterbestehen des Volkes unter den Bedingungen der politischen Unfreiheit, und die Verfassung vom 3. Mai und der Kościuszkoaufstand sind in die patriotische Tradition eingegangen.

Henryk Rutkowski

Die ersten Jahrzehnte der Fremdherrschaft und die Befreiungsbestrebungen

Nach der Liquidierung des polnischen Staates rechneten die drei Teilermächte auf eine schnelle und völlige Assimilierung der als integraler Bestandteil ihren Ländern einverleibten Gebiete. Sie führten ihr Recht und ihr Verwaltungssystem ein, wiesen den polnischen Adel und die Aristokratie aus höheren und mittleren Ämtern der Administration aus, zogen Rekruten ein und erhoben Steuern. Preussen und Österreich begannen, Verwaltung und Schulwesen zu germanisieren. Der zentralisierte Verwaltungsapparat wurde verstärkt und ausgebaut, jedoch blieben die wirtschaftlichen und gesellschaftlichen Positionen der Schlachta und die Grundlagen des Feudalsystems unangetastet. In den von Russland annektierten Gebieten wurde das System der Leibeigenschaft untermauert, in den preussischen und österreichischen Teilen dagegen wurde das System der Leibeigenschaft hauptsächlich durch Interventionsmöglichkeiten von Staatsbeamten bei Streitfällen zwischen Bauern und Grundherren und durch die ihnen auferlegten Geldabgaben für den Staatsschatz geschwächt.

Der patriotischste Teil der polnischen Bevölkerung, vor allem die Intelligenz, der niedere Adel und das mittlere Bürgertum, hatte das Streben nach Wiedererringung der Unabhängigkeit nicht aufgegeben und rechnete vor allem auf einen Sieg des revolutionären Frankreich über Österreich oder Russland. Die Radikalen dagegen rechneten mehr auf einen allgemeinen bewaffneten Aufstand, der mit fortschrittlichen Reformen verbunden sein sollte. Ab Ende 1795 organisierten einige Führer des Kościuszkoaufstandes in den von Österreich und Russland besetzten Gebieten ein konspiratives Netz, und der Radikale Franciszek Gorzkowski begann sogar eine antifeudale Agitation unter den Bauern von Podlasie. Die polnischen Ver-

schwörungszentren unterhielten enge Kontakte zu kleinen Emigrantengruppen in Frankreich und zu Tadeusz Kościuszko, der nach seiner Freilassung durch den Zaren Paul I. in den Vereinigten Staaten und ab 1798 in Paris weilte.
Dank der Gesuche der Emigranten bei der französischen Regierung und dem Bedarf an Nachschub für die in Norditalien gegen Österreich kämpfenden französisch-italienischen Streitkräfte gelang es den polnischen Patrioten, dort nationale Formationen zu bilden. General Jan Henryk Dąbrowski organisierte auf der Grundlage eines Abkommens mit der lombardischen Republik 1797 zwei Legionen (Regimenter), die die Lombardei unterstützten. Das Abkommen garantierte den polnischen Charakter der Legionen und die Möglichkeit einer Rückkehr in die Heimat mit der Waffe in der Hand. Die polnischen Formationen, die 7000—9000 Mann zählten, nahmen auf der Seite Frankreichs an den Kämpfen gegen Österreich und die Feudalordnung auf der italienischen Halbinsel teil und unterstützten Frankreich bei der Festigung seiner Herrschaft in Italien in den Jahren 1797—1800. Dagegen kämpfte die 1799 von General Karol Kniaziewicz geschaffene polnische Donaulegion auf seiten der französischen Armee in Deutschland. Sie zeichnete sich durch eine hervorragende Offensive in der Schlacht bei Hohenlinden (1800) aus, die für den Sieg Frankreichs in den Kämpfen gegen die II. Koalition entscheidend war. Der von Frankreich mit allen Gegnern geschlossene Frieden durchkreuzte die Hoffnung der Polen auf eine Befreiung ihres Vaterlandes an der Seite dieses Staates.
Die aktiveren Vertreter der Unabhängigkeitsbewegung konzentrierten ihre Anstrengungen jetzt auf Arbeiten im Dienste der Kultur und Wirtschaft des Landes (Gründung der Gesellschaft von Freunden der Wissenschaften in Warszawa, Entwicklung des Bildungswesens, Arbeiten zur Geschichtsforschung und zur polnischen Sprache, Museumssammlungen). Immer noch lebendig war der Einfluss der zutiefst patriotischen und fortschrittlichen polnischen Tradition der Aufklärung. Unter dem Zeichen der Aufklärung vollzog sich auch ein neues kulturelles Wachstum Polens, das grosse Bedeutung für die Zukunft des Landes haben sollte. Die Verteidigung der polnischen Sprache und die gemeinsame kulturelle Tradition der in den verschiedenen Fremdherrschaftsgebieten wohnenden Polen schufen die Grundlagen zur Herausbildung einer modernen Nation. Lebendig waren die Worte des Gelehrten und Schriftstellers der

Aufklärung Stanisław Staszic: „Dem Untergang anheimfallen kann auch eine grosse Nation, zugrunde gehen aber nur eine unwürdige."

In den Jahren 1803—1805 strebte der liberale polnische Aristokrat, Freund des Zaren Alexander und Aussenminister Russlands, Adam Jerzy Czartoryski, die Wiedererrichtung eines polnischen Staates an der Seite Russlands an. Das Misslingen seiner Pläne und die neuen Kriege bestärkten erneut die profranzösische Orientierung unter den Polen.

Durch die Siege Frankreichs über Preussen und Russland in den Jahren 1806—1807 und dank der Anstrengungen und der Opferbereitschaft der polnischen Bevölkerung entstand das Grossherzogtum Warschau (1807—1815). Es umfasste die Mehrzahl der preussisch besetzten Gebiete und wurde zum polnischen Staatsgebilde mit den grössten Rechten und dem grössten Territorium in der Epoche nach der Teilung. Eng verbunden mit Napoleon, wurde das Grossherzogtum zur wichtigsten Tatsache, die die Beschlüsse über die Teilung auf ein internationales Forum hob. Die von Napoleon gegebene Verfassung (1807) führte zum ersten Mal auf polnischem Boden rechtliche Elemente der bürgerlichen Gesellschaft ein. Sie beseitigte die Standesunterschiede, verlieh dem vermögenden Adel, dem reichen Bürgertum, den Bauern (Zinsbauern) und der Intelligenz politische Rechte. Sie führte das bürgerliche Prinzip der Gleichberechtigung aller Menschen ein, hob die Leibeigenschaft der Bauern auf, erkannte aber den von ihnen genutzten Boden als uneingeschränktes Eigentum der Grundherren an. Im Grossherzogtum Warschau galt das moderne Zivilrecht in Form des *Code Napoléon* als verbindlich.

In das Grossherzogtum Warschau setzten die im dreigeteilten Land lebenden polnischen Patrioten all ihre Hoffnung. Viele dieser Polen kamen in das Grossherzogtum und traten in die Reihen der nationalen Armee ein oder suchten sich eine Stelle in der polnischen Verwaltung. Sie erwarteten eine baldige völlige Befreiung Polens. Die Existenz des Grossherzogtums stärkte einen bedeutenden Teil der Bevölkerung in der Überzeugung, dass ein siegreicher Kampf um die Unabhängigkeit, verbunden mit der Aufhebung der Teilung, möglich sei. Zugleich gab das Grossherzogtum die Anregung für ein neues Modell der Gesellschaft, des Staates und der Verwaltung. Es bildete eine unmittelbare Fortsetzung der grossen gesellschaftspolitischen und wirtschaftlichen Umwälzungen, die in der zweiten Hälfte des 18. Jh. eingeleitet worden waren. Es steckte den Weg für die folgenden Jahrzehnte ab, in denen die Grundlagen einer neuen Gesellschaft und der Nation geschaffen wurden.

1809 in der Schlacht bei Raszyn hielt die junge Armee des Grossherzogtums Warschau erfolgreich den Angriffen des doppelt so starken österreichischen Heeres stand, das während des Krieges gegen Napoleon die Liquidierung des Grossherzogtums anstrebte. Der Führer der polnischen Armee, Fürst Józef Poniatowski, befreite einen grossen Teil der von Österreich besetzten Gebiete (einschliesslich Kraków und Zamość), die nach dem französisch-österreichischen Friedensvertrag dem Grossherzogtum angeschlossen wurden.

Die Niederlage Napoleons im Krieg gegen Russland 1812 und sein endgültiger Sturz 1814—1815 entschieden über das Schicksal des Grossherzogtums. Laut Beschluss des Wiener Kongresses vom Jahre 1815 wurde ein Teil der Gebiete des Grossherzogtums Warschau Preussen zuerkannt (Toruń und die Gebiete um Poznań und Bydgoszcz), nur aus dem Gebiet von Kraków wurde eine ,,freie und unabhängige Stadt'' geschaffen, die unter der Obhut der drei Teilermächte verblieb (Freistaat Krakau). Die übrigen Gebiete des Grossherzogtums Warschau behielten ihre staatliche Souveränität (eigener Sejm, Regierung, Armee, Schatz, Recht und Verwaltung) und bildeten das Königreich Polen (Kongresspolen), das unter der Herrschaft des Zaren als des ,,Königs von Polen'' stand (Personalunion). Zugleich erhielt Kongresspolen im Jahre 1815 eine liberale Verfassung.

Nationale Aufstände und Beseitigung der Grundlagen der Feudalgesellschaft

Nach 1815 verstärkten Russland, Österreich und Preussen die reaktionären Tendenzen ihrer Politik. Sie lösten die Versprechen einer Garantie der Entwicklung der ,,polnischen Nationalität'' (im Bereich des Schulwesens und der Verwaltung) nicht ein und bekämpften immer stärker jede liberale Idee und jede freitheitlich-fortschrittliche Bestrebung. Nur im russisch besetzten Gebiet war die Situation der Polen anders. Die Bildung des Königreichs Polen durch Zar Alexander I. und der grosse Anteil der Polen an der Verwaltung und im Schulwesen der westlichen Gouvernements des russischen Zarenreiches gestatteten es, die polnischen Errungenschaften der vorangegangenen Jahre zu festigen und sogar auszubauen. Aber bereits vier Jahre später kam es zu immer deutlicheren und sich verschärfenden antagonistischen Widersprüchen zwischen dem russischen Herrscher und der Regierung des Königreichs auf der einen und den tatsächlichen Bestrebungen und Ansichten der Bevölkerung auf der anderen Seite. Rasch nahmen die entschieden reaktionären Tendenzen in der Politik des Herrschers zu. Alexander I. und sein Nachfolger Nikolaus I. (als Herrscher Polens) sicherten ihrem Bruder, dem Grossfürsten Konstantin, der die polnische Armee befehlige, und ihrem persönlichen Vertreter in Warszawa, Nowosilzow, entscheidenden Einfluss auf die Regierung des Königreichs Polen. Sie erstickten alle oppositionellen Anzeichen in der Presse und im Sejm, missachteten die Verfassung des Königreiches und verfolgten geheime Jugendbünde. 1826 zerschlugen die Behörden durch Verhaftungen die Patriotische Gesellschaft, die stärkste Untergrundorganisation, die ihre Zellen in allen annektierten Landesteilen hatte, mit russischen (Südliche Gesellschaft der Dekabristen) und westeuropäischen Revolutionären in Kontakt stand und in den Jahren 1819—1821 von Major Walerian Łukasiński gegründet worden war. Das vermehrte den Widerstand der Bevölkerung im Königreich Polen; die entstehende Literatur und die politischen Ideen der Romantik verstärkten noch die Sehnsucht nach einem Kampf um volle nationale Befreiung. Vorbereitungen zu einem nationalen Aufstand in Kongresspolen unternahm die Ende 1828 von Piotr Wysocki organisierte Verschwörung in der Warschauer Fähnrichschule, die durch eine zivile Konspiration noch verstärkt wurde.

Unter dem Einfluss der Hoffnungen, die man in die neue Revolution setzte, die im Juli 1830 in Frankreich gesiegt hatte, in der Hoffnung auf Unterstützung durch die liberale englische Regierung und angesichts der Gefahr, dass die Konspiration durch neue Verhaftungen zerschlagen werde, insbesondere aber angesichts des drohenden Einsatzes polnischer Truppen bei der vom Zaren vorbereiteten Intervention gegen die Revolution in Frankreich und Belgien, beschlossen die Verschwörer, den Kampf aufzunehmen. Am Abend des 29.11.1830 beherrschten sie dank der Unterstützung durch die Warschauer Bevölkerung und der Einnahme des Arsenals die Schlüsselpositionen der Stadt und begannen damit den Novemberaufstand. An die Spitze der Bewegung stellte sich eine Gruppe Konservativer

(General Józef Chłopicki, Fürst Adam Jerzy Czartoryski). Da sie nicht an einen vollständigen Sieg der Aufständischen glaubten, baten sie (allerdings vergebens) England, Frankreich und Österreich um Hilfe oder um einen Kompromiss mit dem Zaren. Aber die patriotisch gesinnten Kreise der Bevölkerung und die in der Patriotischen Gesellschaft organisierten Linken strebten nach einem echten Kampf um Unabhängigkeit. Auf ihre Initiative hin führte das kleine Königreich Polen viele Monate hindurch einen regulären Kampf gegen die damals mächtigste Grossmacht des Kontinents, das zaristische Russland. Es gelang der Armee der Aufständischen, die Offensive der zaristischen Armee in dem Gefecht bei Grochów vor Warszawa (1831) aufzuhalten und sogar einen Teil der Kräfte bei Wawer, Dębe Wielkie und Iganie zu besiegen; im Frühjahr nahm ein geringerer Teil der Aufständischen in den Gebieten um Wilna, in Samogitien und in der Ukraine den Kampf auf. Jedoch die Niederlage vor Ostrołęka, die vom Oberbefehlshaber der Armee verschuldet worden war, schwächte die Kräfte und den Kampfeswillen der Aufständischen. Vor dem Ansturm der zaristischen Armee kapitulierte Warszawa nach 2 Tagen, in der zweiten Septemberhälfte und Anfang Oktober gingen fast 40 000 Aufständische über die Grenzen nach Preussen und Österreich; die Kapitulation von Modlin und Zamość bedeutete die endgültige Niederschlagung des Aufstandes.

Dieser Aufstand war die stärkste militärische Erhebung in Polen und festigte das patriotische Gefühl und das Freiheitsstreben der Polen. Freiwilligenabteilungen und materielle Hilfe kamen aus den von Preussen und Österreich besetzten Gebieten und sogar aus Śląsk. Die Nachricht vom Aufstand wurde zu einem wichtigen Anstoss zur Herausbildung des Nationalbewusstseins in Mazury und Śląsk. Der Aufstand durchkreuzte endgültig die Möglichkeit einer russischen Intervention gegen Frankreich und das sich befreiende Belgien, er erhielt aber keine Hilfe von den westlichen Regierungen.

Unmittelbar nach der Niederlage des Aufstandes unternahm die „Grosse Emigration" Bemühungen zur Fortsetzung des Kampfes und zur Ausarbeitung neuer Programme für die nationale Befreiungsbewegung. Als „Grosse Emigration" wurde die Welle der Emigranten bezeichnet, die die Niederlage des Aufstandes nicht für endgültig ansahen, das Land verliessen und sich in Frankreich, England, den Vereinigten Staaten und in anderen westeuropäischen und amerikanischen Ländern ansiedelten.

Dort konzentrierte sich im Verlaufe der nächsten zwanzig Jahre eine Gruppe von aktiven hervorragenden Vertretern der nationalen Befreiungsbewegung sowie von Kultur- und Geistesschaffenden. Das reiche, ungestörte kulturelle Leben der Emigranten, die Atmosphäre glühenden Patriotismus und die Sehnsucht nach dem Vaterlande, die Atmosphäre grosser politischer und weltanschaulicher Auseinandersetzungen begünstigten eine Bereicherung des nationalen Kulturgutes der Polen und ermöglichten einen polnischen Beitrag zur europäischen Kultur. Zu jener Zeit entstanden hervorragende Werke der romantischen Musik und Literatur, historische Forschungen bereicherten die Wissenschaft. Letztere durchsetzte Joachim Lelewel, der grösste polnische Historiker unter den Emigranten, mit demokratischen Tendenzen (indem er das Volk, die Nation, nicht aber die Schlachta, zum Gegenstand der Geschichte erhob) und mit tiefem Patriotismus (besonderes Interesse für das Geschick der Nation, vor allem für die nationalen Freiheitsbestrebungen).
Die Kunst der Epoche der Romantik und die Gesellschaftswissenschaften spiegelten die wesentlichsten Probleme des polnischen Volkes in der Unterdrückung wider. In der Musik griff man auf Motive und Formen der Volkskunst zurück. Am hervorragendsten bezog Fryderyk Chopin polnische Volksweisen in sein Schaffen ein. Die Hauptprobleme des polnischen Lebens unter der Fremdherrschaft wurden in der Literatur dargestellt. Die polnische Literatur der Romantik war viel stärker von den Existenzproblemen des Volkes, insbesondere aber von seinem Freiheitskampf, erfüllt als die europäische Romantik. Die Ideen von Nation und Befreiung findet man in den Werken des polnischen Dichter-Dreigestirns Adam Mickiewicz, Juliusz Słowacki und Zygmunt Krasiński sowie in der intellektuellen, modernen Poesie von Cyprian Kamil Norwid wieder. Ihr Schaffen enthielt zugleich grosse allgemeinmenschliche Werte: Verständnis für den unvermeidlichen Sieg des Fortschritts, Kritik an der Ungerechtigkeit und Verteidigung des Rechts (vor allem des Rechts auf Freiheit und Gerechtigkeit) der Völker, einzelner sozialer Gruppen und eines jeden Menschen.

Das literarische Schaffen entwickelte sich in enger Verbindung mit dem fruchtbaren politischen Leben der ,,Grossen Emigration", das in jenem Moment besondere Bedeutung hatte. In harten politischen und publizistischen Auseinandersetzungen entstanden hier fortschrittliche politische Gruppierungen, und es polarisierten sich die Hauptströmungen der nationalen Bewegung.

Die Rechte repräsentierte das Lager der Aristokraten und Grundherren unter Adam Jerzy Czartoryski, das seinen Namen ,,Hôtel Lambert'' vom Sitz Czartoryskis in Paris erhielt. Die Befreiung des Landes wollte dieser vor allem dank der Diplomatie und den Erfolgen der westlichen Mächte erreichen, er schob einen ,,zur rechten Zeit unternommenen Aufstand'' in eine unbestimmte Zukunft hinaus. Im künftigen Polen wollte er eine konstitutionelle Monarchie errichten, die den Schichten der Aristokraten und Grundherren das Primat sicherte; in der Bauernfrage appellierte er nur an die Grundherren, die Bauern freizulassen oder von ihnen Zins zu verlangen. Das ,,Hôtel Lambert'' erwarb sich Verdienste um die Propagierung der Polenfrage in Europa, bei der Entwicklung des nationalen, kulturellen und intellektuellen Lebens in der Emigration und bei der Erweckung und Stärkung von nationalen Befreiungsbewegungen der Balkanslawen und der Rumänen, bei der Erweckung des Interesses der westeuropäischen Regierungen und der öffentlichen Meinung zu Problemen einer Verbesserung der Situation oder zur vollständigen Befreiung dieser Völker.

Das Streben der liberalen und der konservativen Politiker des ,,Hôtel Lambert'' nach Hegemonie in der Emigration traf auf Gegenreaktionen im demokratischen Lager. Es brachte geschlossenere Organisationen und politisch-gesellschaftliche Programme hervor und erwarb sich die Sympathie der Mehrheit der Emigranten, wurde aber durch eine innere Spaltung geschwächt. Anfangs erreichten die Gruppierungen der gemässigten Demokraten, die den rechten Flügel des Lagers bildeten (mit dem hervorragenden Historiker Joachim Lelewel an der Spitze) das Übergewicht. Ihre zu kompromissbereite Haltung brachte die jungen Radikalen gegen sie auf. Diese begründeten die Polnische Demokratische Gesellschaft (1832—1862), die zur stärksten Gruppierung der Emigranten wurde (über 2000 Mitglieder). Ihr Programm, dargelegt im sog. ,,Grossen Manifest'' (1836), forderte den Kampf um die Befreiung des Vaterlandes auf dem Wege eines allgemeinen nationalen Aufstandes unter Beteiligung des Volkes, jedoch unter Führung der patriotischsten Gruppen des Adels und der Intelligenz. Zu Beginn des Aufstandes sollten die Bauern den von ihnen bearbeiteten Boden als Eigentum erhalten, ohne dafür dem Grundherren Entschädigung zahlen zu müssen. Im

künftigen Polen wollte die Polnische Demokratische Gesellschaft demokratisch-republikanische Reformen einführen. Sie wollte aber das Privateigentum beibehalten und erklärte sich mit dem System der Bourgeoisie einverstanden. Die Prinzipien des „Grossen Manifestes" wurden zum Grundlagenprogramm der demokratischen Strömung der nationalen Befreiungsbewegung bis zum Jahre 1863, sie stiessen allerdings auch auf die Kritik der revolutionärsten Kräfte.
Schon während der Ausarbeitung des „Grossen Manifestes" verliessen linksradikale, revolutionär-demokratische Elemente die Organisation und bildeten das „Polnische Volk in der Emigration" (Gemeinde des Polnischen Volkes — Grudziąż, Humań und Praga, 1835—1846). Diese Organisation wollte den Kampf des Volkes um seine Unabhängigkeit mit der völligen Beseitigung des Privateigentums verbinden. Auf diese Weise sollte das siegreiche Volk die Ausbeutung beseitigen und eine volle Demokratie garantieren.
Die demokratischen Gruppierungen entwickelten eine breite Zusammenarbeit mit den Revolutionären verschiedener europäischer Länder (Frankreich, Deutschland, Italien, England, Russland) und nahmen manchmal an revolutionären Aktionen gegen Despotismus und nationale Unterdrückung teil. Sie bemühten sich vor allem, auf das Vaterland einzuwirken, um hier eine breit angelegte Konspiration zu schaffen, die rasch zu einem nationalen Aufstand führten sollte.
In Polen selbst hatte die Katastrophe des Novemberaufstandes zunächst Geist und Möglichkeiten eines Kampfes geschwächt. Das siegreiche Zarentum schränkte auf drastische Weise die Autonomie des Königreichs Polen ein (Liquidierung des Sejm und der Armee, Schmälerung der Rechte, Einschränkung des Verwaltungsapparates), löste die polnischen Hochschulen und die Gesellschaft der Freunde der Wissenschaften in Warszawa auf und begann mit der Russifizierung, besonders in den westlichen Gouvernements des russischen Zarenreichs. Preussen und Österreich, die eng mit ihm zusammenarbeiteten, verschärften ebenfalls ihren antipolnischen Kurs. Aber die nationale Bewegung erstarkte trotz der rücksichtslosen Repressalien von seiten aller Teilermächte. Einige Grundbesitzer und Intellektuelle (vor allem in den von Preussen annektierten Gebieten), die einen Aufstand nicht für das geeignete Mittel zur Befreiung hielten, bemühten sich, Polen zu stärken, indem sie legale wirtschaftliche und kulturelle Gesellschaften gründeten.

Dagegen verstärkten die studentische Jugend, der niedere Adel und die junge Intelligenz die Reihen der Konspiration in den drei besetzten Landesteilen. 1832—1839 entwickelte sich diese hauptsächlich im Freistaat Krakau und in Galizien, erreichte aber auch das Königreich Polen sowie Litauen und die Ukraine (Konspiration von Szymon Konarski). Nach 1840 begann die Konspiration grösseren Einfluss auf die Plebejerkreise (Bund der Plebejer im Raum Poznań) und Kreise der Bauern auszuüben (Organisation des Priesters Piotr Ściegienny in den Gebieten von Kielce und Lublin). Die Verschwörung entwickelte die demokratischen Programme der „Grossen Emigration" und gab ihnen ein revolutionär-demokratisches Gepräge. Sie forderte eine Umgestaltung des künftigen Aufstandes in einen „Volkskrieg" (Henryk Kamieński), revolutionäre polnisch-russische Zusammenarbeit im Kampf gegen das Zarentum und Verbindung des Befreiungskampfes mit einer umfassenden gesellschaftlichen Revolution. Die Linke der Verschwörung, die Edward Dembowski, ein ausgezeichneter Philosoph und Publizist und hervorragender Organisator, repräsentierte, strebte einen raschen Ausbruch des Aufstandes in allen Landesteilen an. Aber Verhaftungen am Vorabend des Aufstandes 1846 in Lwow, Warszawa und vor allem in der Region von Poznań zerschlugen die Hauptzentren der Verschwörung und lähmten die gesamte Aktion.

Es kam nur an einigen Punkten des Landes zu kurzen bewaffneten Kämpfen. Im befreiten Kraków entstand eine Nationalregierung, die in ihrem Manifest die Aufhebung aller Stände- und Klassenprivilegien, die Verteilung des Bodens an die Bauern und soziale Fürsorge für die Ärmsten und die Arbeitsunfähigen ankündigte und den landlosen Teilnehmern am Aufstand Boden versprach. Der Aufstand von Kraków wurde niedergeschlagen, er wurde aber dank seiner radikalen Prinzipien zu einem wichtigen Element der nationalen Befreiungskämpfe Polens. Von der Mehrheit der polnischen Emigranten und allen demokratischen Kreisen Europas wurde er begeistert begrüsst. Marx und Engels schätzen das im Manifest der Volksregierung enthaltene Programm als konsequenteste Lösung der Agrarfrage ein, das zugleich die Grundlagen zur Beseitigung der noch vorhandenen Elemente des Feudalismus bildete und somit ein Musterbeispiel für eine gelungene Verbindung der nationalen Ziele mit der radikalen Umgestaltung der gesellschaftlichen Struktur war. Edward Dembowski, der hervorragendste Revolutionär der polnischen Befreiungsbewegung, hatte zweifellos grossen Anteil daran, dass diese Einschätzung so positiv ausfiel. Als Sekretär des Führers der Aufständischen trug er dazu bei, den Radikalismus im Programm der Aufständischen zu vertiefen, und versuchte, einen möglichst grossen Teil des Volkes für eine aktive Teilnahme am Aufstand zu gewinnen.

Die rasche Niederschlagung des Aufstandes wurde u.a. durch die Haltung der Bauern entschieden. Die nicht von der Konspiration vorbereiteten Dörfer wandten sich nur an einigen Orten (Gebiet von Miechów im Königreich und besonders das Dorf Chochołów in Galizien) gegen die Fremdherrschaft. Die Mehrheit der von den Grundherren unterdrückten, ungebildeten galizischen Bauern verhielt sich gegenüber dem „Herrenaufstand" misstrauisch oder feindselig, und in den Regionen von Tarnów, Jasło, Sącz und Przemyśl wandten sich die Bauern bewaffnet gegen die Grundherren und die Gutsadministration, wobei sie die geneigtere Haltung der österreichischen Verwaltung ausnutzten. Diese spontane, unorganisierte Erhebung der Bauern („galizischer Krawall") unter der Leitung lokaler Anführer (am bekanntesten war Jakub Szela) wurde erstickt.

Die misslungenen Versuche eines nationalen Aufstandes 1846 verstärkten die Unterdrückung der polnischen Bevölkerung, verschärften die antipolnische Politik der Teilermächte und führten zur früher schon von diesen beschlossenen Liquidierung des Freistaats Krakau, der wieder an das von Österreich eingenommene Gebiet (1846) angeschlossen wurde.

Diese Niederlagen schwächten die Kraft und die Selbständigkeit der nationalen Befreiungsbewegung der Polen während der grossen revolutionären Erschütterungen Europas in den Jahren 1848—1849, dem sog. Völkerfrühling. Die revolutionären Erhebungen in Frankreich, Österreich, Italien, Deutschland und Ungarn bewirkten eine kurzlebige, aber intensive Welle der Sympathie für die Polen und ihre Freiheitsbestrebungen, die ein wichtiges Element des Kampfes gegen die reaktionäre Ordnung in Europa waren. Andererseits hing vom Schicksal der europäischen nationalen und revolutionären Befreiungsbewegungen in grossem Masse das Schicksal Polens in diesem Moment ab; die Entwicklung dieser Bewegungen verstärkte die Hoffnung der Polen auf Befreiung.

Die früheste, breit angelegte nationale Aktion begannen die Führer der Bewegung in Poznań, nämlich im Moment des Ausbruchs der Revolution in Berlin. Das Nationalkomitee (das 1848 in Poznań gegründet worden war) unternahm den Versuch, auf dem Wege der Verständigung mit der bourgeoisen Regierung Preussens eine weitgehende Autonomie dieses Gebietes zu erreichen.

Die preussische Regierung und der König sagten anfänglich ganz unverbindlich ihre Unterstützung zu. Sie rechneten damit, die Polen für sich zu gewinnen und im geplanten Krieg gegen das Zarentum um die Vereinigung Deutschlands die polnische Frage für sich zu entscheiden. Die Regierung schränkte die für die Polen vorgesehenen Zugeständnisse jedoch immer mehr ein, und die Heeresführung provozierte einen bewaffneten Konflikt mit den zahlenmässig schwachen, schlecht vorbereiteten polnischen Abteilungen. Im Mai erstickten die Preussen definitiv den Aufstand von Poznań, und in den Jahren 1850—1852 liquidierten sie auch die Tätigkeit der Polnischen Liga (gegründet 1848), einer grossen, legalen Organisation, die versuchte, das bedrohte Polentum in Pomorze und in der Region Poznań zu verteidigen.

Trotz des endgültigen Sieges der preussischen Reaktion festigte sich in der Zeit des Vormärz die polnische Nationalbewegung in den von Preussen unterworfenen Gebieten, während sich die politische Tätigkeit der polnischen Bevölkerung in Pomorze, Mazury und Śląsk entwickelte. Eine wichtige, stark patriotische und opferbereite Kraft waren beim Aufstand von Poznań die Bauern. In Śląsk, Pomorze und Mazury führte der Kampf des einfachen Volkes um die Verwendung der polnischen Sprache in Schulen und Ämtern zu einem Prozess der nationalen Wiedergeburt dieser Gebiete, die seit Jahrhunderten germanisiert worden waren. In Pomorze Gdańskie und Śląsk wählte das polnische Volk eigene Vertreter in das preussische und deutsche Parlament. Grosse Aktivität und Initative zeigte auch die noch zahlenmässig schwache polnische Intelligenz. Ignacy Łyskowski gründete in Pomorze die Zeitschrift „Szkółka Narodowa". In Klubs, die in Mazury eingerichtet worden waren, diskutierte die Bevölkerung — gewöhnlich in polnischer Sprache — über aktuelle politische Fragen. In Śląsk Bytomski (um Bytom gelegenes Gebiet) schufen die Volksschullehrer Józef Lompa und Emanuel Smolka sowie der Pfarrer Józef Szafranek ein starkes Agitationszentrum. In Bytom wurden ein Nationalklub und ein polnischer Lesesaal eingerichtet, den Einwohnern von Śląsk wurden ihre früheren Bindungen an Polen ins Bewusstsein zurückgerufen. Ein breiter Kampf gegen die Germanisierung begann. Unter dem Druck des Volkes führten die Behörden die polnische Sprache in den Grundschulen wieder ein.

Auch in den Gebieten unter österreichischer Herrschaft (besonders in Lwow und in Kraków) entwickelte sich eine starke polnische Nationalbewegung, die von gemässigten, liberalen Führern geleitet wurde. Sie rechneten auf einen leichten Sieg der revolutionären Kräfte in Österreich und wollten auf friedlichem Wege eine breite Autonomie und sogar die Unabhängigkeit von der österreichischen Herrschaft erkämpfen. Gleichzeitig bewogen sie die Grundherren, die Leibeigenschaft der Bauern aufzuheben, um so die ländlichen Gebiete für ihre Ziele zu gewinnen.

Nach kurzen, von Osterreich provozierten bewaffneten Zusammenstössen in Kraków und Lwow hatte die siegreiche Reaktion die polnische Freiheitsbewegung niedergeschlagen. Als fortdauerndes Ergebnis blieben die Aufhebung der Leibeigenschaft der Bauern, eine erweiterte Zusammenarbeit der Polen mit Politikern anderer Völker der Habsburger Monarchie und der Anstoss zur Entwicklung einer polnischen Nationalbewegung und zur nationalen Wiedergeburt im Gebiet von Śląsk Cieszyński (das zu Österreich gehörte). In diesem Gebiet gründete eine noch kleine Gruppe der polnischen Intelligenz (Paweł Stalmach, Andrzej Cinciała) die Wochenzeitschrift „Tygodnik Cieszyński" und einen polnischen Lesesaal. Sie begannen geduldig daran zu arbeiten, der Bevölkerung von Śląsk Cieszyński ihre polnische Herkunft bewusst zu machen.

Polen nahmen auch an den nationalen Befreiungsbewegungen vieler Länder Europas teil und setzten so die Losung „Für Eure und unsere Freiheit" in die Tat um. Adam Mickiewicz organisierte in Italien eine kleine Legion (1848), die um die Befreiung der norditalienischen Gebiete von der österreichischen Herrschaft und für die Verteidigung der römischen Republik kämpfte; er versuchte auch, die Italiener zur Schaffung slawischer Legionen zu bewegen, die in einen gemeinsamen Kampf gegen Österreich ziehen sollten. 1849 gab er in Paris die „Tribune des Peuples" heraus und scharte in der Redaktion dieser Zeitschrift französische, deutsche, russische, italienische und spanische Publizisten demokratischer oder revolutionärer Anschauungen um sich. 1848 arbeiteten einige Hundert Polen mit rumänischen Revolutionären zusammen, die um grundlegende Reformen und die Vereinigung ihres Vaterlandes kämpften.

Kleine Gruppen nahmen an den Freiheitskämpfen in Italien, Wien, Dresden, Baden und der Pfalz teil.
Zeugnis einer besonderen Anerkennung für die Verdienste und die Opferbereitschaft der Polen waren die Übertragung des Oberbefehls an General Wojciech Chrzanowski über die gegen Österreich kämpfenden sardinischen Truppen (1849) und die Berufung von Ludwik Mierosławski zum Befehlshaber der revolutionären Truppen auf Sizilien und in Baden. Über 3000 Polen (zum überwiegenden Teil in der polnischen Legion Józef Wysockis) kämpften bei der ungarischen Revolution 1848/49 gegen Österreich und die zaristische Interventionsarmee; die Generäle Józef Bem und Henryk Dembiński waren zeitweilig sogar Oberbefehlshaber. Besonderen Ruhm erwarb sich Józef Bem (im Oktober 1848 Verteidiger des revolutionären Wien) durch seine Siege in Siebenbürgen. Schliesslich endete der Völkerfrühling mit dem Sieg der reaktionären Kräfte, der die Hoffnung der Polen auf eine baldige Befreiung durchkreuzte.
Der Krimkrieg, der grosse Konflikt Russlands mit England, Frankreich, der Türkei und Sardinien über die Vorherrschaft auf dem Balkan sowie über den Bosporus und die Dardanellen, gab dieser Hoffnung neue Nahrung. Die polnischen Emigranten begannen, militärische Formationen an der Seite Englands und der Türkei zu bilden, aber der Pariser Friede (1856) durchkreuzte die polnische Rechnung auf eine Überleitung des Krieges auf polnisches Gebiet.
Die Niederlage des Zaren im Krimkrieg und die Erfolge Italiens bei der Schaffung eines einheitlichen Nationalstaates verstärkten die nationalen Befreiungsbestrebungen der Polen. Die Krise des Zarentums und das Anwachsen der revolutionären Kräfte in Russland sowie das Streben der Dörfer nach Selbständigkeit schufen günstige Voraussetzungen für soziale Kämpfe um Reformen, Zugeständnisse seitens der Eroberer und sogar für die Unabhängigkeit. Schon in den Jahren 1857/58 entstanden die ersten Kreise einer Konspiration unter den polnischen Studenten in Kiew, Moskau und Warszawa; in der Akademie des Generalstabes in Petersburg wirkte ein Kreis von Offizieren, in dem sich überwiegend Polen befanden (Zygmunt Sierakowski, Jarosław Dąbrowski u.a.). Geheime Studentengruppen in Warszawa organisierten seit Juni 1860 nationale Massendemonstrationen, die die allgemeine nationale Stimmung und die Sehnsucht nach dem Kampf um die Freiheit anfachten. Das Zarentum, das zunächst minimale Zugeständnisse machte,

liess es bei den beiden grössten Warschauer Demonstrationen im Februar und Juli 1861 zu einer blutigen Auseinandersetzung kommen und zeigte damit, dass es sich mit einer breiten Autonomie des Königreiches Polen nicht einverstanden erklärte. Dieser Schritt verhinderte die Möglichkeit der Herausbildung einer starken versöhnlerischen Partei unter den höheren Schichten Polens und beschleunigte die Entwicklung und Polarisierung der Konspiration. Er bewirkte die Unbeliebtheit des Markgrafen Aleksander Wielopolski (seit Mai 1862 Chef der zivilen Regierung des Königreiches), der um den Preis geringer Zugeständnisse und begrenzter fortschrittlicher Reformen eine harmonische Zusammenarbeit mit dem Zarentum anstrebte.

In den Jahren 1861—1862 bauten Demokraten und Revolutionäre (die sog. „Roten") ein breites, hervorragend organisiertes Konspirationsnetz in den drei okkupierten Gebieten aus, das vom Zentralen Nationalkomitee geleitet wurde. Die gemässigte Strömung unter den Grundbesitzern, der Bourgeoisie und der Intelligenz (die „Weissen") dagegen schuf eine eigene Geheimorganisation mit einer „Landesdirektion" an der Spitze. Die ersteren strebten einen raschen Ausbruch des das ganze Volk erfassenden Aufstandes an, um die völlige Unabhängigkeit und demokratische, politische und gesellschaftliche Reformen (vor allem die Aufhebung der Leibeigenschaft) zu erkämpfen. Die anderen versuchten, die nationale Bewegung auf den Weg des weiteren Kampfes mit friedlichen Mitteln zu lenken und gemässigte gesellschaftliche Reformen durchzuführen. Die „Roten", die die starke russische revolutionäre Bewegung als ihren Hauptverbündeten erkannten, kamen Ende 1862 mit den russischen Revolutionären überein (Organisation „Semlja i Wolja" — Land und Freiheit), eng zusammenzuarbeiten. Der damals festgelegte Zeitpunkt für den Ausbruch der Kämpfe wurde gegen Mitte Januar 1863 von einer ausserordentlichen Rekrutierung durchkreuzt, die auf Antrag Wielopolskis zustande kam und bei der die von der Verwaltung bezeichneten Leute zum Heeresdienst gepresst wurden. Das Zentrale Nationalkomitee, das eine dadurch verursachte Zerschlagung der Konspiration und eine Schwächung der nationalen Bewegung befürchtete, beschleunigte daraufhin den Ausbruch des Aufstandes (später als Januaraufstand bezeichnet) und gab am 22. Januar 1863 ein Manifest heraus, in dem es sich selbst zur Nationalregierung erklärte und die Völker Polens, Litauens und Russlands zum Kampf gegen das Zarentum aufrief. In seinem speziellen Dekret wurde den Bauern der von ihnen bestellte Boden als Eigentum überantwortet, den Grundherren versprach es Entschädigungen aus dem Staatsschatz und den landlosen Bauern drei Morgen Land für die Teilnahme am Aufstand. In der Nacht vom 22. zum 23. Januar begannen vereinzelte, schlecht bewaffnete Abteilungen an verschiedenen Orten mit den Kampfhandlungen. Wegen der erdrückenden Übermacht der zaristischen Armee (100 000—340 000) gegenüber den Aufständischen (höchstens 20 000—30 000) nahm der Kampf, besonders in den Gebieten von Kielce, Sandomierz, Lublin und Podlasie, die Form einer Partisanenbewegung an. Materielle Hilfe und Tausende Freiwillige kamen aus den von Österreich und Preussen besetzten Gebieten. Ende Februar griff der Kampf auch auf Litauen, Belorussland und die Ukraine über. Zu diesem Zeitpunkt verfügten die Aufständischen über ein sehr breites geheimes Organisationsnetz, das fast einer vollständigen Staatsverwaltung gleichkam (Zentral- und Regionalbehörden, Vertreter ausserhalb des besetzten Gebiets und im Ausland, bewaffnete Abteilungen, Post, Polizei, Druckereien, Produktion und Transport von Waffen und sogar Erhebung von Steuern für die Ziele des Aufstandes!).

Einige Wochen nach Beginn des Aufstandes schlossen sich ihm die „Weissen" an. An der Spitze des Aufstandes stehend, wollten sie die radikalen Tendenzen abschwächen. Sie unterlagen jedoch dem Druck der patriotischen Gesinnung und glaubten vor allem an eine wirksame Intervention der westlichen Mächte zugunsten der Polen. Im Herbst 1863, als sich die Hoffnung auf eine Intervention zerschlug, zogen sie sich von einer weiteren Teilnahme am Kampf zurück, ermöglichten aber General Romuald Traugutt, einem Teilnehmer des Aufstandes, den Oberbefehl zu übernehmen. Dieser knüpfte an die Politik der „Roten" an, unternahm eine energische Reorganisierung der erlahmenden Partisanenkräfte und befahl eine strikte Realisierung des Bodendekrets. Schon in den ersten Monaten des Jahres 1864 zerschlug das Zarentum alle wichtigen Partisanenabteilungen und Organisationen der Aufständischen und hob mit Befehl vom 2. März 1864 die Leibeigenschaft der polnischen Bauern auf, womit die Möglichkeit, sie für die Aufständischen zu gewinnen, genommen war. Traugutt und seine nächsten Mitarbeiter wurden an den Hängen der Warschauer Zitadelle erhängt; die Zerschlagung der Abteilung unter Pfarrer Brzóska in Podla-

sie im Herbst desselben Jahres unterdrückte den Aufstand endgültig.
Der heldenhafte Kampf des polnischen Volkes gewann die herzliche Sympathie und die Unterstützung der europäischen Revolutionäre und der öffentlichen Meinung. Zwar blieb die von der starken revolutionären Bewegung in Russland erhoffte Unterstützung aus, aber einige Hundert Russen und Ukrainer (u.a. Andrei Potebnia) verliessen die Reihen der zaristischen Armee und kämpften in Partisanenabteilungen, z.T. sogar als Befehlshaber. Der grosse Demokrat und russische Publizist Alexander Herzen solidarisierte sich in der Zeitschrift „Kolokol" völlig mit dem gerechten Kampf der Polen und der revolutionären polnisch-russischen Zusammenarbeit, ganz im Gegensatz zu dem von der zaristischen Publizistik ausgelösten Hass und Chauvinismus. In den Reihen der Aufständischen kämpften auch ungarische, französische, italienische, deutsche und tschechische Freiwillige, und die im Sommer 1863 zur Unterstützung des polnischen Aufstandes organisierten Kundgebungen englischer und französischer Arbeiter trugen zur Gründung der I. Internationale bei. Dagegen endete die von Napoleon III. betriebene diplomatische Intervention Frankreichs, Englands und Österreichs zugunsten der Polen im September mit einem kompletten Fiasko und einer neuen bitteren Enttäuschung für die Polen.
Im Ergebnis der Niederlage dieses grössten und eines der radikalsten aller polnischen Aufstände (15 Monate Kampf, ca. 1200 Scharmützel, 200 000 Partisanenkämpfer) wurde die Selbständigkeit des Königreichs Polen völlig beseitigt und eine scharfe Politik der Russifizierung eingeleitet. Zugleich aber entschied der Januaraufstand (neben materiellen und biologischen Verlusten) über die Durchführung von Reformen zur Aufhebung der Leibeigenschaft mit radikaleren Prinzipien als in den Nachbarländern.
Die aufstrebende Befreiungsbewegung der Jahre 1795—1864 endete mit einer Niederlage, verstärkten Repressalien und einer Politik der nationalen Entwurzelung. Jedoch führte sie in hohem Masse zur Erweckung des polnischen Nationalbewusstseins, zu einer politischen und nationalen Aktivierung der Intelligenz, des Bürgertums, der Bauern und der entstehenden Schichten des Proletariats (Januaraufstand). Sie beschleunigte ferner die sozialen Umwälzungen, in deren Ergebnis in der zweiten Hälfte des 19. Jh. das Feudalsystem endgültig durch das kapitalisti-

sche ersetzt wurde. In Verbindung mit dem Einfluss der reichen polnischen Kultur und der imponierenden Beharrlichkeit und Opferbereitschaft der polnischen Bevölkerung im Befreiungskampf gaben diese Veränderungen oft den Ausschlag bei der Assimilation nichtpolnischer Bürger, besonders eines Teils der deutschen Einwanderer sowie eines in Städten und Kleinstädten zahlreich vertretenen Teils der jüdischen Bevölkerung.

Grundbedingung für diese Veränderungen war die wirtschaftliche Entwicklung der polnischen Gebiete seit den zwanziger Jahren des 19. Jh. Es entstanden grosse Zentren der Bergwerks-, Hütten- und Metallindustrie (Górny Śląsk und Śląsk Cieszyński), der Textilindustrie (Raum Łódź im Königreich Polen, Raum Białystok im russischen Teilungsgebiet), des Schiffbaus (Szczecin, Gdańsk, Elbląg), der Landwirtschaft und der Lebensmittelindustrie (Poznań, Pomorze, Königreich). Die ersten Eisenbahnen wurden gebaut (erste Linien verbanden Warszawa mit Wien und Petersburg, Śląsk und Kraków mit Berlin, Poznań und Szczecin). Die Bedeutung der Banken wuchs. Anfangs ersetzten Manufakturen die kleine handwerkliche Produktion, und seit den dreissiger, vierziger Jahren tauchten die ersten mit Maschinen ausgerüsteten Fabriken auf. Die Entwicklung grosser Industrieunternehmen stärkte die Gruppe der Bourgeoisie und brachte zugleich die Arbeiterklasse hervor, die sporadisch spontane Kämpfe gegen die unbegrenzte Ausbeutung unternahm (erste Streiks in Warszawa und Łódź in den Jahren 1824—1830, Aufstand der schlesischen Weber 1844). In der Landwirtschaft der von Preussen und Russland besetzten Gebiete begann der Fruchtwechsel die Dreifelderwirtschaft zu ersetzen; die Düngung des Bodens, neue landwirtschaftliche Geräte und Maschinen wurden eingeführt; auf den Gutshöfen wurden Tagelöhner beschäftigt. Ein voller Sieg der kapitalistischen Verhältnisse war erst nach der Aufhebung der Leibeigenschaft möglich (in den Gebieten unter der Herrschaft Preussens 1811—1823, Österreichs 1848 und Russlands 1864). Im Ergebnis all dieser Veränderungen sank die Bedeutung der Schlachta; neue Gesellschaftsschichten, Bourgeoisie, Arbeiter, Intelligenz und Kleinbürgertum, entstanden; die zahlenmässig grösste Gruppe bildeten jedoch weiterhin die Bauern. Ein Faktor, der die polnische Bevölkerung des 19. Jh. vereinte und in grossem Masse ihr Bewusstsein und ihre Anschauungen beeinflusste, war die intensive Entwicklung einer über die Teilung erhabenen Kultur.

Neben den grossen Künstlern, die in der Emigration wirkten, waren die nationale, auf folkloristischen Motiven aufbauende Musik Stanisław Moniuszkos, des „Vaters der polnischen Nationaloper", und die Kunst der Maler Jan Matejko, Juliusz Kossak und Artur Grottger von gewaltiger Bedeutung. Sie waren eine grosse patriotische Geschichtslektion für die nachfolgenden Generationen. Im künstlerischen Schaffen sowie bei der Verbreitung der Kultur und des zivilisatorischen Fortschritts spielten die Städte eine immer grössere Rolle. Die Entwicklung von Wirtschaft und Verwaltung begünstigte das Entstehen grosser städtischer Zentren, die nach allgemeinen Festlegungen (Städteplanung) angelegt wurden. Das Leben der Städte unterschied sich im Hinblick auf den Grad der Kultur, die Kleidung und die Bräuche immer mehr vom Leben auf dem Lande. Die Städte wurden zu Hauptzentren des Buchhandels, des Buchdrucks, der Journalistik und des Theaterlebens; in immer grösserem Masse zogen sie auch Maler, Graphiker, Bildhauer und Musiker in ihren Bann. Immer stärker wirkten sie also auf die Entwicklung von Literatur und Kunst ein. Der Kreis der Kulturkonsumenten erweiterte sich durch die Entwicklung des Buchhandels, der Presse und des Bildungswesens. Das Netz der Schulen (besonders in den Gebieten unter preussischer Herrschaft) und Hochschulen (neben den Universitäten von Kraków und Wilna die Universität Warszawa 1816—1831, die Medizinisch-Chirurgische Akademie 1857—1862, die Warschauer Hauptschule 1862—1869, das Warschauer Konservatorium, die Kunstschulen) wurde erweitert, aber die Analphabeten bildeten noch die erdrückende Mehrheit der Bevölkerung. Trotz der ungünstigen Bedingungen und ohne staatliche Unterstützung entstanden wissenschaftliche Gesellschaften. Die Humanwissenschaften entwickelten sich gut; in den naturwissenschaftlichen und technischen Disziplinen zeichneten sich Ignacy Domeyko (Geologe und Mineraloge) und Ignacy Łukasiewicz (Erfinder der Erdöldestillation und der Petroleumlampe) aus. Eine wichtige wissenschaftliche und kulturelle Rolle fiel den grossen Druck- und Handschriftensammlungen zu (Krasiński-Bibliothek in Warszawa, Raczyński-Bibliothek in Poznań, Polnische Bibliothek in Paris), besonders aber dem 1817 von Józef Maksymilian Ossoliński gegründeten Ossoliński-Institut in Lwow (zugleich Verlagsanstalt).

Die wirtschaftlichen, sozialpolitischen und kulturellen Veränderungen leiteten eine tiefgreifende gesellschaftliche Umgestaltung ein — die Geburt einer modernen Nation. Die Entwicklung der revolutionären und demokratischen Tendenzen in der nationalen Befreiungsbewegung rief eine Einschränkung der politischen Rolle der Schlachta in der Gesellschaft Polens hervor. Sie beschleunigte zugleich die Reformen, die die Grundlagen des Feudalismus beseitigten und damit die wirtschaftlich-gesellschaftliche Position der Schlachta schwächten und die Aufhebung der Ständeeinteilung der Gesellschaft verursachten. Die Bauern wurden durch die Agrarreform zu einer gesellschaftlich selbständigen Schicht, und gleichzeitig mit ihrer Selbständigkeit wuchs ihr Bewusstsein. Gemeinsam mit anderen Schichten der Bevölkerung stellten sie sich der scharfen, von den Teilermächten verfolgten Politik der nationalen Entwurzelung entgegen. Indem sie ihre Muttersprache, die Sprache ihres Vaterlandes, verteidigten, verteidigten sie das Polentum. Auf diese Weise wurde die Bauernschaft zu einem lebendigen, aktiven Teil der Nation, und in Śląsk, Warmia, Mazury und Pomorze zur einzigen Kraft, die mit der zahlenmässig schwachen Intelligenz den Kampf um das Polentum in diesen Gebieten aufnahm. Das Volk war noch nicht Abnehmer der grossen Werke von Kunst und Kultur. Die für die gebildeten Volksschichten bestimmte Presse und Literatur entwickelte sich jedoch und erweckte das Interesse an der Geschichte des Vaterlands und das Bewusstsein der Zugehörigkeit zum polnischen Volk. Ähnliche Erfolge ergaben sich aus dem wachsenden Anteil von Vertretern des Volkes am nationalen Befreiungskampf.

Die grosse Kultur der Romantik, die mit allen Fasern diesem Kampf diente, stärkte das Nationalbewusstsein der gebildeten höheren Schichten. Eine immer grössere Rolle spielten dabei die Intelligenz und das Bürgertum — neue gesellschaftliche Gruppen, die durch die sozialökonomischen Veränderungen erstarkten. Besonders die junge Intelligenz trug als Schöpfer der damaligen Nationalkultur zur Erweckung des Nationalbewusstseins und zur Fortsetzung der Befreiungsbestrebungen bei. Dieses Streben wurde zugleich zu einer gewaltigen Kraft, die die Entwicklung des Nationalbewusstseins hob. Nationale Verschwörungen und besonders der bewaffnete Kampf um die Freiheit lieferten dem Nationalbewusstsein Beispiele höchsten Heldentums, und nachdrücklichst zeugten sie von der Losung der Polen: „Noch ist Polen nicht verloren, solange wir leben."

Die grundlegende Umgestaltung der Nation war eingeleitet worden. Das Nationalbewusstsein des Volkes kam in der Liebe zur Muttersprache und zu den polnischen Bräuchen zum Ausdruck, aber das Gefühl der Eigenständigkeit der einzelnen Gesellschaftsschichten hemmte noch manchmal den Prozess der Herausbildung enger Bande und eines deutlicheren Empfindens der nationalen Zusammengehörigkeit. Der Prozess der Geburt einer modernen Nation und des Nationalbewusstseins wurde in den folgenden Jahrzehnten weitergeführt und vertieft.

Jerzy Skowronek

Die polnische Bevölkerung nach dem Januaraufstand

Die Niederlage des Januaraufstandes bedeutete eine äusserst wichtige Etappe in der Geschichte der polnischen Nation. Wie sich später herausstellte, endete hier der Zeitraum der Kämpfe um die Unabhängigkeit, in dem die sog. adligen Revolutionäre die Hauptrolle gespielt hatten und in dem die Schlachta zugleich die führende politische Kraft der Bevölkerung gewesen war. Nach und nach kam der übrigens verhältnismässig schwachen Bourgeoisie, den Massen der Bauernschaft, vor allem aber dem sich gleichzeitig herausbildenden Proletariat auf politischem Gebiet immer grössere Bedeutung zu.
Die weitere Entwicklung der Bevölkerung wurde grundlegend von den Dekreten der aufständischen Nationalbewegung beeinflusst, in denen den Bauern der von ihnen bebaute Boden als Eigentum zuerkannt wurde. Das war ein Akt von höchster Bedeutung. Trotz der Niederlage des Aufstandes und der Zerschlagung des hervorragend organisierten und energisch tätigen polnischen Untergrundstaates durch die Eroberer besiegelten die damals durchgeführten Beschlüsse über die Bodenverleihung an die Bauern endgültig die Art und Weise der Lösung dieses gesellschaftspolitischen Problems Polens, das ausser der Frage der Wiedererlangung eines eigenen Staates am wichtigsten war. Der Zar, der Nutzen daraus ziehen wollte, erliess einen Ukas, in dem die Bodenverleihungsbeschlüsse der Aufständischen anerkannt wurden. Infolgedessen erlangten die Bauern im Königreich Polen zu wesentlich günstigeren Bedingungen Boden als in den anderen Teilen des russischen Imperiums.
Die Bauernbefreiung wurde zu einem Impuls für schrittweise, wesentliche Veränderungen in den sozialökonomischen Verhältnissen des russischen Teilungsgebiets. Es begann ein Prozess der Modernisierung sowohl der Bauernhöfe als auch der grossen

Güter. Das Dorf wurde immer mehr zum Verbraucher von Industrieerzeugnissen und bestimmte seine eigene Produktion in immer grösserem Masse zum Verkauf. Ein Teil der bisherigen Dorfbewohner zog in die Stadt. Einige fanden Beschäftigung in der sich entwickelnden Industrie. Die Produktion nahm zu. Das Königreich Polen wurde, besonders im westlichen Teil, zum wirtschaftlich am weitesten entwickelten, modernsten Gebiet des ganzen russischen Imperiums.

Diese ungewöhnlich wichtigen Veränderungen vollzogen sich unter den gewaltigen Repressalien, von denen das russische Eroberungsgebiet nach der Niederschlagung des Januaraufstandes betroffen war. Der während des Aufstandes ausgerufene Ausnahmezustand wurde ständig aufrechterhalten. Es wurden viele Todesurteile verhängt. Zehntausende Personen wurden in die Verbannung geschickt. Tausende Familien wurden in östliche Gouvernements ausgesiedelt. Die zaristischen Behörden beschlagnahmten über 3000 Güter von Teilnehmern am Aufstand. Von den Repressalien war auch die katholische Kirche betroffen. Geistliche wurden deportiert, Klöster aufgelöst. In den östlichen Gebieten des Königreichs Polen, in denen die griechisch-katholische Konfession, der sog. Unitarismus vorherrschte, wurde die Kirche unter Zwang aufgelöst und der russisch-orthodoxen Kirche eingegliedert. Die verfolgten Unitarier leisteten Widerstand, der in Europa weithin Aufsehen erregte. Gleichzeitig begann man, konsequent die verwaltungsmässige und juristische Eigenständigkeit des Königreichs Polen zu beseitigen. Im Laufe weniger Jahre wurden die bis dahin bestehenden zentralen Ämter aufgelöst. Die organisatorische Struktur der örtlichen Verwaltung wurde geändert und den Behörden in Petersburg unterstellt. Neben der konsequenten Beseitigung der noch vom Wiener Kongress garantierten Eigenständigkeit des Königreichs Polen wurde mit der Russifizierung dieses Gebiets begonnen. Anstelle der entlassenen polnischen Beamten, Richter und Lehrer wurden Russen eingesetzt. Die polnische Sprache wurde aus allen Lebensbereichen verbannt. Besonders empfindlich war das Schulwesen von diesen Massnahmen betroffen. Die zaristischen Behörden nahmen der Bevölkerung auch alle Möglichkeiten einer selbständigen Tätigkeit; soziale, kulturelle und Bildungseinrichtungen wurden geschlossen. Das gedruckte Wort unterlag einer äusserst scharfen Zensur. Im russischen Teilungsgebiet erstarb infolgedessen das politische Leben.

Durch das nachlassende Interesse der europäischen Bewegungen an der polnischen Frage wurde die Stimmung der Bevölkerung ungünstig beeinflusst. Nach der Niederlage im Krieg gegen Preussen und der Gründung des deutschen Kaiserreichs wurde es für Frankreich, an dessen Unterstützung für Polen man traditionsgemäss glaubte, zum Hauptproblem, Schutz vor dem Nachbarn diesseits der Rheins zu suchen. Aus diesem Bestreben heraus entstand jenes — wie man meinen könnte — unnatürliche Bündnis zwischen der demokratischen, bürgerlichen Dritten Französischen Republik und dem despotisch regierten Russland. Dieses Bündnis festigte die russische Herrschaft in Polen und bedeutete, dass der *Status quo* auch in anderen Erobererstaaten anerkannt wurde.

Die zweite Teilermacht, das Königreich Preussen, das Erfolge auf internationaler Ebene errang (unter der Führung Preussens erfolgte 1871 bekanntlich die Einigung Deutschlands), verstärkte seine antipolnische Politik, obwohl es Mitte des 19. Jh. in eine konstitutionelle Monarchie umgestaltet worden war. Diese mit anderen Methoden als im Zarenreich durchgeführte Politik zielte darauf ab, die Polen, die preussische Untertanen waren, zu germanisieren. Die Verfolgung verstärkte sich noch unter Bismarck, in der Ära des sog. Kulturkampfes. Verbunden damit waren Schikanen gegen die katholische Kirche, der die meisten Polen angehörten. Die Eindeutschungsaktion erfasste Schulen, Ämter und die Armee. Man gab Ortschaften deutsche Namen und versuchte, Vor- und Familiennamen einzudeutschen. Unter verschiedenen Vorwänden wurden zahlreiche Polen ausgesiedelt. Bereits im 20. Jh. wurden Vorschriften über die Zwangsenteignung des Grund und Bodens von Polen erlassen.

Während sich die auf die nationale Entwurzelung der Polen abzielende Politik Russlands und Preussens nur hinsichtlich der Methoden unterschied, veränderte sich die Lage in Österreich ab Ende der sechziger Jahre des 19. Jh. grundlegend. Das durch Niederlagen geschwächte Kaiserreich der Habsburger wurde in eine konstitutionelle Monarchie umgestaltet. Gleichzeitig erlangten die Völker dieser Monarchie gewisse autonome Freiheiten. Galizien wurde zu einem autonomen Land mit eigenem Sejm, der in der Landeshauptstadt Lwow tagte, und ihm unterstehenden Ämtern. Verwaltung, Gerichts- und Schulwesen wurden vollständig polonisiert. In Galizien gab es die einzigen polnischen Hochschulen auf polnischem Boden mit den Universitäten in Kraków und Lwow an der Spitze sowie ein Netz von polnischen Ober- und Volksschulen. Ohne grössere Einschränkungen konnte sich auch die in den anderen Teilungsgebieten so hartnäckig verfolgte polnische Nationalkultur entwickeln. Kraków und Lwow wurden zu regen kulturellen Zentren, die auf alle polnischen Gebiete ausstrahlten. Entscheidenden Einfluss auf die Angelegenheiten des Landes erlangte im Rahmen der Autonomie die konservativ eingestellte ortsansässige polnische Schlachta. Die von ihr verfolgte egoistische Sozialpolitik stiess ständig auf den Widerstand der fortschrittlichen Kräfte.

Geburtsstunde neuzeitlicher politischer Strömungen

Als nach 1864 fast alle Formen einer nationalen Betätigung im russischen Teilungsgebiet verboten waren, gewann der sog. Positivismus, eine ideell-geistige Bewegung, die in den siebziger Jahren die gebildeten Kreise der Bevölkerung erfasste, um so grössere Bedeutung. Der Positivismus wurde von der Entwicklung der Natur- und Gesellschaftswissenschaften sowie durch das Entstehen der modernen Soziologie inspiriert. Er glorifizierte die Freiheit der wissenschaftlichen Forschung und die Entwicklung des menschlichen Gedankenguts. Er verbreitete einen Kult der Bildung, rief zur Arbeit für das Wohl der Gesellschaft auf und verkündete die Losung von der kapitalistischen Umgestaltung der gesellschaftlichen Verhältnisse. Der Positivismus spielte eine grosse Rolle bei der Modernisierung der Denkweise verhältnismässig breiter Bevölkerungskreise. Die führenden Ideologen des Positivismus waren Aleksander Świętochowski, Bolesław Prus und Adolf Dygasiński.

Im Zusammenhang mit der Entwicklung des Kapitalismus im Königreich Polen nahm die Zahl der Arbeiter zu. Sie lebten unter ausserordentlich schwierigen Bedingungen. Darüber hinaus wurden sie wegen ihrer Nationalität von den zaristischen Beamten verfolgt. Russland, dieses Völkergefängnis, wie man es damals nannte, kannte keine Arbeitsgesetzgebung, wie sie sich in anderen Ländern Europas entwickelte. Vereinigungen und Streiks waren verboten. Es nimmt daher nicht wunder, dass gerade unter den Arbeitern eine Bewegung entstand, die sich das Ziel stellte, den Zarismus zu stürzen, die herrschenden gesellschaftlichen Verhältnisse abzuschaffen und nationale Freiheiten zu erlangen.

Die 1864 entstandene I. Internationale brachte ihre Solidarität

mit den gegen den Zarismus kämpfenden Aufständischen zum Ausdruck. Zahlreiche Polen, sowohl aus den Kreisen der Epigonen der Grossen Emigration als auch diejenigen, die das Land nach dem Januaraufstand verlassen hatten, gerieten in den Bannkreis der Ideen von Marx und Engels. Die Schöpfer des wissenschaftlichen Sozialismus erkannten die polnischen Unabhängigkeitsbestrebungen nicht nur als vollkommen berechtigt an, sondern waren auch der Meinung, dass sie vorbehaltlose Unterstützung verdienten und dazu führen könnten, die Bastionen des Absolutismus und der Reaktion in Europa — die Teilermächte, vor allem aber das zaristische Russland — zu stürzen. Diese Idee wurde später von Lenin, dem Gründer der Partei der Bolschewiki, aufgegriffen und den neuen Bedingungen angepasst. Polnische Emigranten beteiligten sich an der Arbeit der I. Internationale. Mindestens ein paar hundert waren Mitstreiter der Pariser Kommune (1871). Einer von ihnen war General Jarosław Dąbrowski, Mitorganisator des Januaraufstands und Befehlshaber der Streitkräfte der Kommune.
Die Verbindungen zwischen polnischen Emigranten und dem Sozialismus entwickelten sich durch Organisationen, die in Westeuropa gegründet worden waren, sowie durch illegale marxistische Zirkel in Russland. 1882 entstand in Warszawa die Internationale Sozial-Revolutionäre Partei „Proletariat". Zu ihren Gründern gehörte der junge Sozialist Ludwik Waryński. Diese Partei vereinte unter den schwierigsten Bedingungen mehrere hundert Arbeiter und gab Presseerzeugnisse und Flugblätter heraus. Nach kurzer Zeit kam jedoch die Polizei der Organisation auf die Spur. Es wurden äusserst harte Urteile gefällt. 22 Jahre nach der Hinrichtung von Mitgliedern der aufständischen Nationalregierung wurden vier Kämpfer des „Proletariats" an den Hängen der Warschauer Zitadelle erhängt. Seitdem existierte aber trotz der ständigen Repressalien seitens der russischen Behörden und trotz der manchmal geradezu feindseligen Einstellung der besitzenden Klassen Polens die polnische Arbeiterbewegung, und sie erweiterte ihren Einfluss.
1892 wurde die Polnische Sozialistische Partei (PPS) gegründet. Die PPS sah den Kampf um die Unabhängigkeit Polens als notwendige Voraussetzung an, damit das Proletariat ein Programm gesellschaftlicher Veränderungen durchführen konnte. Im Sinne dieser Konzeptionen war die polnische Arbeiterklasse nicht nur die treibende Kraft im Kampf um den Sozialismus, sondern übernahm zugleich das Erbe der polnischen Unabhängigkeits-

bewegung und setzte es fort. Die innerlich gespaltene Polnische Sozialistische Partei stand unter dem Einfluss der damals in den sozialdemokratischen Parteien Westeuropas vorherrschenden Konzeptionen. Ein führender Ideologe der PPS war Bolesław Limanowski. Das marxistische Gedankengut entwickelte Kazimierz Kelles-Krauz. Eine wesentliche Rolle spielte unter den führenden Vertretern der PPS Józef Piłsudski.

Ein Teil der Funktionäre war der Meinung, dass die programmatischen Konzeptionen der PPS den sozialistischen Prinzipien widersprächen. Als endgültiges Ziel verkündeten sie den Aufbau der sozialistischen Gesellschaftsordnung, die im Ergebnis der Weltrevolution entstehen sollte. Nach ihrem Sieg sollte sich die nationale Frage von selbst lösen. 1893 gründeten diese Funktionäre die Sozialdemokratie des Königreichs Polen (ab 1900 Sozialdemokratie des Königreichs Polen und Litauens — SDKPiL). Dieser Partei, die später mit der Partei der Bolschewiki zusammenwirkte, gehörten u.a. Julian Marchlewski, Feliks Dzierżyński und Rosa Luxemburg an. In den anderen Teilungsgebieten wurden der PPS nahestehende sozialistische Parteien gegründet. Aus den Reihen der Polnischen Sozialdemokratischen Partei von Galizien und Śląsk Cieszyński ging der namhafte Parteiführer und Parlamentarier Ignacy Daszyński hervor.

Ende des 19. Jh. entstanden auch andere moderne Parteien. Zur Hauptvertretung der konspirativen Nationalen Liga, die danach strebte, einen Aufstand vorzubereiten, wurde die Nationaldemokratische Partei, die Nationaldemokratie. An ihre Spitze setzte sich Roman Dmowski. Die Nationaldemokratische Partei führte Aktionen zur Festigung des Nationalbewusstseins durch (vor allem unter den Bauern) und organisierte illegalen Unterricht. Allmählich ging sie jedoch von der Ideologie des Aufstands ab und wurde zu einer eindeutig konservativen Gruppierung mit immer deutlicherem nationalistischem Charakter.

In den von Österreich annektierten Gebieten entstand während der politischen Auseinandersetzungen um die Demokratisierung der dortigen politischen Einrichtungen 1895 eine Gruppierung der Bauern, die Polnische Bauernpartei (PSL). Die Bauernbewegung verfolgte ein Programm der nationalen Arbeit unter den Bauern, strebte nach Einfluss auf allgemeine Fragen und in Zukunft nach Wiedererlangung der Unabhängigkeit Polens. Zu den hervorragendsten Funktionären dieser Bewegung ge-

hörte Wincenty Witos, der es im unabhängigen Polen zu höchsten staatlichen Würden brachte, wobei er nicht aufhörte, ein Bauer zu sein.
Die konstitutionelle Regierungsform ermöglichte den Gruppierungen polnischer Politiker im österreichischen und preussischen Teilungsgebiet eine legale Tätigkeit. Daher bildete besonders Galizien auch eine Basis für die Tätigkeit der politischen Kräfte im russischen Annexionsgebiet, in dem die polnischen Gruppierungen nur konspirativ, in einer Atmosphäre unablässiger, untrennbar mit despotischen Regierungsmethoden verbundener Repressalien wirken konnten. Die in Galizien bestehenden Erleichterungen wurden vor dem ersten Weltkrieg auch von Lenin genutzt, der von dort aus die russische revolutionäre Bewegung leitete.
Die auf brutale nationale Entwurzelung und sogar auf Beseitigung der Polen ausgerichtete preussische Politik bewirkte, dass sich die polnische Bevölkerung angesichts der gemeinsamen Bedrohung konsolidierte. Unter den Losungen der „organischen Arbeit" und der „Arbeit an den Grundlagen" wurden verschiedenartige sozialökonomische und kulturelle Initiativen ergriffen. Es entstand ein dichtes Netz sozialökonomischer polnischer Organisationen, von landwirtschaftlichen Zirkeln, Volksbanken, Gesangsvereinen und Laientheatern. Diese Organisationen erleichterten es, sich vor den Massnahmen der preussischen Verwaltung zu schützen und der Eindeutschung entgegenzuwirken. In diesen unblutigen Kampf schalteten sich immer mehr Polen ein. Eine beachtliche Rolle spielte dabei die katholische Kirche. Mit dem Erwachen des Nationalbewusstseins unter den Bauernmassen des Raums Poznań, Pomorze und Śląsk und unter den Arbeitern dieses mit am stärksten industrialisierten Gebiets Europas wuchs nach und nach auch der Einfluss der Nationaldemokratie. Eine echte Überraschung für die Deutschen waren die politischen Erfolge Wojciech Korfantys, eines jungen Funktionärs aus Śląsk, der mit der Nationaldemokratie verbunden war und durch seine politische Tätigkeit im Reichstag glänzte.
Die Herausbildung der modernen nationalen Verbundenheit wurde von vielen Faktoren beeinflusst. Einer davon bestand darin, dass man sich der staatlichen Tradition bewusst war. Ein anderer war der gemeinsame Glaube, der mit dem dadurch bedingten System des Brauchtums verbunden war. Im russischen Teilunsgebiet war die Kirche die einzige polnische Mas-

seneinrichtung, deren Einfluss sich auf fast die ganze Bevölkerung erstreckte.

Eine riesige, ständig zunehmende Rolle spielte die Nationalkultur. Trotz des Fehlens eines eigenen Staates und trotz der Beschränkungen im russischen und preussischen Annexionsgebiet bildete sich in den besetzen Gebieten Polens ein besonderes gesellschaftliches und privates Mäzenatentum heraus, dass Massnahmen ersetzte, die anderswo vom Staat ergriffen wurden. Die entstandenen Stiftungen und private Massnahmen ermöglichten es, das Geistesleben in seinen mannigfaltigen Erscheinungsformen zu entwickeln.

Weltbekannte Gelehrte brachten dem Namen Polens Ruhm, so Maria Curie-Skłodowska, Ignacy Domeyko und Edmund Strzelecki, die beiden mit dem Nobelpreis für Literatur ausgezeichneten Schriftsteller Henryk Sienkiewicz, der Verfasser der „Trilogie" und des in viele Sprachen übersetzten Romans „Quo vadis?", und Władysław Reymont, der Verfasser der Tetralogie „Die Bauern", sowie Maler und Musiker, von denen der Pianist und Komponist Ignacy Paderewski am berühmtesten war. Stürmisch entwickelten sich die schönen Künste, und die Künstler jener Jahre bestimmten auf Jahrzehnte hinaus das Antlitz der polnischen Nationalkultur.

Die polnische Bevölkerung während der Revolution 1905—1907

Der russisch-japanische Krieg und der Ausbruch der Revolution der Jahre 1905—1907 in Russland lösten in den polnischen Gebieten ein breites Echo aus. Das Königreich Polen wurde zum Schauplatz gewaltiger Demonstrationen und Streiks. Im Juni 1905 kam es in Łódź zu einem bewaffneten Arbeiteraufstand gegen den Zarismus. Die halb legal tätigen Arbeiterparteien vergrösserten ihre Reihen um ein Vielfaches. Jede von ihnen zählte nun Zehntausende von Mitgliedern. Es entstanden grosse Gewerkschaftsverbände. Neben dem Proletariat entwikkelte auch die polnische Intelligenz eine aktive Tätigkeit. Es war hauptsächlich ihr Werk, dass fast von einem Tag zum andern ein Netz von Bildungsorganisationen, gesellschaftlichen Einrichtungen und Zentren des kulturellen und künstlerischen Lebens entstand. Presse und Verlagswesen entwickelten sich. Von ausserordentlicher Bedeutung war die politische Aktivierung des Dorfes. Die von den Bauern eingeleitete Bewegung zur Wiedereinführung der polnischen Sprache in der Regionalverwaltung und in den Gemeinden war ein hervorragender Ausdruck für den Patriotismus auf dem Lande. Zu einer mächtigen nationalen Demonstration wurde der allgemeine Boykott der russischen Schulen im ganzen Königreich Polen. Der Zarismus sah sich gezwungen nachzugeben. Das Königreich erlangte die Möglichkeit, seine Vertreter in die russische Staatsduma zu entsenden, der administrative Druck wurde gelockert, das Recht auf Gebrauch der polnischen Sprache wurde ausgedehnt, es entstanden Möglichkeiten zur Aufnahme einer kulturellen Tätigkeit.

Die Zeit der Revolution war aber nicht nur eine Epoche der Aktivierung breitester Kreise der Bevölkerung, sondern zugleich eine Zeit, in der der Prozess ihrer Polarisierung sichtbar wurde. Die Streikaktionen zogen in bisher unbekanntem Ausmass Konflikte zwischen dem Proletariat einerseits und der Bourgeoisie und den Grossgrundbesitzern andererseits nach sich. Letztere griffen des öfteren auf die Hilfe der Verwaltung und der Armee zurück. Die Nationaldemokratie ging dazu über, die sozialistische Bewegung zu bekämpfen. Sie entwickelte sich seinerzeit zur führenden politischen Repräsentantin der besitzenden Klassen Polens. Die sich damals abzeichnende Trennung zwischen der Rechten mit der Nationaldemokratie an der Spitze und der — übrigens nicht einheitlichen — Linken blieb vier Jahrzehnte lang bestehen.

Während der Revolution begann ein Konflikt in der PPS heranzuwachsen. Piłsudski und seine Anhänger erblickten in der Revolution den Beginn eines Aufstandes. Die unter ihrer Führung stehende Kampforganisation verübte zahlreiche Attentate auf die verhassten Regierungsvertreter und leitete Partisanenaktionen ein. Die russischen Behörden antworteten mit Repressalien. Viele der Kämpfer fielen bei Gefechten oder endeten am Galgen. Die revolutionären Ereignisse vertieften den Unterschied zwischen dem rechten und dem linken Flügel der Partei. Infolge der ideologischen und taktischen Unterschiede in der PPS kam es zu einer Spaltung. Die Anhänger Piłsudskis bildeten die Revolutionäre Fraktion der PPS, die linksgerichteten Kräfte dagegen die PPS-Linke, die sich in vielen Fragen dem Standpunkt der SDKPiL näherte.

Trotz der Massnahmen der zaristischen Verwaltung, die darauf abzielten, die früher gemachten Zugeständnisse einzuschrän-

ken, war es nach der Revolution leichter, in verschiedenster Form Bildungs- und Kulturarbeit zu leisten. Die Repressalien, denen führende Vertreter der Arbeiterklasse zum Opfer fielen, bewirkten jedoch, dass die Aktivität der proletarischen Parteien im russischen Annexionsgebiet abnahm. Zur selben Zeit wurden in Galizien militärische Vorbereitungen für den Fall eines bewaffneten Konflikts zwischen den Teilermächten getroffen. 1908 entstand der konspirative Bund des Aktiven Kampfes. Kommandeur des Bundes wurde Piłsudski. Der Bund gründete einen offen auftretenden paramilitärischen Verband, den Schützenverein. Die Revolutionäre Fraktion der PPS und die galizischen Kreise der fortschrittlichen Intelligenz gewährten dem Bund des Aktiven Kampfes politische Unterstützung. Da die militärische Bewegung, besonders unter der Jugend, immer bekannter wurde, entstanden paramilitärische Organisationen auch in Bevölkerungskreisen, denen die Idee vom bewaffneten Kampf um die Unabhängigkeit fern lag.
Das Entstehen zweier entgegengesetzter Militärblöcke (dem einen gehörte Russland an, dem anderen die übrigen Teilermächte) trug dazu bei, dass sich unter der polnischen Bevölkerung zwei entgegengesetzte politische Orientierungen herausbildeten. Die eine, später das „aktivistische" Lager genannt, erblickte ihr nächstes Ziel in der Befreiung des russischen Teilungsgebiets und in einer eventuellen Vereinigung des befreiten Gebiets mit Galizien zu einem Staat, der einen gesonderten Teil der Habsburger Monarchie bilden sollte. Die andere, später „passivistische" Orientierung genannt, wollte die polnischen Gebiete unter dem Zepter des russischen Zaren vereinigen. Die führende Kraft dieser Orientierung war die Nationaldemokratie.

In den Jahren des ersten Weltkrieges (1914—1918)

Der Ausbruch des ersten Weltkrieges belebte die Hoffnungen der Polen. Es schien, dass der Krieg zwischen den Teilermächten die Bestrebungen der Nation erfüllen werde, der es gelungen war, ihren Charakter zu bewahren, während sie des eigenen Staates beraubt, geteilt und der nationalen Entwurzelung ausgesetzt gewesen war. Diese Hoffnungen gingen jedoch nicht in Erfüllung. Die am Krieg beteiligten Länder schwiegen. Einzig der russische Oberbefehlshaber gab einige allgemeine Versprechungen. Obwohl sie bis zum Ende der Zarenherrschaft nicht eingelöst wurden, stärkten sie politisch gesehen das prorussische Lager in Polen.

Auf der anderen Seite der Front führten die Bemühungen Józef Piłsudskis, der gestützt auf Partisanenabteilungen den Beginn des Aufstandes gegen Russland plante, zu keinerlei Ergebnissen. Seine Abteilung wurde zum Kaderstamm einer Hilfstruppe der österreichischen Armee, zu den Polnischen Legionen. Zum ersten Mal seit der Niederschlagung des Novemberaufstandes traten reguläre polnische Einheiten gegen den Zarismus an. Es war ein Unglück für das zerrissene Volk, dass es gleichzeitig gegen mehrere Teilermächte kämpfen musste. Eine ähnliche Einheit entstand für kurze Zeit auf der russischen Seite der Front.

1915 besetzten deutsche und österreichisch-ungarische Truppen das russische Annexionsgebiet. Der sich hinziehende Krieg und der dadurch bedingte Mangel an Reserven bewirkten, dass die Mittelmächte im November 1916 einen Akt über die geplante Gründung eines von ihnen abhängigen Königreichs Polen erliessen. Sie beriefen auch die Organe des künftigen Staates, anfangs den Provisorischen Staatsrat und dann den Regentschaftsrat. Jedoch die Rechnung, auf diese Weise Freiwillige für die geplante Armee zu gewinnen, ging nicht auf. Die imperialistischen Pläne der neuen Herren dieser polnischen Gebiete wurden übrigens immer deutlicher sichtbar. Die teilweise Berücksichtigung einiger polnischer Forderungen (die Frage der Sprache, Schaffung eines polnischen Schulwesens, Einschränkung des Systems der antipolnischen Repressalien, die bis zum Ende der Zarenherrschaft in den polnischen Gebieten angewandt worden waren) hinderte sie keineswegs daran, das Land systematisch auszuplündern, es seiner Lebensmittel und Rohstoffe zu berauben und seine Industrie zu zerstören. Die brutalen Methoden, mit denen sie vorgingen, und die Verschleppung Hunderttausender Menschen zur Zwangsarbeit riefen immer breiteren Unwillen und Widerstand hervor.

Die polnische Frage nahm unterdessen internationales Ausmass an. Anfang 1917 sprach sich USA-Präsident Wilson für das Recht des polnischen Volkes auf einen eigenen Staat aus. Gewaltige Bedeutung hatte der Sturz des Zarismus in Russland. Die russische Arbeiterbewegung sprach sich auf dem Sowjet der Arbeiterdeputierten in Petrograd für das Recht Polens auf Unabhängigkeit aus. Mit erheblichen Einschränkungen wiederholte das auch die russische Regierung des Fürsten Lwow. In

Europa fiel das erste Wort zur polnischen Frage — nach Russland — im italienischen Parlament. Die Entwicklung der Ereignisse in Russland bewirkte, dass jene Gruppierungen in Polen, die bis dahin bereit gewesen waren, gemeinsam mit den Mittelmächten gegen den Zarismus vorzugehen, ihren Standpunkt änderten. Die Revolutionäre Fraktion der PPS und die polnische Bauernpartei „Wyzwolenie" (Befreiung) nahmen eine konspirative Tätigkeit gegen die Besatzer auf. Piłsudski bewirkte die Auflösung der Legionen. Zahlreiche Soldaten dieser Einheiten (ihren Reihen hatten ca. 30 000 Mann angehört), die es ablehnten, weiterhin mit den Mittelmächten zusammenzuwirken, wurden interniert. Die Deutschen verhafteten auch Piłsudski und seinen engsten Mitarbeiter Kazimierz Sosnkowski. Die von Anhängern Piłsudskis geleitete, bisher halb legal tätige Polnische Militärorganisation ging in die Illegalität und eröffnete Aktionen gegen Deutsche und Österreicher. Im Sommer 1917 gründeten Anhänger des „passivistischen" Lagers, die sich jetzt auf die Westmächte orientierten, das Nationalkomitee in Paris. Die Staaten der Entente erkannten es als offizielle polnische Organisation zur politischen Führung der in Frankreich entstehenden polnischen Armee an. Die Arbeit des Komitees wurde von Roman Dmowski geleitet. In der Endphase des Krieges kämpften an der Westfront sieben gut geschulte und gut ausgerüstete polnische Divisionen gegen die Deutschen. An ihrer Spitze stand General Józef Haller.
Der Sturz der bürgerlichen Provisorischen Regierung in Russland und das Entstehen der Sowjetmacht hatten äusserst wesentlichen Einfluss auf das Schicksal der polnischen Frage. Es war eine Partei an die Macht gelangt, die — die schon 1903 von Lenin formulierte Losung vom Selbstbestimmungsrecht der Völker verkündend — vorbehaltlos das Recht Polens auf Unabhängigkeit anerkannte und dem sowohl in ihren praktischen Massnahmen als auch in ihren Rechtsakten Ausdruck verlieh (Deklaration über das Selbstbestimmungsrecht der Völker Russlands, Dekret über den Frieden usw.). Die sozialistische Revolution entband zugleich die Staaten der Entente, insbesondere Frankreich, von ihren Verpflichtungen gegenüber den früheren russischen Regierungen. Es kam zu einer Reihe von Äusserungen zur polnischen Frage, unter denen das Manifest Wilsons das grösste Aufsehen erregte (im 13. Punkt dieses Manifests wurde der Wiederaufbau eines unabhängigen polnischen Staates mit freiem Zugang zum Meer als eines der Friedensziele der

Entente präzisiert). Für Frankreich, das in Russland seinen bisherigen antideutschen Verbündeten verlor, wurde der Wiederaufbau eines unabhängigen polnischen Staates zur zwingenden Notwendigkeit. Nach dem Sturz des bisherigen Regimes in Russland offenbarten sich die tatsächlichen Ziele der imperialistischen Politik der Mittelmächte im Osten. Zum Ausdruck kam das in dem Vertrag, den diese Staaten im Februar 1918 in Brest mit der von ihnen abhängigen Ukraine schlossen. Die Mittelmächte übereigneten der Ukraine einen Teil der Gebiete des Königreichs Polen. Diese Massnahme rief den umfassenden Widerstand der Bevölkerung hervor. Das Land wurde von einer Welle von Streiks und Demonstrationen überflutet. Beamte reichten massenhaft ihren Abschied ein. Sabotageaktionen wurden durchgeführt. Die Zahl der Befürworter einer Zusammenarbeit mit den Mittelmächten schrumpfte immer mehr zusammen. Selbst der von ihnen abhängige Regentschaftsrat, ein Ersatz der höchsten Macht im Königreich Polen, verlieh seinem Wunsch Ausdruck, sich selbständig zu machen und mit den Okkupanten zu brechen.

Wiedererlangung der Unabhängigkeit

Im Herbst 1918 erlitten die Mittelmächte eine Niederlage. Das österreichische Eroberungsgebiet ging in die Hände Polens über. Die Besatzer wurden entwaffnet und aus dem Südteil des Königreichs Polen vertrieben. Sozialisten und Mitglieder der Bauernpartei SL gründeten zusammen mit Anhängern Piłsudskis in der Nacht vom 6. zum 7. November 1918 die Provisorische Volksregierung der Republik Polen in Lublin. Premierminister wurde Ignacy Daszyński, und Kriegsminister General Edward Rydz-Śmigły kommandierender Stellvertreter Piłsudskis bei den Legionen und nach dessen Verhaftung Kommandeur der geheimen Polnischen Militärorganisation POW. Die Provisorische Volksregierung, das erste unabhängige Organ des wiedererstehenden Staates, proklamierte das unabhängige Polen als parlamentarische Republik und kündigte den Kampf um die Befreiung der noch von den Deutschen besetzten polnischen Gebiete an. Wenige Tage nach der Regierungsbildung wurden die Deutschen, teilweise durch bewaffneten Kampf, aus Warszawa und dem übrigen Teil des Königreichs vertrieben. In der Hauptstadt entstand das Zentrum der unabhängigen Staatsmacht. An seiner Spitze stand als provisorisches Staatsoberhaupt der aus einem deutschen Gefängnis befreite Józef Piłsudski. Die befreiten Gebiete waren von einer über eine Million Mann starken deutschen Armee umzingelt, die weiterhin eine mächtige militärische Kraft in Osteuropa darstellte. Daher wurden die polnischen Westgebiete im Kampf befreit. Ende Dezember 1918 brach in Poznań ein Aufstand aus. Nach mehrwöchigen Kampfhandlungen, die von zusammengewürfelten, in kurzer Zeit auf Zehntausende von Soldaten angewachsenen Abteilungen geführt wurden, war ein grosser Teil des preussischen Eroberungsgebiets befreit.

Die Wiedererlangung der Unabhängigkeit war für das polnische Volk das bedeutungsvollste Ereignis vom Charakter einer historischen Wende. Die Befreiung, die Gründung eines eigenen Staates, ist für jedes unterjochte Volk ein gewaltiger Erfolg. Besondere Bedeutung hatte sie für das polnische Volk, das auf die tausendjährige Tradition eines eigenen Staates zurückblicken konnte und sich niemals mit dem Verlust seiner Unabhängigkeit abgefunden hatte. Von den Eroberermächten geteilt, hatte es sein hoch entwickeltes Gefühl der Eigenständigkeit bewahrt. Es hatte unablässig sein Streben nach Unabhängigkeit bezeugt und sich in den mehr als 120 Jahren der Knechtschaft viele Male zum bewaffneten Kampf erhoben. Jetzt war die Zeit der Unfreiheit vorbei. Es entstand die Möglichkeit, das traurige Erbe der Fremdherrschaft zu überwinden, normal zu leben und sich ungestört zu entwickeln.

Das unabhängige Polen wurde als demokratischer Staat wiedergeboren, als Republik, in der politische Freiheiten proklamiert wurden, die garantieren sollten, dass die Volksmassen grundlegenden Einfluss auf die Richtung der Regierung ausüben konnten. Das unabhängige Polen erstand zugleich als kapitalistischer Staat, in dem den besitzenden Klassen trotz der angekündigten verschiedenartigen gesellschaftlichen Reformen die entscheidende Rolle zufiel. Die egoistische Haltung dieser Klassen verstärkte die bestehenden sozialen Spannungen und Konflikte. In Fabriken und auf Gutshöfen brachen Streiks aus, die von den Behörden oft brutal unterdrückt wurden. Die Massen der Werktätigen mussten ihre Rechte im Kampf geltend machen. Erleichtert wurde das durch die revolutionären Erschütterungen in Europa. Die Haltung der Bourgeoisie war von der Furcht vor dem in Sowjetrussland bereits erfolgreich verwirklichten Sozialismus diktiert. Diese Furcht trug dazu bei, dass die reaktionären politischen Kräfte in Polen demokratisch-republikanische staatliche Einrichtungen akzeptierten, und sie erleichterte es den Gruppierungen der Linken, ihre Forderungen zu verwirklichen.

Im Januar 1919 berief Piłsudski im Ergebnis einer Übereinkunft mit sowohl in Polen als auch in Paris befindlichen Politikern ein neues Kabinett. Chef des Kabinetts wurde Ignacy Paderewski, weithin bekannt nicht nur als Komponist und Virtuose, sondern zugleich auch als Fürsprecher der Sache Polens bei den Ententemächten. Diese Regierung führte Wahlen zum gesetzgebenden Sejm durch. Die Mehrheit erlangte die Rechte — die Nationaldemokratie und die mit ihr zusammenwirkenden Gruppierungen. Eine grosse Rolle spielten im Sejm auch die Gruppierungen der Bauern. Es kam aber zu keiner ständigen Zusammenarbeit zwischen ihnen. Die Linke im Sejm war ziemlich schwach. Radikale Vertreter der Bauernbewegung und Sozialisten verfügten nur über ca. 20% aller Mandate. Eine revolutionäre Linke fehlte hingegen.

Am 16. Dezember 1918 schlossen sich die SDKPiL und die PPS-Linke zur Kommunistischen Arbeiterpartei Polens zusammen (ab 1925 nannte sie sich Kommunistische Partei Polens). Diese Partei, die der Auffassung war, dass sich Europa und damit auch Polen am Vorabend einer sozialistischen Revolution befänden, stand in scharfer Opposition zum Staat, in dem sie einseitig allein ein Organ der Klassenherrschaft der Besitzenden erblickte. Indem sie die Schaffung von Räten der Arbeiter- und Bauerndeputierten anregte, die sie als Organ des Kampfes um den Sieg des Sozialismus ansah, widersetzte sie sich den Wahlen zum Sejm. Die von rechtsorientierten Kräften und Behörden verfolgte und dann verbotene KPP war gezwungen, zur illegalen Tätigkeit überzugehen. Bald darauf wurden auch die in einer Reihe von grösseren Städten entstandenen Räte der Arbeiterdeputierten von den Behörden aufgelöst.

Der Möglichkeit einer offenen Tätigkeit beraubt, von den Behörden verfolgt und viele Jahre lang eingekerkert, kämpften die polnischen Kommunisten kompromisslos um die grundlegenden Interessen der Volksmassen. Unter den schwierigsten Bedingungen organisierten sie Streiks und Demonstrationen. Sie verbreiteten sozialistisches Klassenbewusstsein und das Wissen um die siegreiche sozialistische Revolution und verwiesen auf die Notwendigkeit einer Annäherung an den Sowjetstaat.

Kampf um die Grenzen

Seit Anfang 1919 tagte in Paris der Friedenskongress. Vertreter Polens waren Paderewski und Dmowski. Die Wünsche Polens wurden im Friedensvertrag, dem Versailler Vertrag, trotz der Unterstützung durch Frankreich nur teilweise berücksichtigt. Neben dem schon befreiten Wielkopolska kam der Geländestreifen an der Ostsee zu Polen, der von der deutschen Propaganda tendenziös polnischer Korridor genannt wurde. Gdańsk, der ehemalige Hafen der Adelsrepublik, wurde zur Freien Stadt erklärt, die durch ein System komplizierter, unklarer Verpflichtungen mit ihrem polnischen Hinterland verbunden war. Über die Staatszugehörigkeit von Teilen des ehemaligen Westpreussens, Ostpreussens und Schlesiens sollte eine Volksabstimmung entscheiden. Vorläufig verblieb dort aber die deutsche Verwaltung, wodurch die polnische Seite in eine ungünstigere Lage versetzt wurde.
Die polnische Bevölkerung von Śląsk fand sich mit diesen Entscheidungen nicht ab. Da sie Śląsk an Polen anschliessen wollte, nahm sie den Kampf gegen den deutschen Zwang auf und begann mit dem Aufbau einer Selbstverteidigungsorganisation. Im August 1919 brach als Antwort auf den deutschen Terror ein Aufstand aus. Nach der Niederlage des Aufstandes verzichteten die Einwohner von Śląsk jedoch nicht auf weitere Massnahmen zur Vereinigung mit der Republik Polen. Die militärische Organisation bestand weiterhin, und es wurden Verteidigungsvorbereitungen getroffen. Im August 1920 griffen deutsche Chauvinisten die polnische Bevölkerung und die im Gebiet der Volksabstimmung eingetroffenen Truppen der Entente an. Damals brach der zweite Aufstand in Śląsk aus. Der Kampf führte zu einer Besserung der Lage der polnischen Bevölkerung. Im März 1921 fand in Śląsk die Volksabstimmung statt. Ihre Ergebnisse entsprachen nur zum Teil den tatsächlichen nationalen Verhältnissen in diesem Gebiet. Für Polen stimmten 479 000 und für Deutschland 706 000 Wähler. Dieses Resultat war durch die Stimmen von ca. 200 000 Personen beeinflusst, die zwar in Śląsk geboren waren, aber im Reich wohnten und von den Deutschen nur deshalb nach Śląsk gebracht worden waren, um am Volksentscheid teilzunehmen. In der Nacht vom 2. zum 3. Mai brach auf die Nachricht von der geplanten Übergabe des überwiegenden Teils des Abstimmungsgebietes an Deutschland der dritte Aufstand in Śląsk aus. Die

Aufständischen, an deren Spitze Wojciech Korfanty stand, eroberten in kurzer Zeit das Gebiet bis zur Oder. Trotz verhältnismässig schlechter Bewaffnung (nach der Unterzeichnung des Vertrages wollte sich die polnische Regierung nicht dem Vorwurf aussetzen, den Vertrag zu brechen, und vermied es daher, die Aufständischen offen zu unterstützen) hielten die zusammengewürfelten Abteilungen der Aufständischen das eroberte Territorium und leisteten den zahlenmässig überlegenen und besser bewaffneten Elitetruppen des Gegners erbitterten Widerstand. Die Verteidigungskämpfe im Raum des Świętej-Anny-Berges sind in die Geschichte eingegangen. Am 5. Juli 1921 wurde auf Initiative einer Kommission der Entente ein Waffenstillstand geschlossen. Über das endgültige Geschick von Śląsk sollte eine internationale Konferenz entscheiden.

Die Aufstände in Śląsk waren beispiellose Ereignisse. Innerhalb von drei Jahren erhoben sich die Arbeiter und Bauern von Śląsk dreimal zum bewaffneten Kampf gegen die überlegenen Kräfte des Gegners. Bei den Aufständen wurden immer grössere militärische Erfolge errungen, an jedem neuen nahmen mehr Aufständische teil. Am dritten Aufstand waren 60 000 Menschen beteiligt. Die Aufstände waren ein sichtbarer Beweis dafür, dass die jahrhundertelang von Polen getrennte Bevölkerung von Śląsk im unabhängigen polnischen Staat leben wollte. Das musste auch die Entente berücksichtigen. Im Oktober 1921 fiel im Völkerbund die Entscheidung, Polen einen Teil des Abstimmungsgebiets mit ca. einer Million Einwohnern zuzuweisen. In diesem Gebiet befanden sich die meisten Industriebetriebe von Śląsk. Im Juni 1922 wurde der von Polen wiedererlangte Teil von Górny Śląsk von den polnischen Behörden übernommen.

Die nach über 100 Jahren nationaler Unfreiheit wiedergeborene Republik Polen hatte keine fest umrissenen Grenzen. Daraus ergaben sich Konflikte mit fast allen Nachbarstaaten. Zwischen der Tschechoslowakei und Polen entbrannte der Streit um Śląsk Cieszyński, das überwiegend von polnischer Bevölkerung bewohnt war, aber für die Tschechoslowakei ein Gebiet von grosser wirtschaftlicher Bedeutung darstellte. Dieser Konflikt wurde durch Vermittlung der Ententemächte beigelegt. Eine beträchtliche Zahl von Polen verblieb ausserhalb der Grenzen Polens. Ähnlich gestaltete sich die Lage an der polnisch-deutschen Grenze. Die umstrittenen Gebiete waren so

geteilt, dass sich deutschen Angaben zufolge über eine Million Polen ausserhalb der Republik Polen befanden.
Am angespanntesten war jedoch der Konflikt mit den östlichen Nachbarn Polens. Schon in dem Augenblick, da die österreichische Herrschaft in Galizien beseitigt wurde, begannen Kämpfe zwischen Polen und den nationalistischen ukrainischen Zentren um Ostgalizien, den Zankapfel zwischen beiden Völkern. Sie begannen in dem von den Ukrainern eroberten Lwow. Dort nahm die einheimische polnische Bevölkerung den Kampf auf. Ständige polnisch-ukrainische Kämpfe zogen sich bis zum Sommer 1919 hin. Die ukrainischen Abteilungen wurden bis hinter den Sbrutsch zurückgedrängt. Das — mit Ausnahme der Städte — überwiegend von ukrainischer Bevölkerung bewohnte Land befand sich unter polnischer Herrschaft. Solange die zweite polnische Republik bestand, fanden sich die Ukrainer nicht mit diesem Sachverhalt ab. Gleichzeitig verursachte die in der Regel antiukrainische Politik der polnischen Behörden einen scharfen Konflikt zwischen beiden Völkern.
Auch die östlich des Königreichs Polen gelegenen Gebiete wurden zu umstrittenen Territorien. Im Frühjahr 1919 begannen sich die deutschen Besatzungstruppen aus diesem Gebiet zurückzuziehen. Daraufhin entstanden dort örtliche Machtorgane, die Sowjetmacht bildete sich heraus.
Seit der Wiedererlangung der Unabhängigkeit verfolgten die polnischen Behörden parallel zu den Interventionsmassnahmen der Entente eine antisowjetische Politik, und obwohl die sowjetischen Behörden vorschlugen, diplomatische Beziehungen aufzunehmen, leitete Polen im Februar 1919 militärische Aktionen ein. Bis Ende desselben Jahres eroberten polnische Truppen unter Józef Piłsudski die Gebiete bis zur Dwina im Norden und bis zum Sbrutsch im Süden. Piłsudski wollte die Völker der Ukraine und Belorusslands von Sowjetrussland trennen und sie durch eine Föderation an Polen binden. Daher wies er auch die sowjetischen Friedensvorschläge zurück. Sowjetrussland, das in schwere Kämpfe mit den Armeen der konterrevolutionären Generäle verwickelt war, die von der Entente unterstützt wurden, wünschte Frieden mit Polen, selbst um den Preis weitgehender territorialer Zugeständnisse. Lenin war der Ansicht, dass territoriale Zugeständnisse zugunsten Polens das richtige Mittel seien, den jahrhundertelangen Streit zwischen dem polnischen und dem russischen Volk beizulegen, in dessen Verlauf dem polnischen Volk durch den Zarismus soviel Leid zu-

gefügt worden war. Piłsudski wies diese Vorschläge jedoch zurück. Er schloss einen Vertrag mit dem Führer des ukrainischen Separatistenzentrums, Ataman Petljura, und begann im Einvernehmen mit diesem eine grosse Offensive. Im Mai 1920 eroberten polnische Truppen unter dem Befehl von General Rydz-Śmigły Kiew. Zu diesem Zeitpunkt erachtete Sowjetrussland den Krieg mit Polen als das wichtigste militärische Problem. Einen Monat später begann die Sowjetarmee mit der Gegenoffensive. Im August 1920 standen ihre Abteilungen in der Nähe von Warszawa. Durch ein militärisches Manöver der polnischen Truppen in der Umgebung von Warszawa änderte sich die Lage erneut. Die polnische Armee ging zu einer siegreichen Offensive über, und die Front verlagerte sich weit nach Osten.
Unterdessen liefen die Verhandlungen, die im März 1921 mit dem Friedensvertrag von Riga beendet wurden. Die Grenze Polens wurde im Osten jenes Gebiets festgelegt, das zum grössten Teil von polnischer Bevölkerung bewohnt war, noch jenseits jener Linie, die im Dezember 1919 von der Entente provisorisch als sog. Curzon-Linie markiert worden war. Zum polnischen Staat gehörten nun Gebiete, die dicht von belorussischer und ukrainischer Bevölkerung besiedelt waren. Der Streit mit Litauen um Wilna, die historische Hauptstadt dieses Staates, hielt weiterhin an. Die Stadt, die sich im Sommer 1920 in litauischer Hand befunden hatte, wurde im Herbst jenes Jahres von polnischen Truppen erobert. Die Versuche, den Konflikt beizulegen (die auch im Völkerbund unternommen wurden), blieben ergebnislos. Zwischen beiden Staaten herrschten fast bis zum Ausbruch des zweiten Weltkrieges starke Spannungen.

Sozialökonomisches Antlitz der Zweiten Republik

1921 wohnten in Polen 27,2 Mill. Menschen. 1939 war die Einwohnerzahl auf über 35 Millionen gestiegen. Der Staat war 388 600 km^2 gross. Etwa zwei Drittel aller Staatsbürger waren Polen. An zweiter Stelle standen die Ukrainer, die ca. 15% der gesamten Bevölkerung stellten. Dann folgten Juden, Belorussen und schliesslich Deutsche. Ausserhalb des polnischen Staates lebten etwa 10 Mill. Polen. Die grössten Zentren der Auslandspolen befanden sich in den an Polen grenzenden deutschen

Gebieten, in der Sowjetunion und in der Tschechoslowakei. Zahlreiche polnische Emigranten, mehrere Millionen, lebten in den Vereinigten Staaten.
Die Bevölkerung Polens lebte vor allem auf dem Lande (mehr als zwei Drittel der Gesamtbevölkerung). Auf dem Lande überwogen kleine Bauernhöfe bis zu 5 ha, die nicht einmal die für den Lebensunterhalt nötigen Mittel abwarfen. Besonders viele derartige Höfe gab es im ehemaligen österreichischen Eroberungsgebiet. Fast die Hälfte des Ackerbodens und der Wälder befand sich in den Händen der Grossgrundbesitzer oder des Staates. Der Mangel an Boden stellte für die Bauern ein ernstes soziales und politisches Problem dar. Die im allgemeinen der ehemaligen polnischen Schlachta entstammenden Grossgrundbesitzer hatten genügend Einfluss, um die Durchführung einer radikalen Bodenreform wirksam zu hintertreiben. Auf dem Land gab es viele Menschen, die arbeitslos und der notwendigsten Existenzmittel beraubt waren. Zwar wurden zwei Gesetze über die Durchführung einer Bodenreform angenommen, die Parzellierung verlief jedoch zögernd. Innerhalb von 20 Jahren verringerte sich das Land der Grossgrundbesitzer um ca. 3 Mill. ha. Das war fast die Hälfte der von ihnen genutzten Ackerböden. Dadurch konnte die Lage des Dorfes, dessen geringe Kaufkraft die wirtschaftliche Entwicklung des Staates hemmte, nicht wesentlich verbessert werden. In den Städten lebten 1921 nur 24% der gesamten Bevölkerung. Unmittelbar vor dem zweiten Weltkrieg war dieser Anteil auf fast 30% gestiegen. Die Industrie (verhältnismässig weit entwickelt waren der Bergbau, die Textil- und die Lebensmittelindustrie) befand sich hauptsächlich in Südwest- und in Zentralpolen (Śląsk, Zagłębie Dąbrowskie, der Raum Kraków und die Umgebung von Warszawa und Łódź). Vorherrschend waren kleine Produktionsstätten, oft mit handwerklichen Herstellungsverfahren. Fast die Hälfte aller Arbeiter war in Kleinstbetrieben tätig, in denen nur bis zu fünf Mitarbeiter beschäftigt waren.
Polen war im ersten Weltkrieg stark verwüstet worden. 90% des Landes waren Schauplatz oft langwieriger Kampfhandlungen gewesen. Die Verluste wurden auf 2 Mrd. Dollar geschätzt. In kurzer Zeit wurden die Kriegszerstörungen beseitigt. Weitaus schwieriger war es jedoch, die Industrie wieder aufzubauen und in Gang zu setzen. Daher machte die Produktion unmittelbar nach dem Krieg nur die Hälfte der Vorkriegsproduktion aus. Erst in den Jahren des wirtschaftlichen Auf-

schwungs (1928, 1929) nahm das Produktionsniveau erheblich zu. Damals entstanden auch viele neue Industriebetriebe. Anfang der dreissiger Jahre erlebte Polen ähnlich wie die anderen kapitalistischen Länder eine Wirtschaftskrise von bisher unbekanntem Ausmass. Im Vergleich zum vorherigen Zeitraum ging die Produktion um fast die Hälfte zurück. Die Folge war eine gewaltige Zunahme der Arbeitslosigkeit. Die Lebensbedingungen der Landbevölkerung verschlechterten sich ebenfalls. Mitte der dreissiger Jahre begann Polen aus der Krise herauszukommen. Die Produktion nahm allmählich wieder zu. Die Beschäftigtenzahl stieg. Die Wirtschaft blühte auf. Wenn man die Produktion von 1928 mit 100 ansetzt, lag sie 1938 bei 119. Die Arbeitslosigkeit war jedoch weiterhin ziemlich gross. Etwa 10% aller Lohnarbeiter waren arbeitslos.

Aus vielen Gründen entwickelte sich die Wirtschaft Polens nicht gleichmässig. Der für die kapitalistischen Verhältnisse charakteristische Konjunkturzyklus mit deutlichen Anzeichen von Stagnation und schweren Krisen wurde noch durch die Tatsache vertieft, dass es Polen an finanziellen Mitteln fehlte. Zahlreiche Wirtschaftszweige waren in hohem Masse von ausländischem Kapital abhängig, das Polen wie eine Kolonie behandelte. Versuche, sich von dieser Abhängigkeit zu befreien, scheiterten gewöhnlich. In Polen gab es einige Industriezweige gar nicht, ein Teil der Produktion entsprach nicht den Bedürfnissen des Landes. Polen hatte als Erbe der Fremdherrschaft ein schwach entwickeltes Strassen- und Eisenbahnnetz und nicht regulierte Flüsse übernommen. Versuche, diesen Zustand zu verändern, währten die ganzen 20 Jahre hindurch. Obwohl das nicht immer ganz gelang, wurden doch alle Landesteile zu einem einheitlichen Wirtschaftsorganismus verschmolzen. Besondere Erfolge hatte das polnische Eisenbahnwesen zu verzeichnen. Es wurde eine Reihe neuer Eisenbahnlinien gebaut, die die wichtigsten Zentren des Landes miteinander verbanden. Die Pünktlichkeit der polnischen Eisenbahn war sprichwörtlich, auch ihr technischer Stand und das Niveau der Abfertigung waren entsprechend hoch. In Gdynia entstand der grösste und modernste Ostseehafen. Gdynia selbst entwickelte sich von einem kleinen Dorf zu einer Stadt mit 100 000 Einwohnern. Es entstand eine kleine, aber sehr moderne Handels- und Kriegsflotte. 1936 wurde mit dem Bau zahlreicher Industriebetriebe im sog. Zentralen Industrierevier (COP) begonnen, das die rückständigsten, übervölkerten Gebiete Zentralpolens umfasste. Das war für die damalige Zeit ein äusserst kühner und umfassend zugeschnittener Komplex von industriellen Investitionsvorhaben, vor allem von Betrieben der Schwer- und der Rüstungsindustrie. Einer der Hauptschöpfer des COP war der langjährige Minister und Vizepremier Eugeniusz Kwiatkowski, der grossen Einfluss auf die Wirtschaftstätigkeit des Staates ausübte. Die Fertigstellung aller Arbeiten im COP wurde durch den Ausbruch des zweiten Weltkrieges verhindert.

Zu einem grossen Zentrum der modernen Industrie wurde auch Warszawa. Die Stadt selbst wurde im Zusammenhang damit beträchtlich modernisiert und ausgebaut. Grosse Verdienste erwarb sich dabei der letzte Stadtpräsident von Warszawa vor dem Kriege, Stefan Starzyński. Der Verstädterungsprozess erfasste auch andere Grossstädte wie Poznań, Kraków und Lwow.

In der Zeit zwischen den beiden Weltkriegen wurden in Polen erhebliche wirtschaftliche Anstrengungen unternommen. Viele Betriebe der chemischen Industrie, der Elektrotechnik und der Metallverarbeitung wurden modernisiert oder von Grund auf neu errichtet. Man begann mit der Schaffung der polnischen Rüstungsindustrie und des Transportmittelbaus. In vielen Produktionszweigen errangen polnische Erzeugnisse höchsten internationalen Standard.

Die Existenz eines eigenen Staates erleichterte den Prozess der Integration der polnischen Gebiete. In kurzer Zeit bildete sich in Polen ein einheitlicher, rasch erstarkender Wirtschaftsorganismus heraus. Gleichzeitig wurden das Rechtswesen und die gesellschaftspolitischen Einrichtungen vereinheitlicht. Dadurch wurden die unerlässlichen Voraussetzungen zur Überwindung des von der Fremdherrschaft hinterlassenen Partikularismus und zur Herausbildung staatlicher Bindungen geschaffen. Besondere Bedeutung hatte die Wiedererlangung der Unabhängigkeit für die Entwicklung der Nationalkultur. Das Bildungswesen entwickelte sich. Es entstand ein polnisches Schulsystem, das von den Elementarschulen bis zu den höchsten wissenschaftlichen Einrichtungen reichte. Stark verringerte sich ein trauriges Erbe der Fremdherrschaft — das Analphabetentum. Der eigene Staat wirkte sich belebend auf die Entwicklung von Literatur, Wissenschaft und bildenden Künsten aus. Während im ersten Jahrzehnt noch Schriftsteller wirkten, die wie Stefan Żeromski, Władysław Reymont und Andrzej Strug

die Verbindung zur vorherigen Epoche aufrechterhielten, brachten die letzten Vorkriegsjahre das Schaffen der Revolutionäre Bruno Jasieński und Leon Kruczkowski, gesellschaftlich engagierter Schriftsteller wie Maria Dąbrowska und Zofia Nałkowska und schliesslich der Wegbereiter neuer Richtungen im literarischen Schaffen wie Bruno Schulz, Witold Gombrowicz oder Stanisław Witkiewicz (älter als die beiden zuvor Genannten). Von den Dichtern seien zumindest Jan Kasprowicz, Leopold Staff, Julian Tuwim, Jan Lechoń, Antoni Słonimski, Julian Przyboś und Władysław Broniewski genannt. Zu einer neuen Erscheinung wurde das für breiteste Kreise des Volkes bestimmte Kulturschaffen. Damit waren auch — neben den Werken Karol Szymanowskis, dem Fryderyk-Chopin-Wettbewerb (Klavier) und dem Henryk-Wieniawski-Wettbewerb (Violine), die noch Ausdruck einer Aktivierung elitärer Kreise waren — Karriere und Popularität des Sängers Jan Kiepura zu erklären. Der Kiepura-Kult belegte zugleich die kulturschöpferische Rolle der Massenmedien. Das Kino diente, besonders in den Städten, der Unterhaltung aller. Eine immer grössere Rolle spielte der Rundfunk. Unmittelbar vor dem Krieg besassen fast eine Million Familien einen Rundfunkempfänger. Der 1931 in Betrieb genommene Sender Warschau war seinerzeit der stärkste Rundfunksender der Welt.
Trotz der die Entwicklung Polens hemmenden Faktoren — die gesellschaftliche Struktur und die aus der Zeit der Teilungen ererbte Rückständigkeit — stiegen das kulturelle Niveau des Volkes und seine Kenntnis der eigenen Geschichte und Entwicklung. Die Generation, der es beschieden war, in der Zweiten Republik zu leben, hatte ihre schwerste Prüfung während der Okkupation, in den Jahren des zweiten Weltkrieges, zu bestehen.

Polen zur Zeit der parlamentarischen Regierungen

Am 17. März 1921 beschloss der Sejm nach langen Debatten die sog. Märzverfassung. Als Vorbild dafür dienten die Institutionen der III. Republik in Frankreich. Durch die Verfassung wurde ein parlamentarisches Regierungssystem eingeführt. Die Legislative wurde von dem aus demokratischen Wahlen hervorgegangenen Sejm und vom Senat ausgeübt, die gestützt auf

die demokratische Wahlordnung für fünf Jahre gewählt wurden. Der Sejm, das Unterhaus, bildete das entscheidende Kettenglied im System der Staatsorgane. Der Ministerrat war dem Sejm gegenüber rechenschaftspflichtig. Die Rolle des Senats sowie des von beiden Kammern gewählten Präsidenten war verhältnismässig gering. In der Verfassung war eine umfangreiche Liste staatsbürgerlicher Rechte und Freiheiten proklamiert. In der Praxis wurden sie allerdings häufig verletzt. Das ergab sich aus dem Kräfteverhältnis der Klassen in Polen (den werktätigen Massen fiel es schwer, ihre Rechte in Anspruch zu nehmen, deren Verwirklichung eine Einschränkung der wirtschaftlichen Übermacht der Besitzenden bedeutet hätte) und aus den diskriminierenden Praktiken gegenüber den nationalen Minderheiten, insbesondere gegenüber den ukrainischen und belorussischen Bauern. Eine starke Einschränkung der staatsbürgerlichen Rechte und Freiheiten bedeutete es, dass der revolutionären Bewegung die Möglichkeit genommen wurde, legal tätig zu sein.
1922 fanden die Wahlen zum Sejm und zum Senat statt. Die meisten Stimmen erhielt die Rechte. Es folgten die gemeinsam auftretenden nationalen Minderheiten. Entgegen dem Standpunkt der Rechten wählte das Parlament Gabriel Narutowicz, einen hervorragenden Fachmann auf dem Gebiet des Baus von Wasserkraftwerken, zum Präsidenten der Republik. Die Nationaldemokratie entfesselte eine zügellose Hetze gegen ihn. Nach einigen Tagen der Amtsausübung fiel er einem Attentat zum Opfer. Sejmmarschall Maciej Rataj, ein bekannter Vertreter der Bauernpartei, der vorübergehend die Pflichten des Staatsoberhaupts ausübte, berief damals ein ausserparlamentarisches Kabinett mit General Sikorski als Premierminister. Die Ermordung Narutowicz' verzögerte die Bildung einer Koalition zwischen der Nationaldemokratie und der Polnischen Bauernpartei „Piast". Der Keim für diese Koalition begann sich unmittelbar nach den Wahlen herauszubilden. Endgültig formierte sie sich im Mai 1923.
An der Spitze des Kabinetts stand zum zweiten Mal Wincenty Witos. Dieses Kabinett amtierte zur Zeit der grossen Inflation, die das wirtschaftliche Leben des Landes stark desorganisierte. Da die rechtsorientierten Gruppierungen nicht geneigt waren, die besitzenden Kreise finanziell zu belasten, gelang es nicht, die ständige Geldentwertung und die damit verbundenen Lohnsenkungen aufzuhalten. Das Land wurde von Massenstreiks er-

schüttert. Innerhalb eines Jahres beteiligten sich 848 000 Arbeiter an diesen Aktionen. Das war die grösste Zahl von Streikenden in den 20 Jahren zwischen den beiden Weltkriegen. Die Spannung zwischen der Linken im Sejm und der Regierung nahm zu. Gleichzeitig wurde das Kabinett von Marschall Piłsudski heftig bekämpft, der auf die Nachricht von der Bildung dieses Kabinetts hin demonstrativ alle staatlichen Funktionen niedergelegt hatte. Im November 1923 kam es zu blutigen Auseinandersetzungen in Kraków. Eine von den Behörden verbotene Demonstration der Arbeiter (die Behörden hatten den Ausnahmezustand verhängt) endete mit Kämpfen in der Stadt. Mehrere Dutzend Menschen kamen ums Leben. Dadurch wurde die Position der Regierung untergraben, die dann zurücktrat. Präsident Stanisław Wojciechowski berief ein ausserparlamentarisches Kabinett. An seiner Spitze stand Prof. Władysław Grabski, ein ausgezeichneter Wirtschaftswissenschaftler, der mit der Durchführung einer Reform der Staatsfinanzen begann. Im Frühjar 1924 gelang es Grabski, dieses Vorhaben zu verwirklichen. Die entwertete polnische Mark wurde durch den Złoty ersetzt, der zum Kurs von 1 Złoty für 1,8 Mill. polnische Mark ausgetauscht wurde. Der Złoty war eine harte Währung mit dem hohen Kurs: 5,18 Złoty für 1 Dollar.

Die Währungsreform war ein Erfolg Grabskis, besonders, da sie aus eigenen Kräften der Bevölkerung durchgeführt worden war. Erst später gelang es, Auslandsanleihen zu bekommen, allerdings zu ungünstigen Bedingungen für Polen. Anfang 1925 verschlechterte sich die wirtschaftliche Lage Polens jedoch erneut. Produktion und Export gingen zurück, die Arbeitslosigkeit nahm zu. Ungünstig wirkte sich auf die Lage Polens auch der plötzliche Abbruch der polnisch-deutschen Handelsbeziehungen, der sog. Zollkrieg, aus. Dabei handelte es sich um einen Versuch Deutschlands, des bisherigen Haupthandelspartners Polens, das Land durch wirtschaftlichen Druck von sich abhängig zu machen. Deutschland gelang es jedoch trotz der beträchtlichen wirtschaftlichen Schwierigkeiten, die es Polen bereitete, nicht, sein Vorhaben zu verwirklichen.

Der Zollkrieg war ein Ausdruck der sich festigenden Position Deutschlands auf internationaler Ebene. Das fand seinen Niederschlag im Locarnopakt vom Oktober 1925. Er führte zu einer Verschlechterung der internationalen Lage Polens. Die Sicherheit Polens gründete sich damals vor allem auf ein polnisch-französisches Abkommen von 1921. Polen, das seit der

Wiedererlangung seiner Unabhängigkeit im Einflussbereich Frankreichs stand, musste jetzt erfahren, dass die französische Seite eine Lockerung der Beziehungen anstrebte. Diese Politik setzte Frankreich in den nächsten zehn Jahren fort. Zur Zeit der Konferenz in Locarno kam es zu gewissen Versuchen einer Annäherung Polens an die Tschechoslowakei und die UdSSR. Dabei handelte es sich jedoch um zeitweilige Massnahmen, die von der polnischen Diplomatie nicht fortgesetzt wurden. Die ungünstigen Symptome in der internationalen Lage, die wirtschaftlichen Schwierigkeiten, das Fehlen einer entscheidenden Mehrheit im Parlament, das zu Schwierigkeiten bei der Kabinettsbildung führte, all das begünstigte die Massnahmen Marschall Piłsudskis, der sich darauf vorbereitete, erneut die Macht zu übernehmen. Seine Anhänger in der Armee, hauptsächlich ehemalige Kämpfer der Polnischen Legionen, gingen zur Verschwörertätigkeit über. Die Linke im Sejm unterstützte den Marschall, denn sie erblickte in ihm ein Hindernis für eine eventuelle Machtübernahme durch die Nationaldemokratie, die man der Vorbereitung eines Staatsstreiches verdächtigte.

Nach dem Maiumsturz

Im Mai 1926 entstand auf der Basis der Koalition zwischen der Nationaldemokratie und der Bauernpartei „Piast" das sog. dritte Witos-Kabinett. Bei der Linken fand es feindliche Aufnahme. Piłsudski nutzte das aus. Am 12. Mai setzte er sich an der Spitze ihm ergebener Abteilungen in Richtung Warszawa in Marsch. Es begannen bewaffnete Kämpfe, 379 Menschen fielen. Nach drei Tagen lag die Macht in den Händen Piłsudskis und seiner Anhänger, der sog. Sanacja. Der Sejm büsste seine Position ein. Nach dem Rücktritt des bisherigen Präsidenten wählte das Parlament einen Piłsudski-Kandidaten, den hervorragenden Chemiker Prof. Ignacy Mościcki. Ferner beschloss der Sejm eine Verfassungsänderung, durch die die Kompetenzen der Kammern beträchtlich eingeschränkt wurden.

Der Amtsbeginn des neuen Regierungslagers fiel in eine Zeit der Verbesserung der wirtschaftlichen Lage Polens. Das wirkte sich auf die innenpolitische Lage im Staat aus. Die Rechte war zerschlagen, die Linke desorientiert. Das erleichterte es dem Regierungslager, Massnahmen zu ergreifen, die die Basis ihrer

Anhänger erweitern sollten. Allmählich kristallisierten sich jedoch neue Abgrenzungen heraus. Ein Teil der bisherigen Anhänger der Nationaldemokratie aus den Kreisen der Grossindustriellen und Grundbesitzer unterstützte die regierende Gruppe. Im März 1928 fanden Neuwahlen statt. Daran beteiligte sich der unter Mithilfe der Verwaltung aufgestellte Parteilose Block zur Zusammenarbeit mit der Regierung, eine Organisation, der sich zahlreiche „Dissidenten" anderer Parteien anschlossen. In die Wahlkampagne des Blocks schaltete sich die staatliche Verwaltung ein, aus der die Gegner der Sanacja zuvor entfernt worden waren. Der Block erlangte 30% der Stimmen. Nach der Wahl konsolidierte sich jedoch die Opposition der Linken und des Zentrums. Diese Gruppierung wurde *CENTROLEW* genannt. Die Parteien der *CENTROLEW* vereinte das Bestreben, wieder ein parlamentarisches Regierungssystem einzuführen und das Sanacja-Regime durch gemeinsames Vorgehen im Sejm abzuschaffen. Das immer aktivere Wirken der *CENTROLEW* und ihre zunehmende Opposition stiessen auf Gegenmassnahmen der Regierungskreise. Im August 1930 kam es zur vorzeitigen Auflösung beider Kammern des Parlaments. Gleichzeitig wurden weit über zehn Oppositionsführer mit W. Witos an der Spitze widerrechtlich verhaftet und in der Festung Brest festgesetzt. Beim Prozess wurden Gefängnisstrafen (bis zu 3 Jahren) verhängt. Ein Teil der Gefangenen von Brest entging der Verurteilung. Sie emigrierten, bevor die Urteile rechtskräftig wurden. Die Vorfälle von Brest erschütterten die Bevölkerung. Intellektuelle, Arbeiter und Funktionäre der Bauernbewegung protestierten. Indessen nutzte das Regierungslager die Brester Ereignisse aus, um seine Position zu festigen. Die im Herbst 1930 durchgeführten Wahlen erregten Aufsehen wegen des allgemeinen Zwangs und Drucks gegenüber den Wählern und wegen zahlreicher Wahlmanipulationen. Die Sanacja erhielt schliesslich 46% aller Stimmen. Als sich diese Ereignisse abspielten, begann die Weltwirtschaftskrise. Die Arbeitslosigkeit nahm sprunghaft zu, und durch die fallenden Preise für landwirtschaftliche Erzeugnisse geriet die Dorfbevölkerung in Elend. Neben Streiks in den Betrieben und Protestaktionen von Arbeitslosen begannen in den Jahren der Krise auch die Bauern zu streiken. Die Aktionen wurden von der Bauernpartei geleitet, einer Gruppierung, zu der sich die bestehenden Bauernparteien 1931 zusammengeschlossen hatten und deren Führer Wincenty Witos war. Die Bauernpartei strebte danach, in Polen wieder ein demokratisches Regierungssystem herzustellen und soziale Reformen, insbesondere eine Bodenreform, durchzuführen. Witos, der sich seit 1933 im Exil befand, übte weiterhin wesentlichen Einfluss auf den politischen Kurs der Bauernpartei aus, die in seinem Namen von Maciej Rataj geleitet wurde. Die illegale KPP wurde ebenfalls aktiver. Sie errang bedeutende Erfolge, besonders bei der Leitung von Aktionen der Arbeitslosen.

Anfang der dreissiger Jahre verschlechterten sich die deutsch-polnischen Beziehungen sehr stark. Deutschland verlangte eine Revision der Grenzen. Damals kam es nach langwierigen Verhandlungen zum Abschluss eines polnisch-sowjetischen Nichtangriffspakts. Zu jener Zeit übernahm Oberst Józef Beck die Führung der polnischen Diplomatie. 1934 wurde der Vertrag mit der UdSSR um zehn Jahre verlängert. Auf die Machtergreifung Hitlers reagierte man in Polen mit demonstrativen antideutschen Massnahmen militärischen Charakters. In Diplomatenkreisen hiess es, Piłsudski habe sich an Frankreich gewandt und einen Präventivschlag gegen Nazideutschland vorgeschlagen. Indessen bemühten sich sowohl Grossbritannien als auch Frankreich und Italien um eine Verbesserung ihrer Beziehungen zum faschistischen Diktator. Diese Staaten begannen Verhandlungen über den Abschluss des sog. Viererpakts. Damals ergriff auch Polen Massnahmen zur Verbesserung seiner Beziehungen zu Deutschland. Im Januar 1934 wurde eine Deklaration unterzeichnet, in der beide Staaten erklärten, dass sie sich nicht gegenseitig angreifen würden.

Seit Anfang der dreissiger Jahre bereitete sich das Regierungslager auf eine Verfassungsänderung vor. Gleichzeitig unternahm es Schritte, durch die die Bürgerrechte eingeschränkt und die für die Arbeiter günstigen Vorschriften des Arbeitsrechts angetastet wurden. Am 23. April trat die neue Verfassung, die sog. Aprilverfassung, in Kraft. Darin war vorgesehen, dass der Präsident an der Spitze des Staates stand und die höchste unteilbare Macht in seinen Händen vereinte. Zugleich unterstanden ihm alle anderen Staatsorgane. Ein weiterer, bereits nach Annahme der Verfassung unternommener Schritt war die Änderung der Wahlordnung. Dadurch wurde die Zahl der Wahlberechtigten eingeschränkt und eine „Elite" geschaffen, der das Wahlrecht zum Senat vorbehalten war. Der Opposition wurde die Möglichkeit genommen, Kandidaten für die Wahl aufzustellen. Diese Verfassung bedeutete einen klaren Schritt in Richtung

Totalitarismus und war ein Ausdruck für die Festigung autoritärer Regierungsmethoden. Das Aufzwingen der Verfassung stiess auf Widerstand. Eine wichtige Rolle spielten dabei die Veränderungen, die sich innerhalb der Arbeiterbewegung vollzogen, für die die Machtergreifung Hitlers in Deutschland ein Schock war. Die KPP verkündete die Losung, alle antifaschistischen Kräfte müssten sich zum gemeinsamen Kampf vereinen, um die Demokratie in Polen wiederherzustellen, dem Faschismus den Weg zu versperren und eine Volksfront zur Verteidigung der bedrohten Unabhängigkeit zu schaffen. Auf eine Einheitsfront abzielende Tendenzen verstärkten sich auch in der PPS. Zu einem Erfolg der gegen die Sanacja gerichteten Kräfte wurden die Sejm- und Senatswahlen im Herbst 1935, die von den meisten Wählern boykottiert wurden.
Im Mai 1935 starb Józef Piłsudski. Im bisher einheitlichen Sanacja-Lager begann der Kampf um das politische Erbe des Marschalls. Schliesslich befand sich die Macht in den Händen des Präsidenten Ignacy Mościcki und des eine immer herausragendere politische Rolle spielenden Generals und späteren Marschalls Edward Rydz-Śmigły. Von der Macht entfernt wurde die sog. Obristengruppe (u.a. Walery Sławek und Aleksander Prystor), die den Staat seit Anfang der dreissiger Jahre gelenkt hatte. Im Mai 1936 entstand das letzte Vorkriegskabinett Polens mit Premierminister General Sławoj-Składkowski an der Spitze. Die Veränderungen im Regierungslager und das Nachgeben gegenüber rechtsgerichteten Tendenzen bewirkten, dass demokratisch-liberal eingestellte Gruppen, insbesondere der Intelligenz, das Sanacja-Lager zu verlassen begannen. Etwas später gründeten fortschrittliche, zuvor mit der Sanacja verbundene Kreise der Intelligenz demokratische Klubs und wurden dann auch in der PPS und in der Bauernpartei aktiver. Die KPP dehnte ihren Einfluss auf die Intelligenz beträchtlich aus.
Die Jahre 1935—1939 zeichneten sich durch Massenstreiks aus. Besonders entwickelte sich die Form des sog. polnischen Streiks, bei dem die Streikenden das Betriebsgelände besetzt hielten. Diese Streiks wurden von den Behörden oft scharf bekämpft, was nicht ohne Blutvergiessen abging. Ein breites Echo rief in ganz Polen der im August 1937 von der Bauernpartei organisierte grosse Zehntagestreik der Bauern hervor. Er war die mächtigste politische Aktion gegen das Regierungslager in der Zeit vor dem zweiten Weltkrieg. Durch seine Reichweite und durch die Zahl der Beteiligten — rund 1 Mill. Dorfbewohner — stand

er zugleich an führender Stelle unter den bäuerlichen Massenaktionen in Europa. Bei den Auseinandersetzungen mit der Polizei kamen damals rund 40 Menschen ums Leben. Indem sie gegen das diktatorische System im eigenen Land kämpften, blieben sie zugleich ihrer Losung „Für Eure und unsere Freiheit" treu. Als im Juli 1936 der Bürgerkrieg in Spanien ausbrach, kämpften daher auch mehrere tausend Polen auf seiten der Republik. Diese Freiwilligen waren vor allem von der KPP organisiert.

In den Jahren unmittelbar vor dem zweiten Weltkrieg gestaltete sich die politische Landkarte Polens folgendermassen: Rechts stand die Nationalpartei mit nationalistischer, antiparlamentarischer Ideologie. Sie bekämpfte nicht nur die Linke heftig, sondern auch das Sanacja-Lager, in dem sie das Haupthindernis auf dem Wege zur Macht erblickte. 1933 sonderte sich von dieser Partei eine Gruppe ab, die hauptsächlich aus Funktionären der jüngeren Generation bestand, ein eindeutig faschistisches Programm hatte und der Nationalpartei vorwarf, dass sie — besonders ein Teil der älteren Führer — einer parlamentarisch-liberalen Konzeption nachgebe. Diese Splittergruppe gründete das National-Radikale Lager ONR. Ihr krasser Nationalismus und Antisemitismus verbanden sich mit Aktionen gegen die Arbeiterklasse und einer lautstarken Demagogie gegenüber der Regierung. Die gesetzwidrigen Methoden des ONR führten dazu, dass die Behörden diese Organisation auflösten, die von nun an halblegal tätig war. Die Anhänger der Sanacja waren im 1937 gebildeten Lager der Nationalen Einheit gruppiert. Es bekämpfte scharf die Linke und die Nationaldemokraten, die man damals Nationale nannte. Nach dem Tode der ehemaligen Führer — Piłsudski und Dmowski — kamen junge Funktionäre zu Worte, für die die früheren Abgrenzungen graue Vorzeit waren; es zeichnete sich ein Prozess der ideologischen Annäherung der bisherigen Gegner ab. KPP, SL und PPS beschuldigten die Sanacja und die Nationalen einer antidemokratischen Gesinnung und des Nationalismus sowie des Nachgebens gegenüber totalitären Einflüssen. SL und PPS arbeiteten zusammen und unterhielten zugleich inoffizielle Kontakte zu liberalen Kreisen des Regierungslagers. Die Bauernpartei SL war eine Massenorganisation der Bauern mit rund 200 000 Mitgliedern. Die PPS war weniger zahlreich (bis zu 50 000 Mitglieder); ihr Einfluss wurde jedoch durch die eng mit ihr zusammenwirkenden Klassengewerkschaften vervielfacht. Die in Polen befindlichen Kommunisten schlossen sich 1938 nach der Auflösung der KPP durch die Kommunistische Internationale verschiedenen, von Linkskräften organisierten Aktionen an. Zu verzeichnen war ferner eine Aktivierung der Kräfte des Zentrums. Unter der Schirmherrschaft des damals in der Schweiz lebenden Ignacy Paderewski und unter Beteiligung General Sikorskis, der das Regierungslager scharf bekämpfte (sein Streit mit Piłsudski hatte schon in den Legionen begonnen), entstand 1937 die auf christlich-demokratischem Boden stehende Partei der Arbeit. Der Einfluss dieser Gruppierung war gering.

In Polen wirkte in jenen Jahren ein autoritäres Regierungssystem. Die Gruppe, die im Mai 1926 an die Macht gelangt war (ihre Zusammensetzung änderte sich übrigens), verwendete diktatorische Methoden. Die Rolle des Parlaments war stark eingeschränkt. An seiner Tätigkeit waren übrigens nur Anhänger des Regierungslagers beteiligt. In der Innenpolitik wurden antidemokratische, ja geradezu reaktionäre Massnahmen ergriffen. Trotz vielfältiger Schikanen und Verfolgungen wirkte jedoch eine legale Opposition; es erschien eine, wenn auch der Zensur unterliegende, unabhängige Presse; Gewerkschaften organisierten die Arbeiter zum Streikkampf. Die meisten organisierten Arbeiter gehörten Gewerkschaften an, die von der Sanacja unabhängig waren; fast die Hälfte waren Mitglieder von Klassengewerkschaften, die sozialistische Positionen vertraten. In diesen Gewerkschaften verfügten auch die Kommunisten über erheblichen Einfluss. Es gab eine riesige Zahl von gesellschaftlichen, kulturellen und Bildungsorganisationen verschiedenster politischer und gesellschaftlicher Orientierung. Eine ansehnliche wirtschaftliche und zugleich soziale Kraft stellte auch das Genossenschaftswesen dar, das mehrere Millionen Mitglieder vereinte. Auch die, wenngleich oft diskriminierten nationalen Minderheiten genossen das Recht, ihre nationalen Einrichtungen, gesellschaftlichen und kulturellen Organisationen und politischen Parteien zu unterhalten. Besonders entwickelt waren die verschiedenen Formen des Zusammenlebens der jüdischen Minderheit. Sie verfügte über eine umfangreiche Presse und besass ein gut entwickeltes Schulwesen der einzelnen Ebenen sowie Wirtschaftsorganisationen. Es wirkten jüdische Theater, die manchmal ein hohes Niveau aufwiesen. Die jüdischen Zentren in Polen waren im Hinblick auf ihre kulturelle Entwicklung die aktivsten der Welt. Grosse Erfolge hatte auch die ukrainische

Genossenschaftsbewegung zu verzeichnen. Die nationalen Minderheiten, insbesondere Ukrainer, Juden und Deutsche, waren ferner verhältnismässig zahlreich im Parlament vertreten. Unmittelbar vor dem Krieg erlagen die in Polen ansässigen Deutschen jedoch in beträchtlichem Grade der hitlerfaschistischen Propaganda. Sie bildeten die sog. fünfte Kolonne Hitlers. Viele Faktoren beeinflussten die politische Lage in Polen. Nach dem Tode Marschall Piłsudskis machte das Regierungslager einen Prozess der Desintegration durch. Die wirtschaftliche Schwäche des Staates, die ungelösten sozialen und nationalen Konflikte und die damit zusammenhängenden Spannungen erschwerten es dem Regierungslager, die breiten Massen zu gewinnen oder sie zumindest zu neutralisieren. Unter diesen Umständen bildete sowohl die rechte als auch die linke Opposition eine Kraft, mit der man rechnen musste. Eine wesentliche Rolle spielten auch die demokratischen Traditionen in der Bevölkerung, die sich nicht mit den totalitären Regierungsmethoden abfand. Daraus ergaben sich Inkonsequenzen und sogar Zugeständnisse seitens der Regierung. Als Beispiel dafür seien die vor Kriegsausbruch ausgeschriebenen Wahlen zu den Selbstverwaltungsorganen angeführt, in deren Ergebnis die Verwaltung von Łódź, der zweitgrössten Stadt Polens, z.B. in die Hände der Sozialisten überging.

Wachsende Bedrohung durch Deutschland. Vorbereitungen zur Verteidigung Polens

Die militärische Macht Deutschlands nahm zu. Hitler stiess nicht auf den Widerspruch der Westmächte, als er einen internationalen Vertrag nach dem anderen brach. Unter diesen Umständen geriet Polen in eine schwierige Lage. Es unterhielt weiterhin korrekte Beziehungen zu Deutschland. Gleichzeitig wahrte es seine Bindung an Frankreich. 1936, nach der Besetzung der Rheinzone durch die Wehrmacht, brachte es seine Bereitschaft zum Ausdruck, mit Frankreich auf militärischem Gebiet zusammenzuwirken. Doch Frankreich, das schon damals eine Politik der Zugeständnisse an Deutschland — sog. Appeasement — verfolgte, lehnte die Möglichkeit einer Intervention ab. Im Herbst 1938 kam es zum Münchner Abkommen.

Ein Teil der Tschechoslowakei geriet unter deutsche Herrschaft. Die damalige polnische Regierung erblickte in den Ereignissen in der Tschechoslowakei keine für Polen bedrohliche Warnung, die zu einer grundsätzlichen Reorientierung der Aussenpolitik, vor allem gegenüber der UdSSR, gezwungen hätte. Dagegen verlangte Polen ultimativ den vorwiegend von Polen bewohnten tschechoslowakischen Teil von Śląsk Cieszyński, wodurch es sich gewissermassen dem Münchner Abkommen anschloss. Kurze Zeit später wurde Polen Gegenstand einer Offensive der deutschen Diplomatie. Erste deutsche Vorschläge sahen vor, dass Polen dem gegen die Sowjetunion gerichteten Antikominternpakt beitrete, dass Deutschland Gdańsk besetze und dass eine exterritoriale Autobahn durch Pomorze führen werde. Unter diesen Bedingungen erklärte sich Deutschland bereit, Polen territoriale Garantien zu gewähren und den Nichtangriffspakt auf 25 Jahre zu verlängern. Diese Forderungen bedeuteten, dass Polen zum Objekt eines weiteren deutschen Angriffs werden sollte. Die Republik Polen lehnte die Forderungen ab. Die Entscheidung der polnischen Behörden, die in dieser Frage von der ganzen Bevölkerung unterstützt wurden, hatte historische Bedeutung. Zum ersten Mal wurde Hitler auf seinem Weg der friedlichen Eroberungen Widerstand geleistet. Man kann sich vorstellen, wie es weitergegangen wäre, wenn sich Polen, das über die sechstgrösste Armee Europas verfügte, entschieden hätte, sich Hitlerdeutschland unterzuordnen.

Gleichzeitig wurden die Verteidigungsvorbereitungen verstärkt. Polen modernisierte ab 1936 rasch seine Armee. Es baute eine Rüstungsindustrie auf, wofür über 40% des Staatshaushalts aufgewandt wurden. Das war eine gewaltige Anstrengung. Die wirtschaftliche Schwäche des Staates und der grosse Bedarf der Armee bewirkten jedoch, dass die erzielten Effekte bei weitem nicht den Bedürfnissen entsprachen, ganz besonders, weil die vollen Ergebnisse der Modernisierungsarbeiten erst Anfang der vierziger Jahre erreicht werden sollten. Deutschland verfügte damals über die mächtigste Armee der Welt und gab fast 30mal soviel für die Rüstung aus wie Polen.

Am 15. März 1939 besetzte Deutschland den restlichen Teil der Tschechoslowakei. An der polnischen Grenze standen jetzt auf über 3000 km Länge (ca. 60% der Staatsgrenze) deutsche Truppen. Die Deutschen umringten fast 70% des polnischen

Staates. Als Antwort auf diesen Schritt ordnete die polnische Regierung Ende März eine teilweise Mobilmachung an. Zwei Divisionen wurden an der Grenze stationiert. Die Verteidigungsvorbereitungen hielten an. Am 6. April wurde ein polnisch-englisches Kommuniqué veröffentlicht, in dem der Abschluss eines bilateralen Beistandspaktes angekündigt wurde. Die französische Regierung schloss sich dieser Erklärung an. Das bedeutete, dass in Europa die Ansätze eines dreiseitigen antideutschen Bündnisses entstanden waren. Ende März erliess Hitler Direktiven zur Vorbereitung eines Feldzuges gegen Polen. Am 28. April kündigte er die polnisch-deutsche Gewaltverzichtserklärung. Deutschland verstärkte seine Grenzprovokationen, verschärfte die Verfolgung der polnischen Bevölkerung im Reich und in Gdańsk und aktivierte die Tätigkeit der hitlerfaschistischen fünften Kolonne in Polen. Am 19. Mai wurde in Paris ein Protokoll über die Prinzipien eines Zusammenwirkens der polnischen und der französischen Armee im Falle eines Krieges unterzeichnet. Der polnischen Seite gelang es allerdings nicht, eine Präzisierung dieser Verpflichtungen zu erreichen. Im Sommer fanden in Moskau Verhandlungen zwischen der UdSSR, Frankreich und Grossbritannien statt. Beratungsthema war die Frage eines militärischen Zusammenwirkens im Falle einer deutschen Aggression. Diese Verhandlungen führten zu keinem Erfolg. Unter diesen Umständen schloss die UdSSR am 23. August ein Abkommen mit Deutschland ab. Am 25. August wurde das polnisch-britische Abkommen über gegenseitigen Beistand unterzeichnet.

Die polnischen Verteidigungsvorbereitungen hielten an. Insgeheim wurde mobilisiert, und die entsprechenden Truppen wurden in die als erste Verteidigungsstellungen vorgesehenen Gebiete gebracht. Die Luftwaffe wurde auf Feldflugplätze verlegt, die dem Gegner unbekannt waren, um eine überraschende Zerstörung am Boden zu vermeiden. Am 29. August wurde offiziell die Mobilmachung verkündet, in deren Verlauf die Einheiten der Militärbezirke und die Hilfsdienste mobilisiert wurden. Auf Verlangen der Bündnispartner wurde die Mobilmachung um einen Tag verschoben. Diese Verspätung konnte niemals wieder aufgeholt werden. Am nächsten Tag, in den Abendstunden des 31. August, veröffentlichte Deutschland nämlich über den Rundfunk ein an Polen gerichtetes Ultimatum, das der polnischen Regierung nicht einmal direkt zur Kenntnis gegeben wurde.

Polen in den Jahren des zweiten Weltkrieges (1939—1945)

Am 1. September 1939 gegen 4 Uhr morgens griffen deutsche Truppen ohne vorherige Kriegserklärung Polen an. Der zweite Weltkrieg begann. Polen wurde von einer der stärksten und modernsten Armeen der Welt angegriffen. Am Feldzug waren über 1 800 000 deutsche Soldaten, die Elite der deutschen Armee, beteiligt. Deutschland verfügte über rund 9000 Geschütze, 2500 schnelle, moderne Panzer und ca. 1500 Bomber und Jäger. Auf polnischer Seite kämpften 900 000 Soldaten, gruppiert in 26 Infanteriedivisionen, 8 Kavalleriebrigaden und 3 Gebirgsbrigaden. Polen standen ferner eine vollauf moderne motorisierte Brigade und 56 schwächer bewaffnete Bataillone der Nationalverteidigung zu Gebote. Polen verfügte über rund 3000 Geschütze, 475 hauptsächlich leichte Panzer und rund 400 Kampfflugzeuge, darunter ca. 60 hochmoderne Bomber. Gleichzeitig wurden weitere 300 000—400 000 Mann der ersten Reserve mobilisiert.

Der Gegner war stark überlegen, besonders wegen seiner gewaltigen Feuerkraft und seiner Schnelligkeit, die sich aus der Motorisierung seiner Streitkräfte ergab. Er verfügte auch, wie jeder Aggressor, über einen weiteren Vorteil, der sich aus der freien Wahl des Zeitpunktes und des Ortes des Angriffs ergab. Trotzdem stiessen die deutschen Truppen überall dort, wo sie — oft aus dem Hinterhalt heraus — angriffen, auf hartnäckigen polnischen Widerstand. Zusätzlich erschwert wurde die Lage der polnischen Streitkräfte dadurch, dass der Gegner erstmals in der Kriegsgeschichte massiert mit Panzern und motorisierten Einheiten angriff. Dieser Form der Kriegführung vermochte man sich bis Ende 1941 nicht wirksam zu widersetzen. Erst dann brachte die Sowjetarmee vor Moskau den Gegner erfolgreich zum Stehen. Gleichzeitig führte die Luftwaffe — ebenfalls erstmalig — massive Luftangriffe auf militärische und zivile Ziele durch. Die Deutschen handelten auf Befehl Hitlers im Widerspruch zum Völkerrecht. Neben den Truppen fiel ihnen die wehrlose Zivilbevölkerung zum Opfer, die von deutschen Piloten bewusst angegriffen wurde.

Die Kampfhandlungen vor der polnischen Hauptverteidigungslinie dauerten vom 1. bis zum 3. September. Dann zogen sich die polnischen Truppen unter schweren Kämpfen und unter beträchtlichen Verlusten auf die Hauptverteidigungslinie

zurück, die von Norden her entlang der Flüsse Biebrza, Narew, Weichsel und Brda über Bydgoszcz, die obere Noteć, die obere Warta in der Gegend von Łódź, über Śląsk bis zu den Karpaten verlief. Der Plan, diese Linie zu halten, konnte nicht verwirklicht werden, so dass der polnische Oberbefehlshaber Marschall Edward Rydz-Śmigły befahl, sich weiter nach Südosten zurückzuziehen, wobei er damit rechnete, dass es ihm gelingen werde, dort eine durchgehende polnische Front zu bilden. Bis zum 6. September dauerten die hartnäckigen Kämpfe im Pomorze, die blutige Schlacht bei Mława, im Raum Łódź, in Śląsk und südlich von Kraków. In die Geschichte des zweiten Weltkriegs ist die heldenhafte Verteidigung des provisorisch befestigten Militärumschlagplatzes auf der Halbinsel Westerplatte in Gdańsk eingegangen. Nicht ganz 200 polnische Soldaten verteidigten sich dort gegen weit über zehnmal so starke Kräfte des Gegners, die über Kampfflugzeuge und Artillerie verfügten und von der Kriegsmarine unterstützt wurden.
Am 3. September 1939 erklärten Grossbritannien und Frankreich in Übereinstimmung mit ihren Verpflichtungen gegenüber Polen dem Dritten Reich den Krieg. Der Krieg verwandelte sich in einen Krieg der Alliierten. Obwohl das in politischer Hinsicht ausserordentlich wichtig war, veränderte sich die militärische Lage Polens nicht. Es musste weiterhin allein kämpfen und über zwei Dritteln der deutschen Kräfte Widerstand leisten.
Vom 8. September an wurde vor Warszawa gekämpft. Die Stadt wurde allmählich von allen Seiten eingekreist. In Mittel- und Südpolen wurde hartnäckig gekämpft. Die nächste Phase der Kampfhandlungen dauerte vom 9. bis zum 20. September. Sie wurde durch eine grosse polnische Offensive eingeleitet, die ein Drittel der gesamten polnischen Armee an der Bzura aufnahm und die als Schlacht bei Kutno bekannt geworden ist. Diese von General Tadeusz Kutrzeba geleitete Operation trug den polnischen Streitkräften anfänglich beachtliche Erfolge ein. Nach einigen Tagen ging die Initiative in die Hände der Deutschen über, und ungefähr am 20. September endete diese Schlacht, eine der blutigsten Schlachten der Weltgeschichte überhaupt, mit der Zerschlagung des grössten Teils der polnischen Truppen. Diese Phase der Kampfhandlungen endete mit der polnischen Niederlage im Süden und am San sowie mit der Einkesselung der polnischen Einheiten am Bug. Am 17. September überschritt die Sowjetarmee die polnische Grenze. In der Nacht vom

17. zum 18. September verliessen der Präsident der Republik Polen, die Regierung und das Oberkommando der Streitkräfte, die sich schon seit mehreren Tagen an der rumänischen Grenze befanden, das polnische Staatsgebiet.
Der Kampf ging weiter. Bis zum 18. September dauerten die Gefechte im Raum der Stadt und des Hafens Gdynia. Bis zum 22. September belagerten die Deutschen erfolglos Lwow, dann übergab der Verteidigungskommandant der Sowjetarmee die Stadt. Bei Tomaszów im Raum Lublin wurden bis zum 26. September zwei schwere Schlachten geschlagen. Am 28. September kapitulierte Warszawa, nachdem alle Verteidigungsmöglichkeiten erschöpft waren. Neben den regulären, von General Juliusz Rómmel befehligten Truppen war die Stadt von Freiwilligen verteidigt worden, unter denen sich viele Arbeiter — Sozialisten und Kommunisten — befanden.
Die Seele der Verteidigung Warszawas war Stadtpräsident Stefan Starzyński. Nach der Kapitulation wurde er von den Deutschen verhaftet und dann unter bis heute ungeklärten Umständen ermordet. Am 29. September ergab sich die Festung Modlin, am 1. Oktober die Halbinsel Hel. Die letzte grosse polnische Einheit trug unter General Franciszek Kleeberg vom 2. bis 5. Oktober die Schlacht bei Kock aus. Es war die letzte Schlacht des Feldzugs 1939.
Die militärische und politische Bedeutung der Verteidigung Polens im Jahre 1939 war gewaltig. Zum ersten Mal war Hitler auf bewaffneten Widerstand gestossen. Im Ergebnis dieses Widerstandes begann sich die Allianz zu formieren, die nach fünf Jahren blutigen Ringens endgültig die faschistischen Staaten besiegte. Die Verteidigung Polens hatte auch sehr grosse militärische Bedeutung. Der Plan Hitlers, Polen durch einen kurzen, leichten Feldzug zu bezwingen, war gescheitert. Der Krieg hatte sich fünf Wochen hingezogen. Nach einer Woche hatte die polnische Seite vorübergehend die strategische Initiative erlangt. Die deutschen Verluste waren erheblich: 40 000 Soldaten getötet oder verwundet, rund 500 Flugzeuge abgeschossen, fast 1000 Panzer und Panzergeschütze zerstört und andere Ausrüstung beschädigt oder vernichtet. Diese Verluste entsprachen den Verlusten, die die Deutschen bei allen anderen Feldzügen zu Lande erlitten hatten, bevor sie die Sowjetunion angriffen. Schliesslich hatten die Verbündeten ein halbes Jahr Zeit gewonnen, um sich an der Westfront auf die Verteidigung vorzubereiten. Ferner hatten sie wertvolle Hinweise auf die

Kriegführung der Deutschen gewonnen. Diese Erfahrungen wurden leider ebenso wenig genutzt wie die Chance im September, als die deutschen Kräfte in Polen gebunden waren.

Das von den Deutschen besetzte Gebiet hatte eine Fläche von 188 700 km^2 und war von 22 Mill. Menschen bewohnt, darunter von ca. 18,5 Mill. Polen, ca. 2,5 Mill. Juden und knapp 1 Mill. Deutschen. Das der UdSSR eingegliederte Gebiet war 201 000 km^2 gross. Dort wohnten ca. 13 Mill. Menschen. Die Mehrzahl von ihnen waren Ukrainer, Belorussen und Juden. Polen machten ca. 5 Mill. aus.

Die Deutschen gliederten das von ihnen besetzte Gebiet in zwei Zonen. Die Wojewodschaft Poznań, Pomorze, beträchtliche Teile der Wojewodschaften Warszawa und Łódź, ein Teil der Wojewodschaft Kielce (das Industrierevier Zagłębie Dąbrowskie), ein Teil der Wojewodschaft Kraków sowie Śląsk wurden dem Reich eingegliedert. Zahlreiche Polen wurden ausgesiedelt. Viele wurden zur Zwangsarbeit gepresst. Aus den anderen polnischen Gebieten unter deutscher Besatzung bildeten die Besatzungsbehörden das sog. Generalgouvernement. Nach deutschen Plänen galt dieses Territorium als vorübergehendes Reservat für Polen, das wirtschaftlich äusserst brutal ausgebeutet wurde und in dem Terror herrschte.

Schon während der Kämpfe 1939 gingen die Deutschen zur Ausrottung der polnischen Bevölkerung über. Sofort nach Beendigung der Kampfhandlungen ermordeten sie Zehntausende von Polen in Bydgoszcz. Weihnachten 1939 wurde in Wawer bei Warszawa die erste Massenhinrichtung an 107 Polen vollzogen. Alle offiziellen Formen des gesellschaftlichen und politischen Lebens wurden abgeschafft, jegliche kulturelle Tätigkeit verboten, das Netz der Oberschulen und Hochschulen aufgelöst und die Arbeit der Grundschulen stark eingeschränkt. Tiefe Empörung rief in ganz Europa das bestialische Vorgehen gegen die Professoren der Jagiellonen-Universität in Kraków hervor. Die deutschen Behörden riefen 183 Wissenschaftler im Universitätsgebäude zu einer angeblichen Vorlesung über die deutsche Wissenschaft zusammen, anschliessend wurden sie ins Konzentrationslager Sachsenhausen gebracht, wo viele von ihnen umkamen.

Als erste fielen der Ausrottung hervorragende Politiker Polens zum Opfer. In Palmiry bei Warszawa kamen Maciej Rataj, der Führer der Bauernpartei, und der Sozialistenführer Mieczysław Niedziałkowski um. Bis heute ist es nicht gelungen, den Ort

ausfindig zu machen, an dem Stefan Starzyński, der heldenhafte Stadtpräsident von Warszawa, ermordet worden ist.
Strassenjagden, Massenverfolgungen von Menschen auf offener Strasse, dienten dem Ziel, kostenlos Zwangsarbeiter zu bekommen. Etwa 3 Millionen Menschen wurden zur Zwangsarbeit nach Deutschland verschleppt. Zufällig aufgegriffene Zivilpersonen wurden bei öffentlichen Hinrichtungen erschossen oder in Konzentrationslager gebracht. Allein in Auschwitz kamen etwa 3,5 Millionen Menschen in den Gaskammern um. 1940 richteten die Okkupanten spezielle Ghettos für die jüdische Bevölkerung ein und isolierten die Juden zwangsweise. Nach und nach wurden ihnen die Lebensmittel entzogen, sie wurden ausgehungert. Nach Auffassung der Deutschen starben die Juden in den Ghettos jedoch zu langsam, man ging also zu ihrer endgültigen Liquidierung über, sei es durch Ermordung an Ort und Stelle oder in speziellen Lagern. Von den über 3 Millionen polnischen Juden überlebten nur einige Zehntausend. Sie hatten ihr Leben der polnischen Bevölkerung zu verdanken. Obwohl auf Hilfe für Juden die Todesstrafe stand, schmuggelten Polen Lebensmittel in die Ghettos und verbargen später diejenigen, denen es gelang, aus den Ghettos zu entkommen. Es gab eine spezielle Organisation, zu der sich zahlreiche polnische Organisationen zusammengeschlossen hatten und die der jüdischen Bevölkerung Hilfe zukommen liess — den Hilfsrat für Juden. Ab 1942 informierte die polnische Exilregierung in London die Welt mehrfach über die hitlerfaschistischen Verbrechen an den polnischen Juden und verlangte Massnahmen zur Verhinderung des Völkermords und zur Bestrafung der Täter.
Methoden der totalen Ausrottung wurden von den Okkupanten gegenüber allen Polen angewandt. Täglich starben auf den Strassen der Städte, auf dem Lande und in Konzentrationslagern Hunderte, ja Tausende wehrlose Menschen. Den sog. Pazifizierungsaktionen fielen die Einwohner hunderter Dörfer und Kleinstädte zum Opfer, vor allem im Raum Zamość und in Warszawa während der Niederschlagung des Aufstandes von 1944. Von der Hand der Okkupanten starben über 6 Millionen Polen.
Die Bevölkerung Polens fand sich nicht mit der Niederlage ab. Über Ungarn und Rumänien gelangten Zehntausende Soldaten nach Frankreich. Dort entstand eine neue polnische Regierung mit General Władysław Sikorski an der Spitze. Sikorski war

gleichzeitig Befehlshaber der im Westen wiederaufgestellten polnischen Armee. In Frankreich wurde in Absprache mit den französischen Behörden die vier Divisionen zählende Polnische Armee geschaffen; es entstanden auch mehrere Jagdfliegerstaffeln. In Syrien wurde die Selbständige Brigade der Karpaten-Schützen gebildet. In Grossbritannien wurde auf der Basis von Schiffen, die zum Teil vor dem Krieg, zum Teil unter Kämpfen gegen den Feind nach England gelangt waren, die polnische Kriegsmarine ausgebaut. Dort wurde auch mit dem Aufbau der Luftwaffe begonnen. Die Zahl aller polnischen Truppen im Westen betrug damals ca. 80 000 Mann. Im Mai und Juni 1940 nahm die Selbständige Brigade der Podhale-Schützen am Norwegenfeldzug teil, insbesondere an den Kämpfen um Narvik. Bei diesem Feldzug waren auch vier polnische Kriegsschiffe eingesetzt. Alle in Frankreich aufgestellten polnischen Einheiten nahmen gemeinsam mit den aus Norwegen evakuierten Abteilungen im Mai und Juni 1940 an der Verteidigung Frankreichs teil. Dort kämpfte auch die polnische Luftwaffe. Die Niederlage Frankreichs bewirkte die Vernichtung dieser bis zum Schluss kämpfenden Einheiten. Es gelang, mit britischer Unterstützung etwa 23 000 Mann auf die britischen Inseln zu evakuieren. Dort wurde das 1. Polnische Korps aufgestellt, das in Schottland stationiert und anfänglich zur Verteidigung im Falle einer deutschen Invasion vorgesehen war. Gleichzeitig wurde mit dem Aufbau der polnischen Luftwaffe begonnen. Die zuerst aufgestellten polnischen Jagdfliegerstaffeln 302 und 303 nahmen ab August 1940 an der am 31. Oktober beendeten sog. Luftschlacht um England teil. Die polnischen Piloten errangen gewaltige Erfolge. Sie schossen ca. 250 feindliche Flugzeuge ab, bei insgesamt 1733 abgeschossenen Maschinen. An dieser und den weiteren Phasen des Krieges hatte die polnische Kriegsmarine erheblichen Anteil. Sie war an insgesamt 1162 Einsätzen beteiligt und eskortierte 787 Geleitzüge. Sie versenkte mit Sicherheit mindestens neun feindliche Kriegsschiffe und weitere fünf mit grosser Wahrscheinlichkeit, ferner 39 Handelsschiffe und Frachter. Sie beschädigte 19 Kriegsschiffe und schoss ca. 30 Flugzeuge ab.

Von Oktober 1940 bis März 1942 kämpfte an der Seite der britischen Truppen in Nordafrika die nach der Kapitulation Frankreichs aus Syrien zurückgezogene Selbständige Brigade der Karpaten-Schützen, die damals über 5000 Mann zählte. Das

grösste Aufsehen erregte ihr Anteil an der Verteidigung von Tobruk.
Nach dem Überfall Deutschlands auf die UdSSR wurden erneut polnisch-sowjetische Beziehungen aufgenommen. Im Ergebnis eines politischen und militärischen Vertrags begann man, in der UdSSR polnische Truppen zu formieren. Dort befand sich ca. 1 Mill. ausgesiedelte Polen und polnische Kriegsgefangene, die damals amnestiert wurden. Infolge der Haltung der von Engländern und Amerikanern unterstützten polnischen Regierung in London wurden die Einheiten von insgesamt etwa 40 000 Mann in den Nahen Osten evakuiert und dort in das von General Władysław Anders befehligte 2. Polnische Korps umgestaltet. Dieses Korps nahm an den Kämpfen an der italienischen Front teil. Es zeichnete sich durch die Erstürmung von Monte Cassino (Mai 1944) aus, eroberte Ancona und war an den Kämpfen um Bologna beteiligt.

Einheiten des 1. Korps waren nach der Invasion in Frankreich an Kämpfen in Belgien und Holland und auch an der Eroberung Deutschlands beteiligt. Die 1. Panzerdivision von General Stanisław Maczek spielte eine wichtige Rolle in der Schlacht bei Falaise. Die 1. Selbständige Fallschirmjägerbrigade von General Stanisław Sosabowski nahm Anteil an der grössten Luftlandeaktion des zweiten Weltkrieges, an der Schlacht bei Arnhem. Polnische Einheiten waren ferner an Einsätzen der französischen Widerstandsbewegung beteiligt.

In der Endphase des Krieges zählten die polnischen Streitkräfte im Westen ca. 220 000 Mann; sie verfügten über 14 Luftgeschwader, 15 grössere und mehrere kleinere Kriegsschiffe. Die Flieger schossen ca. 1000 feindliche Flugzeuge und ca. 200 V-Raketen ab, während die Bomber ca. 12 000 Einsätze gegen den Feind flogen. Der Beitrag der polnischen Soldaten war also an allen Fronten erheblich.

In Polen selbst entwickelte sich von den ersten Besatzungstagen an die Widerstandsbewegung. Schon während der Septemberkämpfe unternahmen militärische Einheiten Partisanenaktionen. Am berühmtesten war die Abteilung des Majors Henryk Dobrzański-Hubal, die bis Ende April 1940 im Świętokrzyskie-Gebirge operierte. Im belagerten Warszawa gründete die Militärverwaltung am 26. September 1939 eine geheime Militärorganisation, den Dienst zum Sieg Polens, der 1940 in die Vereinigung für den Bewaffneten Kampf (ZWZ) und

1942 in eine konspirative Massenorganisation, die Landesarmee AK, umgestaltet wurde. Befehlshaber der AK waren General Stefan Rowecki-Grot und General Tadeusz Komorowski-Bór. Die Landesarmee war der Londoner Exilregierung untergeordnet und bildete deren militärische Basis im Lande. Die Oppositionsgruppen der Vorkriegsjahre gaben der Regierung politische Unterstützung und setzten ihre Tätigkeit unter den Bedingungen der Konspiration fort. Dazu gehörten die Nationalpartei (der rechtsradikale Teil dieser Partei stand in Opposition zur Regierung, während ihre Militärorganisation „Nationale Streitkräfte" mehrmals aktiv gegen die fortschrittlichen Kräfte vorging), die Partei der Arbeit, die Polnische Sozialistische Partei PPS (ihr mit der Regierung zusammenarbeitender Flügel trug den Namen „Freiheit, Gleichheit, Unabhängigkeit") und schliesslich die Bauernpartei, die am besten organisiert war und den grössten Einfluss besass (die militärische Organisation dieser Partei waren die Bauernbataillone, die teilweise im Rahmen der sog. Vereinigungsaktion von der Führung der Landesarmee übernommen wurden). Gestützt auf diese und einige andere kleinere Gruppierungen entstand in Polen ein Netz von Organen der Regierungsbevollmächtigten. Anknüpfend an die noch aus der Zeit des Januaraufstands stammende Tradition wurden diese in Warszawa auf zentraler Ebene und im ganzen Land bestehenden Zellen der „unterirdische Staat" genannt.

Die Widerstandsbewegung hatte verschiedene Formen: Vorbereitung auf die Aufnahme des bewaffneten Kampfes, Diversion und Sabotage. Die Haltung der Bevölkerung, die sich berechtigterweise rühmen konnte, nicht einen einzigen Quisling hervorgebracht zu haben, und die sich durch keinerlei organisierte Kollaboration befleckte, wurde durch die verschiedenen Institutionen des unterirdischen Polens beeinflusst. Die geheime Presse (einige Schriften hatten Auflagen von mehreren zehntausend Exemplaren, die Zahl der Titel ging in die Tausende) gelangte überall dorthin, wo Polen waren, sogar in Kriegsgefangenen- und Konzentrationslager. Das offiziell von den Okkupanten verbotene künstlerische Schaffen und die wissenschaftliche Tätigkeit wurden in der Illegalität gepflegt. Neben der Presse wurden Flugblätter, Belletristik und Schulbücher herausgegeben. Das Netz des geheimen Schulwesens entwickelte sich. Allein in Warszawa arbeiteten illegal die Warschauer Universität, die Universität der Westgebiete und andere Hochschulen. In der Illegalität arbeiteten fast alle Oberschulen aus der Vorkriegszeit. Eine geheime Aktion zur Ergänzung des Unterrichts in Polnisch, Heimatkunde, polnischer Geschichte und Geographie umfasste im Generalgouvernement etwa 1 Mill. Schüler und wurde von ca. 19 000 Lehrern durchgeführt. An den geheimen Oberschulen gab es etwa 100 000 Schüler, im Hochschulwesen über 10 000 Studenten. Auch in den dem Reich eingegliederten Gebieten bestand ein geheimes Schulwesen.

Es würde schwer sein, die Opfer zu zählen, die an dieser und an anderen „zivilen" Fronten gefallen sind. Den Faschisten gelang es jedoch nicht, das polnische Geistesleben auszulöschen und das polnische Volk auf das Niveau von Sklaven herabzuwürdigen.

Die revolutionäre Bewegung trat organisatorisch zersplittert in den Krieg und die Okkupation ein. Die Kommunisten standen jedoch in der vordersten Kampflinie. Sie kämpften in den von der PPS organisierten Arbeiterbataillonen zur Verteidigung von Warszawa. Zum Symbol ihrer Haltung wurde Marian Buczek, ein kommunistischer Häftling. Er fiel als Anführer einer Gruppe von Soldaten, die sich nach Warszawa durchschlugen. Bereits 1939 entstanden über ein Dutzend kommunistische Gruppen (u.a. Hammer und Sichel, Proletarier, die sog. Gruppe der Bulletinisten), die politische und militärische Aktionen durchführten. Diese Organisationen sowie die in Absprache mit der Kommunistischen Internationale auf dem Boden der UdSSR gebildete sog. Initiativgruppe gründeten am 5. Januar 1942 die Polnische Arbeiterpartei (PPR). Die Partei verbreitete die Idee einer Volksfront, um die patriotischen Kräfte zum Kampf gegen die Okkupanten zu vereinen. Sie verwies auf die Notwendigkeit eines bewaffneten Kampfes der Volksmassen. In ihren Konzeptionen knüpfte sie an die revolutionären Traditionen des polnischen Proletariats an, besonders an die Verdienste der KPP in der Zeit der Kämpfe um die Errichtung einer Volksfront in Polen. Erster Sekretär des Zentralkomitees der PPR war Marceli Nowotko, nach seinem Tode Paweł Finder, und als dieser verhaftet wurde, Władysław Gomułka. Die PPR gründete eine eigene militärische Organisation, die Volksgarde GL, Stabschef war Franciszek Jóźwiak.

Nach dem Überfall Hitlers auf die UdSSR im Juni 1941 wurden die polnischen Gebiete zum unmittelbaren Hinterland der Kampfhandlungen. Dadurch verstärkten sich die Aktionen gegen die Okkupanten, Sabotage- und Diversantentätigkeit

nahmen zu. Im Juli 1941 wurden erneut diplomatische Beziehungen zwischen Polen und der Sowjetunion aufgenommen.
Die Aufnahme diplomatischer Beziehungen wurde von einem Teil der Londoner Gruppierungen feindselig aufgenommen. Besonders scharf wurde dieser Schritt von den ehemaligen Anhängern der Sanacja-Regierung bekämpft, die sich jetzt um General Kazimierz Sosnkowski gruppiert hatten. Das polnisch-sowjetische Abkommen stimmte aber mit den von der PPR verkündeten Konzeptionen überein, die damals Verhandlungen mit den Regierungsbevollmächtigten aufnahm. Diese Gespräche, deren Ziel es sein sollte, die antifaschistische Widerstandsbewegung in Polen zu vereinen und das künftige Polen auf den Weg der Demokratie zu führen, blieben schliesslich ergebnislos. Das fiel mit dem Abbruch der diplomatischen Beziehungen zwischen der Sowjetregierung und der polnischen Exilregierung in London zusammen. Nach dem tragischen Tode General Sikorskis (4.7.1943) wurde die internationale Position der Regierung, an deren Spitze Stanisław Mikołajczyk, ein Politiker der Bauernpartei, stand, weiter geschwächt. Auch die im Lande selbst eintretenden Ereignisse beeinflussten diese Tendenz. Dort nahm der Einfluss der PPR zu; die Abteilungen der Volksgarde begannen aktiv zu wirken. 1943 entstand in der UdSSR auf Initiative polnischer Kommunisten der Verband Polnischer Patrioten (ZPP). Vorsitzende des Verbandes wurde die bekannte Schriftstellerin und Politikerin Wanda Wasilewska. Unter der Schirmherrschaft des ZPP wurde im Einvernehmen mit der Sowjetregierung in der UdSSR die I. Infanteriedivision ,,Tadeusz Kościuszko'' aufgestellt (Befehlshaber General Zygmunt Berling). Die Feuertaufe dieser Division im Kampf gegen die deutschen Truppen bei Lenino (12.10.1943) wurde zum Beginn des Kampfesweges der Polnischen Volksarmee (in Volkspolen ist der Jahrestag dieser Schlacht der Tag der Volksarmee). Im August desselben Jahres formierte sich das I. Korps der Polnischen Streitkräfte in der UdSSR, das im Frühjahr 1944 zur Polnischen Armee in der UdSSR entwickelt wurde. Die Armee kämpfte gemeinsam mit der Sowjetarmee um die Befreiung Polens und nahm an den weiteren sowjetischen Offensiven teil, die mit dem Sturm auf Berlin endeten.
In der Endphase des Krieges zählten die Polnische Volksarmee ca. 400 000 Soldaten und die polnischen Streitkräfte im Westen über 200 000 Mann. Hinzu kam die Aktivität der polnischen

Partisanenabteilungen der polnischen Widerstandsbewegung. All das erlaubt die Feststellung, dass die Polen, der vom ersten bis zum letzten Tag des Kriegs gegen das faschistische Reich kämpfende polnische Staat, einen gewaltigen Beitrag zum Sieg der Antihitlerkoalition geleistet haben. Wenn man das riesige Ausmass an vergossenem Blut, an Tod und Leiden berücksichtigt, dann hat der polnische Staat den viertgrössten militärischen Beitrag zur Antihitlerkoalition geleistet. Am 31. Dezember 1943 ergriffen die PPR und mit ihr zusammenwirkende Linkssozialisten, Vertreter der Bauernpartei und Demokraten die Initiative und gründeten als oberstes revolutionäres Organ der polnischen Staatsmacht den Landesvolksrat, eine Art Parlament der Widerstandsfront. In seinen Dokumenten kündigte der Landesvolksrat den Wiederaufbau eines unabhängigen Polens als Staat der sozialen Gerechtigkeit mit demokratischer politischer Ordnung an, in dem die werktätigen Massen entscheidenden Einfluss auf die Geschicke des Staates ausüben würden. Es wurden weitgehende gesellschaftliche Reformen angekündigt, in erster Linie eine Bodenreform. Grundlage der Aussenpolitik sollten Freundschaft und Zusammenarbeit mit der UdSSR sein, gegründet auf einer gerechten, ethnische Kriterien berücksichtigenden Lösung des territorialen Konflikts im Osten. Angekündigt wurde die Wiedereingliederung der alten Piastengebiete in Nord- und Westpolen. Der Landesvolksrat, der sich zum obersten Machtorgan des künftigen Polens erklärte, sprach der Exilregierung in London und ihren Vertretungen in Polen zugleich das Recht ab, die Interessen des Landes zu vertreten. Der Landesvolksrat bildete die Volksgarde in die Volksarmee um, an deren Spitze General Michał Rola-Żymierski stand. Auf Verlangen des Landesvolksrates entstand auch ein Netz konspirativer Volksräte.

Die Bildung des Landesvolksrates bedeutete, dass sich im besetzten Polen ein revolutionäres Machtzentrum herausgebildet hatte, das die Verantwortung für die künftigen Geschicke Polens übernahm. Dem Landesvolksrat ordneten sich der Verband der Polnischen Patrioten und die an der Ostfront gegen die Deutschen kämpfenden Einheiten der I. Polnischen Armee in der UdSSR unter. Auch die Sowjetunion erkannte den Landesvolksrat als souveränes Machtorgan des polnischen Staates an. All das schuf die Voraussetzungen dafür, dass die mit der revolutionären polnischen Bewegung verbundenen Kräfte nach der Befreiung die Macht übernehmen konnten.

1943 fanden schwere Kämpfe der Partisanen gegen deutsche Truppen statt, u.a. bei Zaboreczno (Bauernbataillone), in den Wäldern von Parczew (Volksgarde) und in den Wäldern von Siekierzyn (Landesarmee). Im April desselben Jahres brach als Antwort auf Hitlers Befehl zur endgültigen Liquidierung des Warschauer Ghettos der Aufstand in diesem Ghetto aus. Die Aufständischen erhielten in ihrem mehrere Wochen währenden Kampf materielle Unterstützung und Waffenhilfe von den polnischen Untergrundorganisationen. Nach der Niederschlagung des Aufstandes verschleppten die Faschisten die überlebenden Juden in Vernichtungslager, zerstörten und verbrannten alle Häuser.

Die Sabotageaktionen, die Beseitigung deutscher Eisenbahntransporte und die Zerstörung von Eisenbahnanlagen der Okkupanten dauerten an. Die polnische Widerstandsbewegung erbeutete den Prototyp der deutschen Raketenwaffe V-1 und schickte ihn nach Grossbritannien. Sie beseitigte in bravourösen Aktionen zahlreiche faschistische Verbrecher, u.a. den Henker des besetzten Europa, SS-General Hans Kutschera. Die Partisanenkämpfe verstärkten sich im Frühjahr 1944. Die grösste Partisanenaktion auf polnischem Boden war der Kampf in den Wäldern der Puszcza Solska (9.—25.6.1944). In den polnischen Wäldern kämpften mehrere Zehntausend Partisanen. Die Okkupanten schickten etwa 100 000 Soldaten gegen sie in den Kampf. Die Widerstandsbewegung in den Städten und Dörfern zählte bis zu einer halben Million Mitglieder. Die Furcht vor dieser Bewegung bewirkte, dass die Deutschen mehrere hunderttausend Mann zählende Besatzungstruppen in Polen stationieren mussten.

Andrzej Ajnenkiel

Befreiung der polnischen Gebiete. Herausbildung eines neuen Modells der staatlichen Ordnung. Ende des zweiten Weltkrieges

Als sich die Sowjetarmee der polnischen Grenze von 1939 näherte und sie in der Nacht vom 3. zum 4. Januar 1944 überschritt, wandten sich die Londoner Exilregierung mit Stanisław Mikołajczyk an der Spitze und noch entschiedener das

Oberkommando der Landesarmee AK gegen eine etwaige Festlegung der Ostgrenze Polens an der sog. Curzon-Linie, d.h. am Bug. Derartige Richtlinien waren jedoch auf der ersten Konferenz der führenden Politiker der Antihitlerkoalition — Roosevelt, Churchill und Stalin — formuliert worden, die Ende November, Anfang Dezember 1943 in Teheran stattgefunden hatte. Damals war auch über eine Verschiebung der polnischen Westgrenze bis an die Oder gesprochen worden. Der Widerstand der Mikołajczyk-Regierung in dieser Frage stand folglich im Widerspruch zu den Haupttendenzen der Weltpolitik. Er konnte auch nicht die Unterstützung Grossbritanniens erlangen, um die sich Mikołajczyk bemühte. Churchill erklärte, dass Polen die Curzon-Linie anerkennen solle, denn das wäre „eine Lösung der polnischen Frage im grossen Massstab". Auch die Gespräche Mikołajczyks mit Stalin über diese Angelegenheit führten zu keinen günstigen Resultaten. Mikołajczyk versuchte also, den Plan „Sturm" durchzuführen, der darauf abzielte, dass Abteilungen der Landesarmee und Vertreter der Londoner Exilregierung die zivile und militärische Macht in den Gebieten zwischen der Grenze von 1939 und der Curzon-Linie (d.h. dem Bug) übernehmen sollten, bevor die Sowjetarmee dort einrückte. Auch dabei gab es keine Erfolge, um so mehr, als die Westmächte es ablehnten, den Plan zu unterstützen. Unter diesen Umständen beabsichtigte Sosnkowski, aus der Landesarmee eine neue konspirative, diesmal antisowjetische Organisation zu machen. Dieser Standpunkt wurde jedoch von der damals gerade reorganisierten Regierung nicht befürwortet. Inzwischen führten Verbände der Volksarmee AL, Bauernbataillone und andere Gruppen aktive Operationen im Hinterland der Front durch. Daran nahmen teilweise auch Einheiten der Landesarmee teil. Der Exilregierung ging es jetzt darum, dass zumindest die Befreiung der Gebiete westlich der Curzon-Linie unter ihrer Beteiligung erfolgte. Sie war also in zwei Richtungen aktiv. Einerseits wurde der Warschauer Aufstand vorbereitet, der die Hauptstadt befreien sollte, bevor das der Sowjetarmee gelang, die inzwischen bis an die Weichsel vorgestossen war. Hinzuzufügen ist jedoch, dass die Sowjetarmee jetzt, nach einem 500-km-Marsch im Rahmen der belorussischen Operation (anfänglich waren 250 km geplant gewesen), längere Zeit brauchte, um sich auf eine neue Offensive vorzubereiten, zumal sie auf hartnäckigen deutschen Widerstand stiess, was AK-Kommandeur General Komorowski nicht berücksichtigt hatte. Er hatte damit gerechnet, dass die Sowjetarmee die Weichsel überqueren werde. Gleichzeitig fuhr Mikołajczyk jedoch erneut nach Moskau, um die Frage der Übernahme der von der Sowjetarmee befreiten Gebiete durch die Exilregierung zu regeln. Sein grosser Trumpf sollte die Eroberung Warszawas sein, die als verhältnismässig kurzfristige Aktion geplant war.

Der Warschauer Aufstand, der entgegen der Auffassung einiger führender Vertreter des Londoner Lagers am 1. August 1944 ausbrach, wurde von den Deutschen brutal niedergeschlagen. Dennoch bedeutete er eine gewaltige patriotische Manifestation des Kampfeswillens sowohl der Soldaten der Landesarmee als auch anderer Gruppierungen (darunter auch der Volksarmee des Warschauer Bereichs, deren Befehlshaber, Bolesław Kowalski, fiel) sowie der Zivilbevölkerung. Alle lebten in der Erwartung der baldigen Befreiung und wollten sie beschleunigen. Man nahm auch an, dass der Aufstand militärisch und politisch gut vorbereitet sei. Indessen hatte er keine Aussicht auf Erfolg, obwohl Verbände der sowjetischen und der polnischen Armee nach schweren Kämpfen den östlich der Weichsel gelegenen Stadtteil Praga einnahmen. Der Aufstand dauerte 63 Tage. Er wurde mit dem Leben von etwa 200 000 Polen, darunter von ca. 22 000 Soldaten, erkauft. Die deutschen Verluste beliefen sich auf ca. 26 000 Mann. Die sowjetischen Luftstreitkräfte verloren über Warszawa während des Aufstandes etwa 250 Mann, darunter ca. 100 Polen. Auf Befehl Hitlers wurde Warszawa zu ca. 80% zerstört; zahlreiche Schätze der polnischen Nationalkultur gingen in Flammen auf.

Die Pläne der Exilregierung kamen unabhängig von der Niederschlagung des Aufstandes zu Fall. In Polen existierte bereits ein organisiertes Machtzentrum, mit dem man rechnen musste, weil es von der UdSRR unterstützt wurde. Im März 1944 verständigte sich der Landesvolksrat durch Vermittlung seiner Vertreter mit der sowjetischen Regierung und dem Bund Polnischer Patrioten und erlangte Stalins Einverständnis zur Einrichtung einer Vertretung des Landesvolksrates für die befreiten Gebiete. Erleichtert wurde dieses Vorhaben durch Mikołajczyk selbst, der diesmal vergeblich mit der Unterstützung der Vereinigten Staaten rechnete und sich nicht zu einem Kompromiss mit dem Landesvolksrat bereitfand.

Nach dem Übereinkommen mit der UdSSR wurde in der ersten grösseren befreiten Stadt westlich der Curzon-Linie, in Chełm Lubelski, am 22. Juli 1944 ein Manifest des Polnischen

Komitees für Nationale Befreiung (PKWN) verkündet. Diesen Namen hatte die Vertretung des Landesvolksrates am Vortag angenommen. Das Polnische Komitee für Nationale Befreiung, in dem die PPR die führende Rolle spielte, beabsichtigte, die Märzverfassung wieder in Kraft zu setzen, mit der UdSSR zusammenzuarbeiten und die Teheraner Grenzvorschläge anzuerkennen. Unverzüglich begann das Komitee damit, der Roten Armee jede erdenkliche Hilfe zu erweisen. Es veranlasste, dass das ganze befreite Gebiet für die Front zu arbeiten begann. Die I. Armee der Polnischen Streitkräfte und die Volksarmee schlossen sich zur einheitlichen Polnischen Armee zusammen. Gleichzeitig wurden in den befreiten Gebieten die II. Armee der Polnischen Streitkräfte und andere militärische Einheiten aufgestellt. Das Polnische Komitee für Nationale Befreiung, das die Funktion einer provisorischen Regierung ausübte, richtete seine Dienststellen in Lublin ein. Bei Gesprächen mit Vertretern des PKWN im August in Moskau lehnte Mikołajczyk die Vorschläge Bieruts ab, der ihm die Funktion des Premierministers und drei Ministerämter in einer gemeinsamen Regierung anbot. Er rechnete noch mit einem Sieg des damals erst anderthalb Wochen währenden Warschauer Aufstands.

Von Juli 1944 bis Januar 1945, als die neue sowjetische Offensive begann, entfaltete das PKWN seine unmittelbare Tätigkeit in den befreiten Gebieten, also bis zur Weichsel. Die Bauernpartei und die (linksorientierte) PPS, die Gewerkschaftsbewegung und die Jugendorganisationen wurden wiederaufgebaut. Die Polnische Arbeiterpartei und die Polnische Sozialistische Partei wurden zu politischen Massenparteien. Ins Leben gerufen wurden die regionale Selbstverwaltung (in Form der Volksräte), die Bürgermiliz und der Sicherheitsdienst. Man gab ein Dekret über die Bodenreform heraus und begann unverzüglich mit ihrer Durchführung. Die Reform erfasste staatlichen Grund und Boden, ehemaligen deutschen Besitz und alle Güter mit mehr als 50 ha (in den Westgebieten über 100 ha). Das bedeutete, dass Grossgrundbesitzer und kapitalistische Grundeigentümer aus der sozialen Klassenstruktur ausgeschaltet wurden. Gleichzeitig verstärkte sich in den weiterhin unter deutscher Besatzung stehenden Gebieten die Partisanentätigkeit. Dort wirkten auch sowjetische Kundschafter, die von der Bevölkerung unterstützt wurden.

Inzwischen gingen die Verhandlungen über die künftige polnische Regierung weiter, doch auch bei den Gesprächen am 13.

und 14. Oktober 1944 konnte keine Verständigung erzielt werden. Das Londoner Lager gab in der Grenzfrage nicht nach, obwohl es nicht von Churchill und Roosevelt unterstützt wurde. Der als zu verständigungsbereit angesehene Mikołajczyk musste zurücktreten, und die neue Regierung unter Tomasz Arciszewski erwies sich als noch unelastischer. Hinzugefügt sei, dass der damals schwerkranke Witos, den man nach London bringen wollte, als weiterer Kandidat benannt worden war. Gleichzeitig entfaltete sich eine Aktion zur internationalen Anerkennung des PKWN. In Frankreich und Belgien wurden polnische Volksräte gebildet, die die provisorische Regierung unterstützten.
Kurze Zeit später, am 31. Dezember 1944, berief der Landesvolksrat die Provisorische Regierung der Republik Polen, die von der UdSSR anerkannt wurde. Am 21. April 1945 unterzeichneten die Provisorische Regierung und die UdSSR einen 20jährigen Vertrag über Freundschaft, gegenseitigen Beistand und Nachkriegszusammenarbeit. Das war bereits nach der nächsten Konferenz der drei Grossmächte, die vom 4.—11. Februar 1945 in Jalta stattgefunden hatte. Auf dieser Konferenz war die Curzon-Linie als Ostgrenze Polens bestätigt, von der Notwendigkeit „eines beträchtlichen Gebietszuwachses Polens im Norden und Westen" gesprochen und die Bildung einer — auch von den Westmächten unterstützten — Regierung der „Nationalen Einheit" gefordert worden. Auf einer erneuten Konferenz in Moskau kam es endgültig zu einer Übereinkunft. Es entstand die Provisorische Regierung der Nationalen Einheit (TRJN). Premierminister wurde Edward Osóbka-Morawski, seine Stellvertreter waren Władysław Gomułka und Stanisław Mikołajczyk. Fast zwei Drittel der Minister stellten PPR und PPS, den Rest die Bauernpartei und die Demokratische Partei. Der Zustand des Bestehens von zwei Regierungen hörte auf, für die Anhänger der Londoner Konspiration wurde eine Amnestie verkündet.
Die Befreiung des ganzen Landes erfolgte im Laufe der bereits erwähnten Januaroffensive. Die I. Armee der Polnischen Streitkräfte nahm am Durchbrechen der Pommernstellung, an der Eroberung von Kołobrzeg, der Befreiung von Gdynia und Gdańsk und dann an den Kämpfen um Berlin teil. Die II. Armee unter General Świerczewski zog zuerst nach Pomorze, dann aber, in Richtung Dresden und kämpfte bei der für die Operation Berlin wichtigen Schlacht bei Bautzen. Sie war auch an der Operation Prag beteiligt und befreite eine ganze Reihe tschechischer Ortschaften. Trotz der offensichtlichen Niederlage stellten die

Deutschen die Ausrottung der polnischen Bevölkerung nicht ein.

Die Organisierung des neuen Lebens und die Sicherung des Nationalvermögens, die Inbetriebnahme von Industriebetrieben, die Eröffnung der Schulen und die Aufnahme einer kulturellen Tätigkeit erfolgten parallel zur Befreiung von Städten und Dörfern. Gleichzeitig wurden die Keimzellen der örtlichen Verwaltung geschaffen, und man wartete auf den Kontakt mit der Regierung. Dazu kam es ziemlich rasch. Der schwere Wiederaufbau des zerstörten Landes begann.

Die Westgrenze Polens wurde auf der Potsdamer Konferenz der Regierungschefs der drei alliierten Grossmächte — der Sowjetunion, Grossbritanniens und der USA — (17.7.—2.8.1945) festgelegt. In Potsdam war auch eine von Bolesław Bierut geleitete polnische Delegation anwesend. Es wurde beschlossen, die noch in Polen und in anderen Ländern verbliebene deutsche Bevölkerung (die meisten Deutschen waren vor den anrückenden sowjetischen Truppen geflohen) nach Deutschland umzusiedeln.

Die Geburt Volkspolens. Historische Aufgaben. Wiederaufbau. Die ersten Reformen. Festigung der Volksmacht

Polen hatte im zweiten Weltkrieg gewaltige Verluste erlitten. Während das Land 1939 von 35,1 Mill. Menschen bewohnt gewesen war, betrug die Bevölkerungszahl nach einer Volkszählung vom 14. Februar 1946 nur 23,9 Mill. anstatt der erwarteten ca. 40 Millionen. Die Verluste an Nationalvermögen beliefen sich auf ca. 38%. Das polnische Volk stand vor der schweren Aufgabe, das Land wiederaufzubauen. Dabei ging es nicht nur darum, wieder den früheren Stand zu erreichen, denn der hatte ja den Stempel der aus vergangenen Jahrhunderten ererbten Rückständigkeit getragen, die in der II. Republik nicht überwunden worden war. Die zwei Jahrzehnte zwischen den beiden Weltkriegen hatten trotz ihrer grossen Bedeutung für die Geschichte des Volkes zu keiner grundlegenden Veränderung in der wirtschaftlichen und sozialen Struktur des Landes geführt. Nach wie vor war Polen ein rückständiges Agrarland mit unmoderner Bevölkerungsstruktur gewesen, in dem ein erheblicher Teil der Einwohner, vor allem der Landbevölkerung, nur geringen Anteil an der Kultur gehabt hatte. Der Krieg, dieser schwere Schlag, hatte die Schwierigkeiten besonders empfindlich vertieft.

Staat und Volk standen somit vor einer Aufgabe von grosser historischer Bedeutung. Der Wiederaufbau des im Kriege Zerstörten musste mit einer Umgestaltung des wirtschaftlichen Lebens und der Bevölkerungsstruktur sowie mit der Schaffung eines neuen Modells des kulturellen Lebens verbunden werden. In den ersten Nachkriegsjahren bestanden die wichtigsten Aufgaben im Wiederaufbau, in der wirtschaftlichen Erschliessung der vorher zu Deutschland gehörenden Gebiete — Śląsk, Pomorze Zachodnie, das Land am Mittellauf der Oder, Warmia und Mazury — sowie in der Festigung der Macht, die jetzt die Kräfte der Linken übernahmen. Als positiver Faktor erwies sich die durch die Grenzverschiebungen erzielte ethnische Einheit des Staates. Auch für eine Neuregelung der Beziehungen zwischen Staat und Kirche wurden die Voraussetzungen geschaffen.

Der wiedergeborene Staat umfasste ein Gebiet von 312 700 km². Ein Drittel davon machten die erwähnten Gebiete in West- und Nordpolen einschliesslich des Territoriums der ehemaligen Freien Stadt Danzig aus. Trotz der Verringerung des Staatsgebiets um 77 000 km² waren bessere Voraussetzungen für die Industrialisierung des ganzen Landes gegeben. Die Polen eingegliederten West- und Nordgebiete hatten 1937 eine Industrieproduktion erzeugt, die 60—70% der Industrieproduktion Vorkriegspolens entsprach, während die Gebiete östlich des Bugs nur 12—13% erbracht hatten. Die Vermögensstruktur in den West- und Nordgebieten erwies sich als ein Faktor, der den schwierigen Prozess des Wiederaufbaus förderte.

Die Verwirklichung der gewaltigen Aufgaben beim Wiederaufbau war in den ersten ein bis zwei Nachkriegsjahren mit einem Kampf der neuen Regierung um die Festigung ihrer Macht verknüpft. Das war umso schwieriger, als ein beträchtlicher Teil der Bevölkerung — trotz deutlicher Radikalisierungsprozesse während des Krieges — erst im Laufe des Wiederaufbaus, erst bei der Gestaltung des neuen Lebens seine passive, misstrauische, widerwillige oder geradezu feindselige Haltung aufgab und die erfolgenden Veränderungen akzeptierte und unterstützte. Hilfreich war es bei diesem Prozess, dass England und die Vereinigten Staaten es ablehnten, die Exilregierung

anzuerkennen. Andererseits bedeutete die Aufnahme Mikołajczyks in die polnische Regierung jedoch — wie sich bald herausstellen sollte — eine Fortsetzung des Kampfes um die Macht. Mikołajczyk, der die gesellschaftlichen Grundlagen für seine politische Tätigkeit schaffen wollte, versuchte, sich die Führung der gesamten Bauernbewegung zu sichern. Nach dem missglückten Versuch, die am 25./26. März 1945 entstandene linksorientierte Bauernpartei in seine Hand zu bekommen, gründete er am 22. August 1945 eine eigene Partei, die Polnische Bauernpartei (PSL). Sie wurde — ein Paradoxon — zu einer der Regierung angehörenden Oppositionspartei und gleichzeitig zu einem Sammelbecken für Kräfte, die der neuen Ordnung feindlich gesinnt waren. Der PSL traten viele Mitglieder bei, die überhaupt keine Bindung zum Dorf hatten. Auch die Nationale Partei versuchte, ihre Tätigkeit zu reaktivieren.
Zwar war die Befreiung Polens durch die Rote Armee von ausschlaggebender Bedeutung für die Aufrechterhaltung der Macht in den Händen der revolutionären Linken, und die Anwesenheit sowjetischer Truppen im Lande verhinderte den Ausbruch eines Bürgerkrieges, obwohl in einigen Gebieten gekämpft wurde, aber dennoch wurde in der ersten Nachkriegszeit in Polen eine grosse Klassenschlacht — die entscheidende Etappe des Kampfes um die Macht — ausgetragen. Die Volksmacht wurde sowohl von konspirativen Untergrundorganisationen bekämpft, die sich zum Teil aus Mitgliedern von Organisationen zusammensetzten, die während der Naziokkupation tätig gewesen waren (z.B. aus Angehörigen der Landesarmee, die die Auflösung der Formationen im August 1945 nicht anerkannten), als auch von der legalen (sich mit der illegalen Opposition verbindenden) Opposition, die verschiedene Bevölkerungsgruppen anzog.
Der Kampf gegen die bewaffneten Untergrundorganisationen war nicht leicht. In der Zeit vom 22. Juli 1944 bis zum 1. Januar 1946 wurden über 7000 Menschen von ihnen umgebracht, hauptsächlich örtliche Funktionäre der PPR, Milizangehörige, Soldaten und Mitarbeiter des Sicherheitsdienstes. Es gab noch weitere Opfer, denn erst 1947 wurde die Tätigkeit der bewaffneten Untergrundorganisationen zerschlagen. Gleichzeitig wurde ein langwieriger, drei Jahre währender Kampf gegen die nationalistischen, profaschistischen ukrainischen Organisationen geführt, die sich Ukrainische Aufständischenarmee (UPA) nannten.

Das Wirken der Polnischen Bauernpartei war auf den sog. Agrarismus, d.h. auf eine kapitalistische politische Ordnung, gerichtet, die sich auf die Bauernpartei stützte und Züge einer parlamentarischen Demokratie trug. Die Hauptlosung der PSL war daher die „Verteidigung der Demokratie", die den Wert des sich herausbildenden sozialistischen Staatsmodells negierte, bei dem sich die Macht auf die Arbeiterklasse im Bündnis mit den Bauern konzentrieren sollte. Die PSL gewann zahlreiche Anhänger unter den wohlhabenden Bauern, beim Kleinbürgertum und bei der Intelligenz. Sie trat im Grunde genommen nicht gegen die Reformen, d.h. gegen die Verstaatlichung der Industrie und gegen die Bodenreform, auf, denn das wäre von der Mehrheit der Bevölkerung nicht befürwortet worden. Dennoch hatte die PSL ihre Kräfte überschätzt. Bei einer den Sejmwahlen vorausgehenden Volksbefragung vom 30. Juni 1946 trug der demokratische Block aus PPR, PPS und SD den Sieg davon. Auf die Frage „Bist du für die Abschaffung des Senats?" antworteten 68,2% mit „Ja" (bei einer Wahlbeteiligung von 85,8%). Auf die zweite Frage — zur Verstaatlichung der Industrie und zur Bodenreform — gaben 77,3% eine positive Antwort. Und die dritte Frage — „Bist du für die endgültige Festlegung der Westgrenze Polens an Ostsee, Oder und Lausitzer Neisse?" — beantworteten 91,4% bejahend. Die PSL, die sich dafür ausgesprochen hatte, die erste Frage zu verneinen, erzielte also nur 31,8% der abgegebenen Stimmen.
Mit einer noch grösseren Schlappe für die PSL endeten die Wahlen vom 19. Januar 1947. Für die Liste der PSL stimmten nur 10,3% der Wähler. Die PSL erhielt also lediglich 28 Sitze im Sejm. Auf diese Weise wurde die Opposition Mikołajczyks als wesentlicher politischer Faktor ausgeschaltet. Mikołajczyk selbst verliess im Oktober 1947 Polen und kehrte zur Exilregierung nach London zurück. Präsident der Republik Polen wurde Bolesław Bierut, Ministerpräsident Józef Cyrankiewicz (PPS), sein Erster Stellvertreter Władysław Gomułka (PPR) und sein Zweiter Stellvertreter Antoni Korzycki (SL). Der Sejm beschloss die sog. Kleine Verfassung, die bis 1952 als Grundgesetz in Kraft war. Die neue Verfassung der Volksrepublik Polen wurde am 22. Juli 1952 vom gesetzgebenden Sejm beschlossen. In dieser Verfassung hiess es: „Die Volksrepublik Polen ist ein volksdemokratischer Staat", in dem die Macht in den Händen des werktätigen Volkes in Stadt und Land liegt und in dem das Volk die Macht durch seine Vertreter ausübt, die es in

allgemeinen, gleichen, direkten und geheimen Wahlen in den Sejm und die Volksräte wählt.

Eine wesentliche Etappe bei der Festigung der Volksmacht war die Vereinigung der Arbeiterbewegung im Jahre 1948. Die Polnische Arbeiterpartei, die im Dezember 1948 über 1 Mill. Mitglieder zählte (1947 — 800 000, 1945 — 235 000), und die Polnische Sozialistische Partei mit über 500 000 Mitgliedern und grossem Zulauf schlossen sich zur Polnischen Vereinigten Arbeiterpartei zusammen. Auch die Jugendorganisationen vereinigten sich zum Polnischen Jugendverband (ZMP). Das ging natürlich nicht ohne Diskussionen über die politische Linie der neuen Partei vor sich. Sie sollte in der Errichtung der sozialistischen Gesellschaft unter Beteiligung einer breiten Volksfront bestehen. Ihren Beitritt zur PVAP erklärte auch die Jüdische Sozialistische Partei „Bund". 1949 kam es zur Vereinigung der Bauernbewegung, in deren Ergebnis die Vereinigte Bauernpartei (ZSL) entstand. Die Parteien erkannten die führende Rolle der PVAP an und wurden zu ihren Verbündeten. Die nur kurze Zeit bestehende Partei der Arbeit wurde aufgelöst. Im Block der demokratischen Parteien verblieben PVAP, ZSL und SD.

Einige Monate vor der Vereinigung der Arbeiterparteien hatte es innerhalb der Polnischen Arbeiterpartei wesentliche politische Differenzen gegeben. Ausgangspunkt dafür war die Stellungnahme zu den Beschlüssen des Informationsbüros der Kommunistischen und Arbeiterparteien (das anstelle der Kommunistischen Internationale wirkte) gewesen, die den Übergang zur Kollektivierung der Landwirtschaft in den volksdemokratischen Ländern betrafen, die sich mit der Situation innerhalb der Kommunistischen Partei Jugoslawiens befassten, die sich u.a. dem Stalinkult widersetzte, und die auf die Einschätzung der Traditionen der polnischen Arbeiterbewegung eingingen. In der damaligen Atmosphäre innerhalb der Arbeiterbewegung, in der der dogmatische Personenkult vorherrschte, war es leicht, die Ansichten jener, die sich gegen einen Uniformismus beim Aufbau des Sozialismus aussprachen und die Notwendigkeit erkannten, nationale Besonderheiten zu berücksichtigen, als rechtsnationalistische Abweichung anzuprangern. Darunter befand sich eine Gruppe hervorragender Parteifunktionäre mit Władysław Gomułka an der Spitze, der 1949 aus der Parteiführung ausgeschlossen wurde. Der Beschluss über die rechtsnationalistische Abweichung wurde im Oktober

1956 aufgehoben und 1959 auf dem III. Parteitag der PVAP formal ausser Kraft gesetzt.

In der Zeit des Kampfes um die Festigung der Volksmacht wurden grundlegende soziale und wirtschaftliche Reformen durchgeführt. Es kam auch zu erheblichen Bevölkerungsverschiebungen, die sich nicht nur aus den Grenzveränderungen, sondern auch aus den Bevölkerungsverschiebungen im zweiten Weltkrieg ergaben. Gleichzeitig erfolgte der Wiederaufbau von den Kriegszerstörungen.

Nach der Befreiung der Gebiete westlich der Weichsel wurde die Bodenreform fortgesetzt. Bauern, die wegen Landmangel keinen Boden in ihren Heimatorten bekommen konnten, wurde vorgeschlagen, in die durch die Änderung der Grenzen wiedergewonnenen Gebiete in West- und Nordpolen umzusiedeln. Durch das Dekret über die Bodenreform vom 6. September 1944 wurden über 1 Mill. Bauernfamilien mehr als 6 Mill. ha Land übereignet. Es wurden 814 000 neue Bauernhöfe geschaffen und 254 400 bestehende vergrössert.

Bei der Durchführung der Bodenreform kam es in den einzelnen Landesteilen zu ziemlich erheblichen Unterschieden. Die Höfe in den am stärksten bevölkerten Gebieten (Małopolska) wurden zwar mit zusätzlichen Anteilen bedacht, aber der soziale Status der dortigen Bevölkerung änderte sich dadurch nicht. In Wielkopolska und Pomorze, wo es mehr Boden gab, bedeutete der Landgewinn aufgrund der Bodenreform häufig einen gesellschaftlichen Aufstieg. Ganz allgemein entschied vor allem die Zahl der Familienmitglieder über die Grösse der Anteile. In Wielkopolska und Pomorze neigten die Kleinbauern dazu, Produktionsgenossenschaften zu gründen. Die Behörden unterstützten diese Tendenzen jedoch nicht, um den Verdacht zu vermeiden, dem Land drohe eine Kollektivierung nach sowjetischem Muster.

Der Prozess der Bodenreform war mit Bevölkerungsverschiebungen verbunden. Das betraf vor allem die wiedererlangten Gebiete in West- und Nordpolen, wo sich bis Ende 1947 über 2 Mill. Menschen auf Bauernhöfen niederliessen. Fast die Hälfte davon waren Polen, die aus den Gebieten jenseits des Bugs umgesiedelt worden waren. Im Ergebnis der Bodenreform entstanden viele selbständige Bauernhöfe. Von jeweils 100 privaten Höfen entstammten fast 22 vollständig oder teilweise der Parzellierung und der Ansiedlung. Ein neues Element bildeten die staatlichen Landwirtschaftsbetriebe, die bis 1950 ca.

9% der gesamten landwirtschaftlichen Nutzfläche (ca. 2 200 000 ha) einnahmen. Ungefähr 3,5 Mill. ha Wald wurden verstaatlicht. Das ermöglichte es, eine rationellere Forstwirtschaft zu betreiben.
Die Lage der Landbevölkerung war nach dem Krieg nicht leicht. 354 000 Anwesen waren zerstört. Es mangelte an Vieh (darunter an Zugvieh), an Düngemitteln und Geräten. 1946 wurden nur zwei Drittel der Produktion von 1937 erreicht. Um die Versorgung der Stadtbevölkerung zu sichern, wurde auf dem Lande für eine gewisse Zeit die Pflichtablieferung eingeführt. Auch die Preise gestalteten sich ungünstig für die Bauern, weil die Preise für Industrieerzeugnisse wegen der Kriegszerstörungen hoch lagen. Der Staat half durch Kredite für den Wiederaufbau ländlicher Werkstätten. Das Dorf war stark differenziert, und innere Konflikte waren ihm nicht fremd. Anfänglich zeichneten sich Unterschiede zwischen alteingesessenen Bauern und Umsiedlern ab. Ziemlich schnell kam es jedoch zur Integration und zur Anpassung an die neuen Bedingungen. Bis ungefähr 1948 wurden die meisten Ehen innerhalb der einzelnen Bevölkerungsgruppen geschlossen, aber schon in den nächsten Jahren veränderte sich die Situation. Ganz allgemein kam es zu einer deutlichen Verbesserung der sozialen Lage der Bauern, was sich nach und nach auch auf ihre politische Haltung auswirkte. Ausschlaggebend für das politische Selbstverständnis der Bauern waren eher die neuen Kriterien (Herkunft der Wirtschaft, Schicksal, politische Traditionen der Familie usw.) als die Grösse des Grundbesitzes. Deutlichen Einfluss hatten in dieser Hinsicht die Aufhebung der Pflichtablieferung 1946, die bessere Versorgung des Dorfes mit Industrieerzeugnissen, die nachlassende Bedeutung der PSL und der Zusammenbruch der bewaffneten Untergrundorganisationen. Das System der Pflichtablieferung wurde zur Zeit des beschleunigten Aufbaus der Industrie in den Jahren 1951 (Getreide) und 1952 (Schweine und Milch) wieder eingeführt.
Nicht einfach war auch die Entwicklung der Industrie, die nach der Durchführung des Dekrets über die Verstaatlichung mit Ausnahme von Handwerks- und Kleinbetrieben in staatlichen Besitz übergegangen war. Die Zerstörungen in der Industrie waren enorm. In West- und Nordpolen hatten die Städte 1945 148 000 Gebäude (305 Mill. m^3 umbauter Raum) eingebüsst. Warszawa war stark zerstört. Es sei daran erinnert, dass Gouverneur Hans Frank bei seinem ersten Aufenthalt in Warszawa

am 10. Oktober 1939 im Thronsaal des Königsschlosses eigenhändig die silbergestickten Adler vom Baldachin abgerissen hatte. Im November 1939 war den deutschen Beamten offiziell erlaubt worden, Hab und Gut aus dem Schloss für den privaten Gebrauch zu rauben. Zerstört waren Häfen, die meisten grossen Brücken und Hochspannungsleitungen sowie Industriebetriebe. Im Bergbau, bei der Gewinnung mineralischer Rohstoffe, im Hüttenwesen, in der Feinmechanik und Optik, der elektrotechnischen und chemischen Industrie, der Textilindustrie und im Bauwesen lagen die Zerstörungen zwischen 60% und über 90%.

Bis Mitte 1945 trug die Wirtschaft noch alle Merkmale der Kriegszeit. Den Zeitraum von Mitte 1945 bis Ende 1949 kann man als Zeit der wirtschaftlichen Stabilisierung und des Wiederaufbaus durch die Planung der kurz- und langfristigen Richtlinien bezeichnen. Die Hauptrolle spielte dabei der Plan für den wirtschaftlichen Wiederaufbau 1947—1949. Besonders gute Ergebnisse erzielte man beim Wiederaufbau der Industrie und des Binnenverkehrs sowie bei der Aufrechterhaltung eines ausgeglichenen Budgets. Das Nationaleinkommen stieg in den Jahren 1947—1949 um ca. 45%. Damit wurde das Vorkriegsniveau um 25% und das Prokopfeinkommen um ca. 36% überboten. Es begannen sich Veränderungen in der Aufkommensstruktur des Nationaleinkommens abzuzeichnen. 1949 gestaltete sich das Verhältnis zwischen industrieller und landwirtschaftlicher Produktion annähernd wie 2:1, während es 1937 noch bei 1:1 gelegen hatte. Die Industrieproduktion stieg gegenüber 1937 um 76%, die Steinkohleförderung auf das Doppelte und die Erzeugung von Elektroenergie um das 2,3fache.

Der Start für das beschleunige Wirtschaftswachstum durch den Prozess der Industrialisierung erfolgte damals vor allem durch die maximale Nutzung der Arbeitskräftereserven, d.h. durch die berufliche Aktivierung, also hauptsächlich durch die Beseitigung der verkappten Arbeitslosigkeit auf dem Lande, in geringerem Masse dagegen durch eine Steigerung der Arbeitsproduktivität. Es kam zu einem deutlichen Abwandern der Bevölkerung vom Land in die Stadt.

Dieser Zustrom gehörte — neben der Rückführung und der Bevölkerungsbewegung nach West- und Nordpolen — zu den stärksten Massenerscheinungen der sozialen und territorialen Mobilität in Volkspolen. Es waren zugleich zwei grosse Prozesse von überaus wichtiger historischer Bedeutung. In ihrem Ergebnis erfolgten die wirtschaftliche Erschliessung der West- und Nordgebiete und ihre Integration mit den anderen Landesteilen sowie die Umgestaltung Polens von einem Agrar-Industrieland zu einem Industrie-Agrarland.

Die Zahl der Repatrianten, die in den Jahren 1944—1948 von der UdSSR nach Polen übersiedelten, belief sich auf über 1,5 Mill., während die Repatriierung und die Rückführung aus Deutschland und anderen Ländern 1945—1948 fast 1,5 Mill. Menschen erfasste. 1945 kehrten vor allem jene Polen zurück, die sich (hauptsächlich durch Verschleppung zur Zwangsarbeit) im Deutschen Reich und in Österreich befunden hatten. Der umgekehrte Prozess, d.h. die Rückkehr ausländischer Bürger in ihre Länder, hatte geringere Ausmasse. Die deutschen Bürger aus den vor 1939 zu Polen gehörenden Gebieten waren zum grössten Teil evakuiert worden oder vor den anrückenden sowjetischen und polnischen Truppen geflohen.

Als Problem für sich erwies sich die auf der Potsdamer Konferenz beschlossene Umsiedlung der Bevölkerung im Zusammenhang mit der Verschiebung der polnisch-sowjetischen und der polnisch-deutschen Grenze. Polnische Bürger kamen aus der Sowjetunion, und ukrainische, belorussische und litauische Bürger übersiedelten in die UdSSR. In den Jahren 1944—1946 kamen 1,5 Mill. Menschen aus der UdSSR nach Polen, während 518 000 Ukrainer, Litauer und Belorussen aus den polnischen Gebieten in die UdSSR umgesiedelt wurden. Die Nachkriegsumsiedlung erfasste ausserdem die deutsche Bevölkerung, die in den Gebieten zwischen Oder und Lausitzer Neisse und der ehemaligen Westgrenze Polens verblieben war. Ende des Krieges waren das ungefähr 8,5 Mill., von denen die meisten evakuiert wurden oder flüchteten, wobei sie in jener dramatischen Zeit erhebliche Verluste erlitten. Bis Ende Juli 1945 waren viele Deutsche aus eigenem Antrieb ans andere Ufer von Oder und Neisse (in die sowjetische Besatzungszone) übergesiedelt. Im Rahmen der planmässigen Umsiedlungen wurden etwa 3 Mill. Deutsche in die britische und in die sowjetische Zone gebracht. Sie verwuchsen verhältnismässig schnell mit der ortsansässigen Bevölkerung und spielten eine grosse Rolle bei der wirtschaftlichen Entwicklung Westdeutschlands. Im Ergebnis all dieser Bevölkerungsbewegungen und durch den Bevölkerungszuwachs erreichte die Einwohnerzahl Polens 1950 den Stand von 25 Mill.

Gesellschaftliche Veränderungen. Die Aussenpolitik Volkspolens

In der Verfassung von 1952 war festgelegt: „Die Volksrepublik Polen ist ein volksdemokratischer Staat", in dem die „Macht den Werktätigen in Stadt und Land" gehört. Unmittelbar ausgeübt wird diese Macht durch die in den Sejm der Volksrepublik Polen und die Volksräte gewählten Abgeordneten. Das gesellschaftliche Eigentum an den grundlegenden Zweigen der Volkswirtschaft und das staatliche Aussenhandelsmonopol wurden bestätigt. Die Hauptaufgaben des Sejms bestehen darin, Gesetze zu beschliessen, die Tätigkeit der Staatsorgane und der staatlichen Verwaltung zu kontrollieren und die langfristigen Volkswirtschaftspläne sowie den Staatshaushalt zu beschliessen. Die gesetzgebende Initiative wurde dem vom Sejm gewählten Staatsrat, der Regierung und den Sejmabgeordenten übertragen. Oberstes Vollzugs- und Verwaltungsorgan der Staatsmacht ist im Sinne der Verfassung die Regierung (der Ministerrat) der VR Polen mit dem Vorsitzenden des Ministerrats (dem Premierminister) an der Spitze. Die Verfassung garantiert den Bürgern der VR Polen das Recht auf Arbeit, Erholung, Gesundheitsschutz, Bildung und Inanspruchnahme der kulturellen Errungenschaften. Festgelegt wurden die Gleichberechtigung von Mann und Frau, die Fürsorge des Staates für die Familie, die Gleichheit der Rechte, unabhängig von Nationalität, Rasse und Religion, sowie die Gewissensfreiheit. Die Kirche wurde vom Staat getrennt.

Auf dem Gebiet der sozialökonomischen Umgestaltungen, zu denen es im Zeitraum zwischen der Vereinigung der Arbeiterbewegung und der Annahme der Verfassung von 1952 kam, hatte der Übergang zur Schaffung kollektiver Landwirtschaftsbetriebe — trotz Schwierigkeiten bei der Versorgung mit landwirtschaftlichen Maschinen und Geräten (hauptsächlich mit Traktoren) — den radikalsten Charakter. Dadurch sollte die Agrarstruktur der den Sozialismus errichtenden Länder vereinheitlicht und die kleinbäuerliche Warenproduktion auf schnelle Weise in eine sozialistische Landwirtschaft umgestaltet werden. In der Verfassung gab es einen Artikel, in dem die Schaffung von Produktionsgenossenschaften unterstützt, gleichzeitig jedoch die Fürsorge für die einzelbäuerlichen Höfe zugesichert wurde.

Der in den Jahren 1949—1956 unternommene Versuch, die

Landwirtschaft zu kollektivieren, zeitigte jedoch nicht die erhofften Resultate. Zu jener Zeit, da die wirtschaftliche Struktur Polens durch die Industrialisierung umgestaltet wurde und Schwierigkeiten bei der Versorgung des Markts mit Konsumgütern auftraten — u.a. nach der Aufhebung der reglementierten Versorgung der Bevölkerung mit einigen Lebensmitteln im Januar 1953 — erwartete man, dass die beschleunigte sozialistische Umgestaltung des Dorfes die Marktlage verbessern und damit zugleich die Quelle der bei der Arbeiterklasse auftauchenden Unzufriedenheit beseitigen werde. Der Mangel an Produktionsmitteln, die mitunter allzu forcierte Umsetzung der Idee des Genossenschaftswesens auf dem Lande und die Tatsache, dass die Genossenschaften infolgedessen trotz staatlicher Unterstützung nicht die entsprechenden Ergebnisse erzielten, bewirkten, dass sich bei vielen Bauern eine deratige Abneigung gegen diese Form des Wirtschaftens ansammelte, dass sich 1956 85% aller Produktionsgenossenschaften auflösten. Die Partei erkannte diesen Prozess immer deutlicher. Im März 1954, auf dem II. Parteitag der PVAP, dem das IX. Plenum des ZK der PVAP vorausgegangen war, begann sich eine neue Agrarpolitik herauszubilden, deren charakteristisches Merkmal seitdem darin besteht, nach vielfältigen Methoden zur Vergesellschaftung der landwirtschaftlichen Produktion zu suchen und sich zugleich darum zu kümmern, dass sich die ergriffenen Massnahmen und die angeregten Veränderungen positiv auf die Steigerung der landwirtschaftlichen Produktion auswirken. Es sei hinzugefügt, dass der II. Parteitag beschloss, die Aufwendungen für die Landwirtschaft bei gleichzeitig gesteigerten Ausgaben für die Konsumtion zu erhöhen und die Investitionen zu verringern. Gleichzeitig bedeutete dieser Parteitag einen Versuch, den Einfluss des noch in der internationalen Arbeiterbewegung herrschenden Personenkults kritisch einzuschätzen und dafür zu sorgen, dass die in der Verfassung enthaltenen Formulierungen, die darauf abzielten, die sozialistische Demokratie zu gewährleisten (d.h. starke Beteiligung der Bevölkerung an der Regierung des Staates, u.a. durch Mitwirkung an der Arbeit der PVAP und der Bündnisparteien), tatsächlich verwirklicht würden. Es ging darum, eine wirksame Tätigkeit zu gewährleisten, die zur Realisierung des überaus anspruchsvollen Programms der Industrialisierung Polens unerlässlich war, d.h. das Land von seiner jahrhundertelangen, durch seine schwere Geschichte bedingten Rückständigkeit zu befreien. Die von vielen Funktionären befürwortete Lehre, dass sich der Klassenkampf in dem Masse verschärft, wie der Aufbau des Sozialismus voranschreite, sowie die starken dogmatischen Tendenzen innerhalb der Partei erschwerten jedoch die Umsetzung dieser Ideen in die Praxis. Das bewirkte, dass die These von der Existenz einer „rechtsnationalistischen Abweichung" weiterhin funktionierte.

1956 wurde eine neue Etappe im politischen Leben Polens eingeleitet. Im Februar jenes Jahres tagte der XX. Parteitag der Kommunistischen Partei der Sowjetunion, der wesentliche Bedeutung für die internationale Arbeiterbewegung hatte, da er die Konsequenzen des Personenkults enthüllte und damit den Anlass zu einer neuen, schärferen Bewertung der Methoden bei der Gestaltung der sozialistischen Beziehungen sowohl in Polen als auch in den anderen volksdemokratischen Ländern gab. Darauf zielte auch der spürbar werdende Druck der Bevölkerung ab, die angesichts der zunehmenden Schwierigkeiten, des sinkenden Reallohns, der unzulänglichen Verbesserung des Lebensniveaus, der Bürokratisierung des Staatsapparats und der Verletzung der Rechtsstaatlichkeit (z.B. gegenüber ehemaligen Angehörigen der Landesarmee AK sowie gegenüber der Kirche) enttäuscht war. Die ab 1954 von der PVAP ergriffenen Massnahmen zur Demokratisierung und zur Verbesserung des Lebensstandards erwiesen sich als unzureichend, um so mehr, als es im Zusammenhang mit der Industrialisierung und mit den Fortschritten im Bereich des Schulwesens und der Kultur zu einem zahlenmässigen Anwachsen der Arbeiterklasse und zu einer allgemeinen Hebung der politischen Kultur der Bevölkerung gekommen war. Die Bevölkerung wollte aktiver in die Planung und Leitung der gesellschaftlichen Veränderungen einbezogen werden. Das bedeutete, dass sich die Querverbindungen zwischen der Wirtschaft einerseits und der sozialen Struktur und den im gesellschaftlichen Bewusstsein erfolgenden Prozessen beträchtlich komplizierten. Ein drastisches Kennzeichen der zunehmenden Widersprüche und Schwierigkeiten war der Streik der Arbeiter in den H.-Cegielski-Werken (den damaligen Stalin-Werken in Poznań), der infolge bürokratischer Entstellungen und schleppender Erledigung der Forderungen der Arbeiter ausbrach. Dieser Streik trug nicht nur ökonomischen, sondern auch politischen Charakter und rief Massendemonstrationen der Einwohner von Poznań hervor. Der Versuch, die Demonstrationen mit Gewalt zu

unterdrücken, führte zu Angriffen auf einige öffentliche Gebäude und zu Zusammenstössen mit den Sicherheitsorganen, bei denen auch Menschen getötet wurden.
Unter diesen Umständen wurden weitere Schritte zur Wiederherstellung der sozialistischen Rechtsstaatlichkeit unternommen, wobei das vom 19.—21. Oktober 1956 in äusserst gespannter Atmosphäre in Warszawa tagende VIII. Plenum des Zentralkomitees der PVAP die wesentliche Rolle spielte. Betonend, dass es sich ideologisch unverrückbar auf die Prinzipien des Marxismus-Leninismus stütze, deklarierte das Plenum u.a. eine Vertiefung der Demokratie und das Streben nach Hebung des Lebensstandards. Mit der Konzeption der rechtsnationalistischen Abweichung wurde restlos gebrochen. Władysław Gomułka kehrte als Erster Sekretär des ZK in die Parteiführung zurück.
Der „polnische Oktober" schuf ein neues politisches Klima im Lande, in dem sich — ähnlich wie in den Jahren unmittelbar nach dem Krieg — erneut eine Begeisterung der Massen bemerkbar machte.
Die Zusammenarbeit zwischen den Parteien wurde unter Anerkennung der führenden Rolle der PVAP auf die Prinzipien der Partnerschaft gegründet. In der Vereinigten Bauernpartei und der Demokratischen Partei kam es ebenfalls zu innerpolitischen Auseinandersetzungen.
Den Platz des Polnischen Jugendverbandes, der eine Krise durchmachte und im Januar 1957 aufgelöst wurde, nahmen der Sozialistische Jugendverband (ZMS) und der Verband der Landjugend (ZMW) ein, die die radikalen Traditionen der Jugendbewegung fortsetzten.
Im Dezember 1956 wurde die gesamtpolnische gesellschaftspolitische Bewegung — die Volksfront — in die Einheitsfront der Nation (FJN) umgestaltet. Im Januar 1957 fanden Wahlen zum Sejm statt, an denen 94,19% aller Wahlberechtigten teilnahmen, wobei die Kandidaten der FJN 94,4% aller Stimmen erlangten. Die internationale Position Polens festigte sich, während die Veränderungen in der Wirtschaftspolitik zu einer Steigerung des Lebensstandards führten. Die Reallöhne lagen 1959 um ein Drittel höher als 1955. Das kulturelle Leben wurde lebhafter. Das politische Bewusstsein der Bevölkerung, die darauf achtete, dass es nicht zu einem ihre Aktivität einschränkenden Rückfall in sektiererische Tendenzen kam, nahm sichtlich zu. Ein immer grösserer Teil der Bevölkerung machte sich das

Programm der Umgestaltung Polens zu eigen. Die nächsten Fünfjahrpläne (1956—1960, 1961—1965 und 1966—1970) bedeuteten einen weiteren Fortschritt bei der wirtschaftlichen Entwicklung des Landes. Die Distanz zwischen Polen und den hochentwickelten Ländern verringerte sich.

Und wiederum zeigte sich, dass es nicht so leicht ist, Widersprüche zwischen der Erfüllung der Produktionsaufgaben und der Befriedigung der unmittelbaren Bedürfnisse der Bevölkerung, d.h. zwischen künftigen und laufenden Bedürfnissen, zu vermeiden, also die richtigen Proportionen zwischen Akkumulations- und Konsumtionsfonds zu wahren. Die Entwicklung der Landwirtschaft erwies sich als unzureichend. Das hing u.a. mit der zu unelastischen Politik des Staates gegenüber dem Dorf zusammen. Die Konzentration der Bemühungen auf die Erfüllung schwieriger Aufgaben begünstigte zunehmende zentralistische Tendenzen und hemmte die Demokratisierungsprozesse. Besonders gross war der Wohnraumbedarf einer wachsenden Zahl von Bürgern, während man versuchte, die auftretenden Schwierigkeiten dadurch zu überwinden, dass die Einkünfte der Bevölkerung auf gleichbleibendem Niveau gehalten wurden. Die hauptsächlichsten Entscheidungen wurden von einem ziemlich engen Kreis von Funktionären um Władysław Gomułka getroffen, was auch in den Reihen der Partei immer mehr Unzufriedenheit hervorrief. Die vor Weihnachten 1970 verkündete beträchtliche Erhöhung der Lebensmittelpreise (hauptsächlich von Fleischwaren) führte vor allem an der Küste zu Streiks und Demonstrationen der Arbeiter. Sie gaben das Signal für wesentliche Korrekturen in der Parteipolitik, wobei der zunehmende Ehrgeiz der immer moderneren Gesellschaft berücksichtigt wurde. Anzeichen von Unzufriedenheit hatten sich übrigens schon früher bemerkbar gemacht, vor allem bei den Studentenunruhen im Frühjahr 1968. Erst das VII. Plenum des ZK der PVAP durchbrach den Teufelskreis. Aus der Parteiführung wurden jene Leute entfernt, die für die fehlerhafte Wirtschafts- und Sozialpolitik verantwortlich waren und die durch den Beschluss belastet waren, Gewalt gegen die Arbeiter anzuwenden, die dadurch also die Tragödie und die Menschenopfer verursacht hatten. Die Pflichten des Ersten Sekretärs des ZK der PVAP wurden Edward Gierek anvertraut. Vorsitzender des Ministerrats wurde Piotr Jaroszewicz, Vorsitzender des Staatsrates zuerst Józef Cyrankiewicz und dann Prof. Henryk Jabłoński.

Es begann eine Phase der intensiven wirtschaftlichen Entwicklung, die aber wegen der übertriebenen Zentralisierung und durch Fehler in der Investitionspolitik nach und nach zusammenbrach. Der Lebensstandard der Bevölkerung nahm spürbar zu. Das war eine Folge der Lohnerhöhungen und der neuen Marktpolitik (u.a. wurden die Preise für Grundnahrungsmittel für mehrere Jahre eingefroren). Der Wohnungsbau lief auf vollen Touren. In der Agrarpolitik wurde die Konzeption einer schrittweisen Umgestaltung der Landwirtschaft gefördert. Erreicht werden sollte das, indem man im Rahmen der bäuerlichen Wirtschaft verschiedene Formen entwickelte, die sie der sozialistischen Wirtschaft näher bringen sollte. Im Beschluss des VI. Parteitags der PVAP vom Dezember 1971 wurde festgestellt: „Eines der Hauptprinzipien für die weitere Entwicklung der sozialistischen Demokratie sollte darin bestehen, die Beteiligung der Werktätigen und ihrer Organisationen an der Verwaltung des Landes zu verstärken. Das soll den gemeinsamen Interessen beim sozialistischen Aufbau und der Überwindung der im Laufe dieses Aufbaus auftretenden Widersprüche dienen." Bestätigt wurden diese Prinzipien auf dem VII. Parteitag der PVAP vom Dezember 1975, auf dem die Losung vom Kampf um höhere Arbeitsqualität und um die weitere Verbesserung der Lebensbedingungen des Volkes verkündet wurde. 1976 wurde ein Gesetz zur Abänderung der Verfassung der VR Polen beschlossen.

Es wurde eine kostspielige Reform des Verwaltungsapparats durchgeführt. Vorher war Polen in 17 Wojewodschaften (sowie 5 Städte mit dem Status einer Wojewodschaft), 392 Kreise und 2365 Gemeinden gegliedert gewesen. Durch die Reform wurde die Bedeutung der Gemeinden beträchtlich erhöht, da die Kreise aufgelöst und die Zahl der Wojewodschaften auf 49 erhöht wurden.

Es kam zur Vereinigung der Jugendbewegung. 1973 entstand die Föderation der Sozialistischen Jugendverbände Polens (FSZMP).

All diese Wandlungen vollzogen sich unter den Bedingungen einer sich verändernden internationalen Lage. Ihre charakteristischen Merkmale waren der schrittweise Zusammenbruch des Kolonialsystems, die zunehmende Bedeutung der sozialistischen Staaten und — nach der Zeit des sog. kalten Krieges — die immer stärkere Tendenz zur Ausarbeitung der Grundsätze

für die friedliche Koexistenz von Ländern mit unterschiedlichen politischen Systemen.
Grundlage der polnischen Aussenpolitik ist das Bündnis mit der UdSSR und den anderen sozialistischen Staaten. Der 1945 geschlossene Vertrag über Freundschaft, gegenseitigen Beistand und Nachkriegszusammenarbeit wurde 1965 auf weitere 20 Jahre verlängert. Die UdSSR wurde auch zum wichtigsten Partner Polens in allen wirtschaftlichen Fragen. Verträge über Freundschaft und Zusammenarbeit wurden auch mit den anderen sozialistischen Ländern abgeschlossen.
Einen besonderen Platz nahmen in der Politik der VR Polen aus verständlichen Gründen die Beziehungen zu den beiden deutschen Staaten ein. Die Gründung der Deutschen Demokratischen Republik im Jahre 1949 bedeutete, dass ein Teil Deutschlands die Folgen des von Nazideutschland entfesselten Krieges und damit auch die Oder-Neisse-Linie als Westgrenze Polens anerkannte. Im Abkommen von Zgorzelec vom 6. Juli 1950 erkannte die DDR die bestehende deutsch-polnische Grenze an Oder und Lausitzer Neisse an. Anfangs gab es fast gar keine politischen Kontakte mit dem zweiten deutschen Staat, der Bundesrepublik Deutschland, die diese Grenze nicht anerkannte. Der territoriale Revisionismus und der Anspruch auf die alleinige Vertretung Deutschlands sowie die u.a. von Adenauer und von der CDU/CSU forcierte Politik der Stärke konnten nach Ansicht der polnischen Öffentlichkeit nur eines bedeuten — das Bestreben, eine Veränderung der Grenze zu Polen zu erzwingen, obwohl sie von den Siegermächten in Potsdam festgelegt worden war.
Eine Konsequenz der Einstellung Polens zu den durch den kalten Krieg hervorgerufenen Problemen war die polnische Aussenpolitik — die ständig wiederholten Initiativen zur Festigung des Friedens und der Sicherheit, zur internationalen Entspannung, zur Einschränkung und Überwindung des Wettrüstens und zur Schaffung einer die gegenseitige Verständigung fördenden Atmosphäre. Ausdruck des verstärkten Bemühens um die Entspannung in Europa waren u.a. der Beschluss Polens über die Beendigung des Kriegszustandes mit Deutschland im Februar 1955 und die in den Jahren 1955—1957 wiederholten Vorschläge zur Aufnahme diplomatischer Beziehungen mit der BRD sowie die polnischen Initiativen zur Schaffung einer atomwaffenfreien Zone in Mitteleuropa bzw. zum Einfrieren der Kernwaffen. Eine Zusammenfassung der polnischen Bemühungen

um die Entspannung in Europa war die am 14. Dezember 1964 auf der XIX. Tagung der UNO-Vollversammlung unterbreitete Initiative zur Einberufung einer europäischen Konferenz für Sicherheit und Zusammenarbeit. Zu jener Zeit verstärkten sich auch die kulturellen und wirtschaftlichen Kontakte zwischen Polen und der BRD, doch erst der am 7. Dezember 1970 in Warszawa unterzeichnete Vertrag zwischen der Bundesrepublik Deutschland und der Volksrepublik Polen über die Grundlagen der Normalisierung ihrer gegenseitigen Beziehungen, in dem beide Seiten bestätigten, dass die bestehende, in den Potsdamer Beschlüssen festgelegte Grenze die Westgrenze Polens darstellt, schuf Grundlagen für eine allmähliche Entfaltung der gegenseitigen Beziehungen. Die Partner bekräftigten in diesem Vertrag die Unantastbarkeit der bestehenden Grenzen, heute und in der Zukunft (Art. 1) und erklärten, dass sie keinerlei Gebietsansprüche erheben und solche Forderungen auch in Zukunft nicht stellen würden. Dieser Vertrag ist als wichtiges internationales Abkommen in die Nachkriegsgeschichte Europas eingegangen und stellt einen Beitrag zum Prozess der Entspannung auf unserem Kontinent dar. Der territoriale und politische *Status quo* in Europa wurde in der Schlussakte der Konferenz über Sicherheit und Zusammenarbeit in Europa bestätigt, in der 35 Staaten Europas und Nordamerikas die Unantastbarkeit der Grenzen als Grundvoraussetzung der Sicherheit und des Friedens anerkannten.
Nach der Ratifizierung des Vertrags durch den Staatsrat der VR Polen und durch den Bundestag im Jahre 1972 wurden im September desselben Jahres diplomatische Beziehungen zwischen der VR Polen und der BRD aufgenommen. Der Vertrag hat die Grundlagen für die Entwickung des Prozesses der Normalisierung der Beziehungen geschaffen und Möglichkeiten zur Lösung der bilateralen Probleme geboten.
Im Ergebnis eines Treffens in Helsinki — nach der Unterzeichnung der Schlussakte der KSZE — vereinbarten der Erste Sekretär des ZK der PVAP und der Bundeskanzler der BRD den Abschluss von Vereinbarungen über einige wichtige, zuvor nicht geregelte Fragen. Diese Vereinbarungen wurden später von den Aussenministern beider Staaten in Warszawa unterzeichnet. Beide Seiten bekräftigten ihren Willen, den Normalisierungsprozess konstruktiv im Geiste der Festlegungen des Vertrags von 1970 fortzusetzen. Es folgten gegenseitige offizielle Staatsbesuche. Als Edward Gierek im Juni 1976 in der BRD weil-

te, wurde eine gemeinsame Erklärung über die Entwicklung der Beziehungen zwischen der VR Polen und der BRD unterzeichnet, und während des Polenbesuchs von Helmut Schmidt im Oktober 1977 wurde eine weitere gemeinsame Erklärung unterzeichnet, in der die Bereitschaft zum Ausdruck gebracht wurde, den Prozess der Normalisierung fortzusetzen und weitere Vereinbarungen abzuschliessen. Auf diese Weise endete die erste Etappe der Herausbildung neuer Beziehungen zwischen der VR Polen und der BRD.

In die Geschichte beider Länder sind die siebziger Jahre als Zeitraum einer regen Entwicklung der gegenseitigen Beziehungen eingegangen. Davon zeugen nicht nur die Besuche von Regierungschefs, Parlamentariern und Politikern; es wurden auch regelmässige Konsultationen zwischen den Aussenministern beider Länder eingeführt, die bilateralen und internationalen Fragen gewidmet waren. Ausserdem wurde ein Forum für Begegnungen von Politikern, Wirtschaftsfunktionären und Publizisten geschaffen. Zwischen Gewerkschafts- und Jugendorganisationen wurden Kontakte aufgenommen. Vier polnische Städte arbeiten mit Partnerstädten in der BRD zusammen. Positiv ist auch das Problem der Familienzusammenführung gelöst worden; in den Jahren 1976—1979 reisten ca. 125 000 Personen in die BRD aus.

Der Touristenverkehr zwischen beiden Ländern hat sich entwikkelt. Bei einer fast doppelt so grossen Bevölkerungszahl der BRD besuchten 1979 rund 303 000 westdeutsche Bürger Polen und über 130 000 Polen die BRD.

Wissenschaftler und Experten Polens und der BRD vereinbarten im Rahmen der nationalen UNESCO-Ausschüsse gemeinsame Empfehlungen zur inhaltlichen Prüfung der Lehrbücher für Geschichte und Geographie beider Länder. Sie sollen der Erziehung der Bevölkerung Polens und der BRD im Geiste des Friedens, der gegenseitigen Achtung und des Vertrauens dienen. In einem internationalen Kulturabkommen vom 11. Juni 1976 haben sich beide Seiten verpflichtet, die Empfehlungen für die Lehrbücher in die Unterrichtspraxis einzuführen, was in der BRD jedoch auf grosse Schwierigkeiten stösst.

Das Haupthindernis bei der Entwicklung des Normalisierungsprozesses besteht darin, dass die rechtlichen Konsequenzen aus dem Vertrag von 1970 (der als *Modus vivendi* oder als Übergangslösung dargestellt wird), also auch die Anerkennung der Unantastbarkeit der Oder-Neisse-Grenze, nicht in der Gesetzgebung und in der Rechtsprechung der BRD berücksichtigt werden. Das zeigt sich u.a. in der Anwendung von Rechtsakten, die z.B. andeuten, dass das Deutsche Reich in formal rechtlicher Hinsicht in den Grenzen von 1937 weiterbesteht. Es trägt auch nicht dazu bei, eine gute Atmosphäre in den zwischenstaatlichen Beziehungen zu schaffen, wenn den für ständig aus Polen in die BRD ausgereisten Personen der Status von „Vertriebenen" verliehen wird. Ein wesentliches Hindernis bei der Normalisierung der Beziehungen stellt auch die revanchistische Tätigkeit der Landsmannschaften dar, die u.a. aus Mitteln der Bundesregierung finanziert werden. Diese Organisationen lehnen den Vertrag von 1970 als Basis für die Normalisierung der Beziehungen zwischen der BRD und Polen ab.

Industrialisierung und demographische Veränderungen. Entwicklung nationaler Bindungen

Während der unmittelbar nach dem Kriege einsetzenden Industrialisierung, die zur Zeit des Sechsjahrplans 1950—1956 besonders intensiv vorangetrieben wurde, entstanden in Polen viele neue Industriebetriebe (u.a. die Lenin-Hütte, die Pkw-Fabrik in Warszawa-Żerań, die Lkw-Fabrik in Lublin und die chemischen Werke in Oświęcim) und völlig neue Industriestädte (z.B. Nowa Huta bei Kraków, Nowe Tychy und Konin in Wielkopolska). In Płock wurde die petrolchemische Industrie aufgebaut. Chemiebetriebe entstanden in Puławy, Włocławek, Police und anderen Städten. Neu geschaffen wurden Kohlereviere (z.B. das Kohlerevier Rybnik, das im Ausbau befindliche Revier im Raum Lublin und das Revier Turoszów), Schwefelförderstätten (Tarnobrzeg) und Kupferreviere (Lubin und Polkowice). Es entwickelte sich die Werftindustrie, in Gdańsk wurde der Nordhafen gebaut. Man war bemüht, Landesteile mit rückständiger Wirtschaftsstruktur zu industrialisieren. Die Industrie in West- und Nordpolen wurde ausgebaut. Während des Sechsjahrplans entstanden solche Betriebe wie die Aluminiumhütte in Skawina, die Stickstoffwerke in Kędzierzyn, das Kraftwerk „Czechowice" bei Wrocław und viele andere. In den letzten Jahren sind viele Dutzend neue Industriebetriebe errichtet worden, u.a. die Erdölraffinerie in Gdańsk, die Hütte „Katowice" und die Steinkohlegrube „Piast" in Tychy.

1973 lag das Niveau der Industrieproduktion in Polen zwanzigmal höher als 1938. Die Industriezweigstruktur hatte sich verändert. Die Bedeutung von Elektrotechnik, Maschinenbau, Chemie, Kraftfahrzeugbau, Schiffbau und elektronischer Industrie hatte zugenommen. Pro Kopf der Bevölkerung erreichte die Industrieproduktion in Polen ungefähr vier Fünftel des für die entwickelten Industriestaaten Westeuropas charakteristischen Standes. In dieser Hinsicht gehörte Polen zu den zehn führenden Industriestaaten Europas. Die Industrieproduktion stieg in den Jahren 1950—1979 jährlich im Schnitt um etwa 10%. Die Agrarproduktion nahm natürlich langsamer zu, um so mehr, als hauptsächlich die Landwirtschaft die Mittel für die Akkumulation und in der Konsequenz für Investitionen aufbrachte. Dennoch stieg die landwirtschaftliche Produktion insgesamt in den Jahren 1951—1975 z.B. um nahezu 90%, wobei die pflanzliche Produktion um ca. 75% und die tierische Produktion um fast 111% zunahmen. Allein in den Jahren 1971—1975 belief sich die Steigerung der landwirtschaftlichen Produktion auf 20%. Das Nationaleinkommen stieg in den Jahren 1971—1975 um etwa 40% und die Reallöhne in derselben Zeit um 41,4%. Die durchschnittliche jährliche Steigerung der landwirtschaftlichen Produktion betrug — unter Berücksichtigung der Jahre, die Missernten und damit in absoluten Zahlen einen Rückgang der Agrarproduktion brachten — in den Jahren 1971—1975 3,7% (1966—1970 waren es 1,8% gewesen). Die neue Agrarpolitik, darunter die zunehmende Versorgung des Dorfes mit Industrieerzeugnissen, begann sich bemerkbar zu machen. In den Jahren 1971—1975 bewirtschaftete der vergesellschaftete Sektor über 750 000 ha Boden. Im Ergebnis wurden 1975 29,5% der gesamten landwirtschaftlichen Nutzfläche von der vergesellschafteten Wirtschaft verwaltet, und 1979 waren es bereits 31,8%. Ein erheblicher Teil des Bodens stammte von Bauern, die ihr Land dem Staat übergeben hatten.

Die Prozesse der Industrialisierung und der Entwicklung der Landwirtschaft waren eng mit einer Umgestaltung der Bevölkerungsstruktur verknüpft. In Volkspolen erfolgte auf diesem Gebiet eine grundsätzliche Wende. Vor dem zweiten Weltkrieg hatten die ihren Unterhalt aus der Landwirtschaft bestreitenden Einwohner 73% Bevölkerung Polens ausgemacht, während 1979 etwa 77,5% der Bevölkerung ihren Lebensunterhalt aus nichtlandwirtschaftlichen Quellen bestritten, davon über 50% auf dem Lande. Das bedeutet einen hohen Verstädterungsgrad des Dorfes, also auch entsprechende Veränderungen in der Lebenskultur. Wenn man allein die Jahre 1950, 1960 und 1979 herausgreift, dann verringerte sich der Prozentsatz der ihren Lebensunterhalt aus der Landwirtschaft bestreitenden Bevölkerung von 47,1% auf 38,4% und 22,5%. Der Prozentsatz der Stadtbevölkerung nahm dagegen rasch zu. 1950 betrug er 39%, 1960 48,3% und 1979 58,2%. In den Jahren 1946—1979 stieg die Einwohnerzahl Polens um 11,7 Mill., während sich die Zahl der Stadtbewohner um 12,5 Mill. vergrösserte. Das bedeutet, dass die Städte nicht nur den gesamten Bevölkerungszuwachs aufsogen, sondern auch einen Teil der Dorfbewohner. Die Zahl der Stadtbewohner vergrösserte sich in den Jahren 1971—1979 um fast 3,5 Mill., und Polen figurierte hinsichtlich des städtebaulichen Entwicklungsgrades unter solchen Ländern wie Österreich, Finnland, der Schweiz und Ungarn. Es entwickelten sich solche städtischen Ballungsgebiete wie die Dreistadt Gdańsk-Gdynia-Sopot an der Küste, die über 700 000 Einwohner zählt.

Insgesamt stieg die Einwohnerzahl Polens von 25 Mill. im Jahre 1950 auf 35,6 Mill. im Jahre 1980. Der Vorkriegsstand ist also wieder erreicht.

Neben dem zunehmenden Prozentsatz der nicht in der Landwirtschaft beschäftigten Bevölkerung kann man das zahlenmässige Anwachsen und die Veränderungen in der Struktur der Arbeiterklasse als die nächsten bedeutungsvollsten Prozesse bei der Umgestaltung der Bevölkerungsstruktur ansehen. Während die Zahl der Arbeiter in allen Zweigen der Wirtschaft 1931 4,2 Mill. betragen hatte, davon nicht ganz 30% in der Industrie und im Bauwesen, waren es 1970 (nach der damaligen Volkszählung) 6,8 Mill., davon 64,5% in der Industrie und im Bauwesen. Die Zahl der Arbeiter, die in modernen Industriezweigen bei automatisierter Tätigkeit als Techniker beschäftigt sind, ist gestiegen (auf ca. 40%).

Als dritte grundsätzliche Veränderung der Bevölkerungsstruktur ist das Anwachsen der Intelligenz anzuführen. Diese im Krieg besonders dezimierte Schicht hatte unter allen Lohn- und Gehaltssempfängern ausserhalb der Landwirtschaft vor dem Krieg etwa 14% ausgemacht. 1950 stellte sie jedoch schon rund 25% und 1973 über 35%. Die Kader der Intelligenz rekrutierten sich vor allem aus Arbeiter- und Bauernkreisen (insgesamt ca. 55%, davon 35% Arbeiter und 20% Bauern), aus der Intelligenz (40%) und aus dem Kleinbürgertum sowie aus den Oberschichten der

alten Gesellschaft (10%). Dieser Prozess war eng mit der Entwicklung der Volksbildung verknüpft. Zum Vergleich kann man anführen, dass in den zwei Jahrzehnten zwischen den beiden Weltkriegen in Polen nur ca. 85 000 Personen Hochschulbildung erwarben, während es in den 20 Jahren von 1945—1965 368 900 und in den nächsten 14 Jahren 797 800 waren.
Die Herausbildung einer modernen städtischen Industriegesellschaft war nicht der einzige umwälzende historische Prozess im Bereich der demographischen Veränderungen. In ihrem Ergebnis wurden nämlich nicht nur die in Jahrhunderten entstandenen Deformationen der sozialen Struktur in hohem Masse überwunden und die polnische Bevölkerung in die Strömungen und Tendenzen der hochentwickelten Länder einbezogen, sondern es setzten auch Veränderungen in jenem Bereich ein, den man als demographische Tiefenstruktur bezeichnen kann. Dabei geht es um die Prozesse einer vielschichtigen Integration der polnischen Bevölkerung, d.h. um einen intensiveren Prozess der Herausbildung der sozialistischen Nation. Zwar schalten die sich vollziehenden gesellschaftlichen Veränderungen unter den Bedingungen des Aufbaus des Sozialismus die Faktoren der sozialen Differenzierung nicht aus und sie beseitigen auch nicht die verschiedenartigen Widersprüche, aber das tut der grundlegenden Bedeutung der Integrationsprozesse keinen Abbruch. Sie bildeten und bilden ein ganzes, kompliziertes, von Konflikten nicht freies Netz von Beziehungen und Mechanismen zwischen den einzelnen Lebensbereichen der Gesellschaft, der Nation und des Staates. Einige davon seien genannt.
Durch die Revolution sind die antagonistischen Klassenbeziehungen verschwunden, und dadurch hat sich der Charakter der Verbindungen zwischen dem Staat und der Bevölkerung vollständig verändert. Die Verschiebung der Staatsgrenze nach Westen hat zu dem bereits erwähnten bedeutungsvollen Makroprozess der kulturellen Anpassung und Integration der aus verschiedenen Gegenden in die West- und Nordgebiete gekommenen Bevölkerung geführt (u.a. durch die Entwicklung von Volksbildung und Kultur sowie durch gemischte Ehen). In West- und Nordpolen sind nach dem Kriege über 5 Mill. Menschen geboren worden. Diese anwachsende, wahrhaft ortsansässige Bevölkerung ist als Hauptkraft für die zunehmende Integration sowohl in diesen Gebieten als auch mit ganz Polen anzusehen. Infolge der Industrialisierung sind die Unterschiede im Entwicklungsniveau der einzelnen Landesteile und beim

Tempo der erfolgenden Veränderungen überwunden und im Ergebnis eine gleichmässigere territoriale Verteilung der Arbeiterklasse sowie der anderen Klassen und sozialen Schichten, d.h. eine Erweiterung der Sphäre der gesellschaftlichen Bindungen, erzielt worden. Durch solche Faktoren wie Industrialisierung, Verstädterung, zunehmende territoriale Mobilität, rascherer Informationsfluss (Rundfunk, Fernsehen), Ausstrahlung des Bildungswesens, kulturelle Entwicklung und steigender Lebensstandard der Dorfbewohner haben sich die Unterschiede zwischen Stadt und Land sichtlich verringert. Im Ergebnis der Umgestaltungsprozesse in der Bevölkerungsstruktur sind Bindungen zwischen den Klassen und Schichten entstanden und haben sich vertieft. Zu den wichtigsten derartigen Bindungen ist das Anwachsen der Gruppe von Ingenieuren und Technikern in den Reihen der Intelligenz zu zählen, das zu engeren Verbindungen zwischen der Arbeiterklasse und der Intelligenz führt. Zu den Erscheinungen, die zumindest in einigen Aspekten Symptome der Integrationsprozesse darstellen, kann man auch das zählen, was als sog. Dekomposition der Merkmale der sozialen Stellung bezeichnet wird. Dabei geht es um die Verselbständigung der drei, früher im allgemeinen zusammen auftretenden Merkmale der sozialen Stellung: Charakter der Arbeit, Höhe des Verdienstes und gesellschaftliches Prestige. Das bedeutet, dass ein hoher Platz in der beruflichen Hierarchie keineswegs einem hohen Platz in der Einkommensskala entsprechen muss und umgekehrt. Das hat insgesamt zu einer einheitlicheren sozialen Struktur geführt. Andererseits sind jedoch neue soziale Schichten entstanden, die sich auf eine sekundäre Verteilung der Einkünfte, auf den unterschiedlichen Zugang zu gefragten Gütern, auf wirtschaftliche Vorteile aus zusätzlichen Quellen oder auf die Ausnutzung von Funktionen zum leichteren Erlangen verschiedener Güter auf der Basis von Privilegien stützen. Zu den bedeutungsvollen Integrationsprozessen gehört es ferner, dass das gesellschaftliche Bewusstsein von einer immer grösseren Zahl gemeinsamer Inhalte erfüllt ist, die den auftretenden Unterschieden (z.B. der Gliederung in Gläubige und Atheisten) übergeordnet sind. Dieses Wirken einer immer grösseren Zahl gemeinsamer Elemente unter der Bevölkerung — ein Ergebnis der historischen Erfahrung des Volkes — hat entscheidenden Einfluss auf das bewusste Handeln aller und ist für derartiges kollektives Handeln unerlässlich. Erscheinungen gemeinsamer Inhalte im Bewusstsein der polnischen Nachkriegsbevölkerung sind u.a. die Anerkennung des Staates in seinen gegenwärtigen Grenzen, die Anerkennung des Staates, in dem die Werktätigen mit der Arbeiterklasse und ihrer Partei an der Spitze die entscheidende politische und gesellschaftliche Kraft darstellen, die Billigung des Programms der sozialökonomischen Umgestaltung, die Überzeugung vom gemeinsamen Wert der Bildung (also auch der Wissenschaft) und die aktive Beteiligung am kulturellen Leben.

Volksbildung, Wissenschaft, Kultur und künstlerisches Leben im Dienste der Gesellschaft

Bei den geschilderten Integrationsprozessen hat die umfassend verstandene Sphäre des kulturellen Lebens eine gewaltige Rolle gespielt. Allgemein gesehen erfolgte etwas, was man als Verstädterung des Lebens bezeichnen könnte. Das wurde auf dem Lande besonders sichtbar. Es war ein zweiseitiger Prozess. Die vom Dorf in die Stadt Übergesiedelten passten sich dem städtischen Leben an, während Erscheinungen des Stadtlebens das Dorf durchsetzten. Die traditionelle bäuerliche Kultur schwand immer mehr und begann die Rolle einer Folklore zu spielen, d.h. einer eigentümlichen „Zierde" des Lebens, die bewusst wiederbelebt wurde, um das regionale und lokale Kolorit zu betonen. Die augenscheinlichsten Veränderungen kann man im ländlichen Bauwesen beobachten, das im allgemeinen nicht sonderlich gelungene städtische Muster nachahmt, und das zu einer Zeit, da ausserhalb des Dorfes volkstümliche Motive populär geworden sind. Das betrifft auch die Veränderungen bei der Wohnungsausstattung. Hier erfasste die Modernisierung zuerst die Kochstelle, danach allmählich auch die Möbel und die Einrichtung des Bauernhauses (man entfernte u.a. Bänke und Truhen und veränderte die Inneneinrichtung). Es tauchte die Tendenz auf, die Wohnfläche zu vergrössern. Das betraf übrigens auch die Städte, in denen sich, wenn auch langsam, nach dem Nachkriegswiederaufbau die Wohnverhältnisse verbesserten. Man bemühte sich um eine Verbesserung der kommunalen Einrichtungen und um die Verschönerung der Städte sowie Berücksichtigung der wachsenden Zahl von Kraftfahrzeugen. Die für den Massenbedarf bestimmte Produktion des Kleinwagens Fiat 126p begann zu einer Veränderung der Lebensweise und zur Entwicklung der Touristik beizutragen. Eine typische

Erscheinung war die nachlassende Selbstversorgung der ländlichen Familien. Noch deutlichere Veränderungen erfolgten beim Stil der Kleidung auf dem Lande. Das Dorf glich sich endgültig der städtischen Mode an und folgte somit den Tendenzen der internationalen Mode. Die traditionelle dörfliche Alltagskleidung war schon vor langer Zeit zum Sonntagsstaat und dann zur Feiertagskleidung geworden, um schliesslich zum Brauchtum überzuwechseln. Das Verwischen der Unterschiede zwischen der Stadt und dem Dorf erfolgte in den Jahren 1950—1960, und zwar hauptsächlich in der Kleidung der jungen Leute. Auf dem Lande entwickelten sich Sport und Touristik. In den Nachkriegsjahren kam es zu einer deutlichen Demokratisierung der Geisteskultur. Die Zahl der Bibliotheken und Museen nahm zu.

Im Manifest des Polnischen Komitees für nationale Befreiung war angekündigt worden, das Schulwesen zu entwickeln, die Intelligenz mit besonderer Fürsorge zu umgeben und zugleich die Kultur zu demokratisieren. Auf diese Weise hatte man das Programm einer kulturellen Revolution abgesteckt. Die gewaltige Arbeit auf diesem Gebiet begann mit der Ausmerzung des durch die Besatzungsjahre bedingten sekundären Analphabetentums. „Die allgemeine Verbreitung und Vergesellschaftung des kulturellen Schaffens in all seinen Erscheinungsformen und in allen Bereichen ist eine Aufgabe, die der neue historische Zeitraum, die Zeit der Volksdemokratie, der gegenwärtigen Generation von Künstlern und der ganzen Nation auferlegt!" sagte Bolesław Bierut am 16. November 1947 bei der Einweihung des Rundfunksenders Wrocław.

Wenn von der Entwicklung des umfassend verstandenen kulturellen Lebens die Rede ist, darf man nicht die grosse Rolle vergessen, die Lublin in der ersten Phase Volkspolens in dieser Hinsicht gespielt hat. Dort wurden zahlreiche Zeitschriften und Zeitungen redigiert. Dort erblühte das Theaterleben, dort traten u.a. so hervorragende Schauspieler wie Jan Kreczmar, Jacek Woszczerowicz, Władysław Krasnowiecki, Jan Świderski und Aleksander Zelwerowicz auf. In Lublin wurde das literarische Milieu wiederbelebt (es erschienen Gedichtbände von Mieczysław Jastrun, Julian Przyboś, Jerzy Putrament und Adam Ważyk). Auch die Wissenschaft blühte dort wieder auf, denn die ersten Hochschulen, die Maria-Curie-Skłodowska-Universität und die Katholische Universität, nahmen ihre erneute Tätigkeit in Lublin auf. Dann übernahm Łódź den Rang des gesamtpolnischen

Kulturzentrums. Dort erschienen Zeitschriften wie „Kuźnica" oder „Myśl Współczesna", und es entstand ein starkes Universitätszentrum, an dem hervorragende Wissenschaftler wie z.B. Tadeusz Kotarbiński, Stanisław Ossowski, Maria Ossowska, Józef Chałasiński und Natalia Gąsiorowska lehrten. Damals wirkten in Łódź viele Theaterschaffende: Leon Schiller, Juliusz Osterwa und all jene, die zusammen mit dem Theater der Polnischen Armee aus Lublin gekommen waren. Das dauerte nur kurze Zeit, denn im Zusammenhang mit dem Wiederaufbau der polnischen Hauptstadt, den das ganze Volk begeistert unterstützte (ähnlich wie es nach 1970 den Wiederaufbau des von den Deutschen niedergebrannten Königsschlosses in Warszawa unterstützte), verlagerte sich das Zentrum des kulturellen und wissenschaftlichen Lebens nach Warszawa.
Rege entwickelte sich nach dem Krieg das kulturelle Leben in Wrocław. Dort wurde ebenfalls ein starkes Universitätszentrum geschaffen, das auf bestimmten Gebieten (Mathematik: Hugo Steinhaus und Edward Marczewski, Hämatologie: Ludwik Hirszfeld) sogleich internationales Aufsehen erregte. Das literarische Leben entwickelte sich. Der 1948 in Wrocław veranstaltete Intellektuellenkongress legte Zeugnis vom hohen Rang dieser Stadt ab. Zu beobachten war auch ein aktives kulturelles Leben in Kraków. Die Hochschulen entwickelten sich, und es wurden zahlreiche Publikationen herausgegeben. Hohes Niveau erlangten die Theater. Damals wirkten in Kraków u.a. Arnold Szyfman, Ludwik Solski und Karol Adwentowicz. Etwas später konnte sich Szczecin beachtlicher kultureller Errungenschaften rühmen. Dort begann sich das regionale Bewusstsein der ansässig gewordenen Siedler zu regen. Allmählich tauchte auch Zielona Góra auf der kulturellen Landkarte Polens auf und bildete ein eigenständiges kulturelles und wissenschaftliches Zentrum. Gleichzeitig oder etwas später entwickelten sich auch andere grössere Städte (z.B. Toruń, Opole, Olsztyn, Białystok, Rzeszów, Bydgoszcz, Koszalin und Słupsk). Rasch wurde das kulturelle und wissenschaftliche Leben in Warszawa wiederaufgebaut. Einen aktiven Beitrag zur Entwicklung des kulturellen Lebens leistete Poznań nach dem Kriege, wo viele hervorragende Künstler ihre Laufbahn begannen. Stark entwickelte sich die kulturelle Zusammenarbeit mit der UdSSR und den anderen sozialistischen Ländern, die nach einem neuen Modell des kulturellen Lebens suchten. Auch mit anderen Ländern wurden Kontakte angeknüpft.

Die Grundlage für die kulturelle Entwicklung bildete das Bildungswesen. Vorstellungen vom Nachkriegsbildungswesen waren schon während der Besatzungszeit entwickelt worden (z.B. in der Geheimorganisation der Lehrer). An diese Vorstellungen knüpfte der Bildungskongress im Juni 1945 in Łódź an, auf dem man sich Gedanken über das Modell des Volksbildungswesens in Polen machte. Damals gab es viele Diskussionen und Veränderungen auf diesem Gebiet. In den Nachkriegsjahren nahm die Zahl der Schüler und der Schulen zu. Im Schuljahr 1945/46 gab es 18 397 Schulen mit 3 Mill. Schülern und 1949/50 22 738 Schulen mit 3,4 Mill. Schülern. Die Zahl der Hochschulen (Ingenieurhochschulen und Universitäten) belief sich 1945/46 auf 46 (mit 56 000 Studenten), während es 1949/50 67 waren (mit 115 000 Studenten).

Die Zahl der Tageszeitungen stieg von 1 118 000 Exemplaren 1945 auf 4 199 000 Exemplare 1949. Die nach 1948 einsetzende Zentralisierung des kulturellen Lebens bewirkte eine Verringerung der Zahl der Zeitschriften, obwohl ihre Gesamtauflage stieg. Besonders stark entwickelte sich das Interesse an der Presse auf dem Lande. Auch zahlreiche Zeitschriften der nationalen Minderheiten tauchten auf. Die Buchproduktion stieg von 1083 Titeln in einer Auflage von 10 Mill. Exemplaren 1945 auf 4611 Titel in einer Auflage von 118 Mill. Exemplaren 1950.

Das von den Okkupanten völlig zerstörte Rundfunkwesen entwickelte sich. Schon 1948 näherte sich die Zahl der angemeldeten Rundfunkgeräte dem Vorkriegsstand, und im Zusammenhang mit der fortschreitenden Elektrifizierung der Dörfer, die stufenweise ganz Polen erfasste, stieg auch die Zahl der Rundfunkgeräte (und später der Fernsehgeräte) auf dem Lande.

Die Gründung des staatlichen Unternehmens „Film Polski" 1945 bedeutete eine intensive Entwicklung auch dieser Form des kulturellen Lebens. Die Zahl der Kinobesucher nahm zu. Nach und nach errangen polnische Filme auch im Ausland Anerkennung. Der erste polnische Nachkriegsfilm, „Verbotene Lieder", hatte am 8. Januar 1947 in Warszawa Premiere. Immer stärker verlangte das Dorf nach Filmen und dem Kino.

Die zentralistischen Tendenzen im kulturellen Leben wurden in den Jahren 1954—1956 grösstenteils überwunden. Das bildete einen neuen Anreiz für das Aufblühen kultureller Initiativen. Die Zahl der Oberschüler stieg von über 500 000 im Schuljahr 1950/51 auf mehr als 2,4 Mill. im Schuljahr 1979/80 und die

Zahl der Studenten von 125 000 im Studienjahr 1950/51 auf etwa 500 000 in den siebziger Jahren. Das zeugt von einer Zunahme der über die Grundschule hinausgehenden Ausbildung und somit von einer immer stärkeren intellektuellen „Ausstattung" der Gesellschaft. Im Studienjahr 1979/80 gab es in Polen 10 Universitäten, 18 technische Hochschulen, 10 medizinische Akademien, 9 landwirtschaftliche Akademien und 46 Hochschulen anderer Fachrichtungen (Pädagogik, Körpererziehung, Kunst und Theologie). Auf dem 1951 einberufenen I. Kongress der polnischen Wissenschaft wurde die Polnische Akademie der Wissenschaften (PAN) ins Leben gerufen, die gegenwärtig bereits Zweigstellen in Kraków, Poznań, Wrocław, Katowice und Łódź sowie wissenschaftliche Aussenstellen in Frankreich und Italien unterhält. Es wurden über 100 ministerielle Institute, zum Teil hohen Ranges, eingerichtet. Beträchtlich stieg die Zahl der wissenschaftlichen Mitarbeiter. Erwähnt sei, dass sich die Zahl der in der Wissenschaft Beschäftigten 1972 gegenüber 1970 um 55,7% vergrössert hatte, während sie in der gesamten vergesellschafteten Wirtschaft durchschnittlich nur um 7,6% gestiegen war.

Auf vielen Gebieten errang die polnische Wissenschaft grosse internationale Anerkennung. Sie bemühte sich zudem, Aufgaben zu lösen, die mit der intensiven Entwicklung Polens zusammenhingen. Auf dem Kongress der polnischen Wissenschaft 1973 wurde die Losung „Die Wissenschaft im Dienste des Volkes" ausgegeben. Zu den Fachgebieten, auf denen Polen nach dem Kriege herausragende Leistungen im Weltmassstab zu verzeichnen hatte, gehört die Mathematik, die den früher schon verfolgten mathematischen Zweigen neue hinzufügte. Hervorragend entwickelten sich theoretische Physik, Kernphysik, Optik und andere Bereiche. In Volkspolen zeichnete sich eine beträchtliche Entwicklung von technischen Wissenschaften, Geologie, Geographie, biologischen Wissenschaften und Soziologie ab. Unter den medizinischen Wissenschaften, die hohes Niveau und in einer Reihe von Disziplinen weltweite Anerkennung erlangt haben, sind die Untersuchungen im Rahmen von Immunologie, Hämatologie, Humangenetik, Orthopädie, Augenchirurgie und Pharmakologie anzuführen. Die Umgestaltung der Landwirtschaft bewirkte erhebliche Fortschritte in den Agrarwissenschaften. Auf dem Gebiet der Gesellschaftswissenschaften wurden unter dem Einfluss der methodologischen und theoretischen Anregungen des Marxismus und unter Wahrung des bereits traditionell hohen Niveaus der Forschungslogik zuvor nicht gekannte Fortschritte erzielt. Die Methodologie der Wissenschaften, die noch aus den Leistungen solcher Meister wie Tadeusz Kotarbiński und Kazimierz Ajdukiewicz schöpfte, entwickelte sich hervorragend. Die Soziologie bekam durch die grossen, sich im Lande vollziehenden Prozesse ein lebendiges Laboratorium und entwickelte sich daher beträchtlich. Die Wirtschaftswissenschaften können sich so weltberühmter Gelehrter wie Oskar Lange und Michał Kalecki rühmen. Grosse Fortschritte machten die Rechtswissenschaften, die aktiv auf die komplizierten Erfordernisse der neuen Wirklichkeit eingingen. Hinzuweisen ist auf Völkerrecht, Zivilrecht, Theorie von Staat und Recht sowie Geschichte der Rechtswissenschaften. Internationale Anerkennung erlangten solche sprachwissenschaftlichen Fachgebiete wie klassische Philologie und Orientalistik. Die traditionell in Polen betriebene Geschichtsforschung leitete eine neue Entwicklungsetappe ein und begründete die „polnische historische Schule". Die Geschichtswissenschaften gehörten zu den am stärksten ausgebauten Zweigen der Gesellschaftswissenschaften. Im Zusammenhang mit dem Wiederaufbau zerstörter historischer Objekte entwickelte sich u.a. die Kunstgeschichte. Weltruf erlangten die polnische Archäologie und die Geschichte der materiellen Kultur. Zu den besonders lebhaft entwickelten Disziplinen gehören auch Literaturforschung, Kunsttheorie und Ästhetik. Die polnische Wissenschaft entwickelt rege Kontakte zu ausländischen Zentren der Wissenschaft sowohl in den sozialistischen als auch in kapitalistischen Ländern.

Wie schon in früheren Zeiten übte die Literatur auch nach dem Kriege grossen Einfluss auf die Formung der Haltung der Menschen aus. Mit dem Literaturvertrieb (das betrifft auch wissenschaftliche Bücher) befassen sich immer mehr Buchhandlungen (1974 waren es 47 000) und mit ihrem Druck zahlreiche Verlage. Zu den meistgelesenen Verfassern gehörten in den Nachkriegsjahren neben den Klassikern des 19. Jh. Maria Dąbrowska (88 Bücher in hohen Auflagen), Jarosław Iwaszkiewicz (113), Jan Parandowski (92), Władysław Broniewski (76), Stanisław Lem (69), Konstanty Ildefons Gałczyński (50) und Tadeusz Różewicz (42). Zum Kreis der hervorragenden Verfasser zählen u.a. Jerzy Andrzejewski, Kazimierz Brandys, Tadeusz Breza, Stanisław Dygat, Bohdan Czeszko, Stanisław Grochowiak, Andrzej Kuśniewicz, Sławomir Mrożek, Teodor Parnicki, Julian

Tuwim und Wojciech Żukrowski. Im Exil wirkten u.a. Czesław Miłosz, der 1980 den Nobelpreis für Literatur erhielt, Witold Gombrowicz und Kazimierz Wierzyński. Die Literatur stand unter dem starken Einfluss der Erfahrungen der Kriegs- und Besatzungsjahre sowie der Veränderungen im Leben der Polen in den letzten Jahrzehnten. An die erste Stelle rückte zweifellos der Roman vor. Auch im polnischen Film waren die Probleme durch die Erfahrungen des Krieges, die nationale Geschichte und die aktuellen Veränderungen bestimmt (Andrzej Wajda, Andrzej Munk, Jerzy Kawalerowicz, Krzysztof Zanussi und viele andere). In den bildenden Künsten erregten polnische Architekten, die u.a. zahlreiche ausländische Wettbewerbe gewannen, Aufsehen in der Welt. In der Bildhauerei wurden u.a. Xawery Dunikowski, Stanisław Horno-Popławski, Marian Wnuk, Antoni Kenar, Alina Szapocznikow und Władysław Hasior berühmt, während es in der Malerei u.a. Jan Cybis, Eugeniusz Eibisch und Stefan Gierowski waren. Grosse künstlerische Erfolge hatten Graphik und Plakatkunst zu verzeichnen.

Eine besondere Rolle spielte das polnische Theater, das wegen seiner neuen Ideen stets im internationalen Theaterleben gegenwärtig ist. Viele Jahre lang zeichnete sich in dieser Hinsicht Wrocław aus, wo sich das Theaterlaboratorium Jerzy Grotowskis und das Pantomimentheater Henryk Tomaszewskis entwickelten.

Das grösste Theaterzentrum Polens ist Warszawa mit seinen 35 Bühnen. Es folgt Kraków, dem namhafte Kritiker den ersten Platz hinsichtlich der intensiven Entwicklung des Theaterlebens zuerkennen. Kazimierz Dejmek, Adam Hanuszkiewicz, Andrzej Wajda, Józef Szajna und der bereits verstorbene Konrad Swinarski bilden einen Kreis hervorragender Regisseure, die im polnischen Gegenwartstheater den Ton angeben.

Die polnische Musik entwickelt sich weiterhin stürmisch. 1948 gab es bereits sechs Philharmonien, acht Sinfonieorchester und vier Opernhäuser. 1956 war die Zahl der Orchester auf 27 angewachsen, es gab neun Opern, und es waren acht Musik- und Operettentheater entstanden. Im ersten Nachkriegsjahrzehnt wurden viele ausgezeichnete Werke komponiert, die in erheblichem Masse an die Folklore anknüpften (u.a. Stanisław Wiechowicz, Jan Maklakiewicz, Witold Lutosławski und Kazimierz Serocki). Eine andere Richtung des Musikschaffens repräsentieren Bolesław Szabelski, Zbigniew Turski, Grażyna Bacewicz, Tadeusz Baird und Bolesław Woytowicz. Nach 1956 schaltete sich die polnische Musik stärker in die internationalen Strömungen ein. Man begann das internationale Festival der zeitgenössischen Musik „Warschauer Herbst" zu organisieren, heute das grösste Festival für moderne Musik in der Welt. Fortgesetzt werden die Chopin-Wettbewerbe (Klavier) in Warszawa und die Henryk-Wieniawski-Wettbewerbe (Violine) in Poznań. Beim „Warschauer Herbst" erstrahlte das Talent von Krzysztof Penderecki, Henryk Górecki und Zygmunt Krauze. Weltruhm hat die Musik Krzysztof Pendereckis, Witold Lutosławskis und Tadeusz Bairds erlangt. Den Namen Polens machten auch vortreffliche Interpreten berühmt: Dirigenten wie Grzegorz Fitelberg, Walerian Bierdiajew, Henryk Czyż, Kazimierz Kord, Jan Krenz, Andrzej Markowski, Witold Rowicki, Robert Satanowski, Stanisław Skrowaczewski, Bohdan Wodiczko und Stanisław Wisłowski, Sänger wie Andrzej Hiolski, Teresa Kubiak, Bernard Ładysz, Wiesław Ochman, Stefania Woytowicz und Teresa Żylis-Gara, Pianisten wie Halina Czerny-Stefańska, Barbara Hesse-Bukowska, Adam Harasiewicz, Lidia Grychtołówna, Władysław Kędra und Krystian Zimerman und Violinvirtuosen wie Wanda Wiłkomirska, Konstanty Andrzej Kulka und Kaja Danczowska.

Das kulturelle Leben in Polen ist überaus vielfältig, voller schöpferischer Suche und sehr reichhaltig.

Eine wesentliche Rolle spielen die verschiedenartigen Kultur- und Bildungseinrichtungen, die der Bevölkerung, insbesondere der Jugend, einen unmittelbaren Kontakt mit der Kunst ermöglichen. 1979 gab es 20 000 solche Einrichtungen, darunter 2176 Kulturhäuser sowie 18 000 Kulturräume und Klubs. Dort wirkten über 40 000 künstlerische Ensembles mit mehr als 700 000 Mitgliedern.

Auf dem Gebiet der Kultur und Bildung ist die Gesellschaft für allgemeine Bildung tätig, die Kurse und Vorträge veranstaltet. 1974 erfasste sie etwa 6 Mill. Personen.

Nach dem grossen Aufschwung der kulturellen Entwicklung, der in den Nachkriegsjahren zu beobachten war, und nach dem bereits erwähnten Aufblühen kultureller Initiativen nach 1956 setzten für die Kultur so manches Mal schwierige Zeiten ein. Die Industrialisierungsprozesse nahmen die Aufmerksamkeit derjenigen, die über die Mittel für die Kultur verfügten, zu sehr in Anspruch, als dass sie der Kultur so viel Aufmerksamkeit hätten schenken können, wie es die Prinzipien der Demokratisierung der kulturellen Prozesse erforderten. Im Zusam-

menhang damit kam es besonders in den siebziger Jahren zu einem Rückgang des kulturellen Lebens. Die Auflagen der Bücher gingen zurück. Die Zahl der gedruckten Lehrbücher und der hergestellten Schallplatten war ungenügend. Die Auflagen der Tageszeitungen, Wochenschriften und anderen Zeitschriften verringerten sich. Es zeichnete sich ein Widerspruch zwischen den Prinzipien der ständigen Demokratisierung der Kultur und den tatsächlichen Bedingungen für ihre Entwicklung ab, wodurch die Möglichkeiten der Teilhabe des Durchschnittsbürgers an der Kultur eingeschränkt wurden. Im Ausland machte sich das nicht sonderlich bemerkbar. Das internationale Ansehen der polnischen Wissenschaft und Kultur litt nicht.
1978 hat das polnische Volk feierlich den 60. Jahrestag der Wiedererlangung seiner staatlichen Unabhängigkeit nach über 120jähriger nationaler Unfreiheit begangen. Dieser Jahrestag bot Gelegenheit, auf ein gewisses historisches Moment aufmerksam zu machen, das in geschichtlichem Zusammenhang zu sehen ist. Die Geschichte ist nämlich ein kontinuierlicher Prozess. Sie ist Fortsetzung und Erreichen immer neuer Entwicklungsetappen zugleich. Die Zunahme des Ansehens Polens war ein fortwährender Prozess. Die 1978 erfolgte Wahl des polnischen Kardinals Karol Wojtyła zum Papst Johannes Paul II. war ebenfalls ein Beweis dafür.

Verstärkte Aktivität der Arbeiterklasse im Jahre 1980. Anfänge einer neuen Etappe in der Entwicklung der Volksrepublik Polen

Die intensive wirtschaftliche und kulturelle Entwicklung, zu der es nach den Veränderungen in der Führung von Partei und Regierung vom Dezember 1970 kam, liess Mitte der siebziger Jahre stark nach. Die Verwaltungsmethoden waren den ehrgeizigen Plänen zur raschen Modernisierung der Wirtschaft und zur Verbesserung der Lebensbedingungen der Bevölkerung nicht angepasst worden. Es war auch nicht zu der u.a. im bereits erwähnten Beschluss des VI. Parteitags der PVAP angekündigten Entwicklung der Demokratie gekommen, durch die die tatsächliche Beteiligung der Werktätigen an der Verwaltung Polens verstärkt werden sollte. Dadurch wuchsen die Widersprüche zwischen dem zunehmenden politischen Bewusstsein der Bevölkerung, dem durch die Entwicklung der Industrie steigenden Ehrgeiz der Arbeiterklasse, den Bedürfnissen der Bevölkerung und den Erfordernissen der intensiven Entwicklung der Nationalkultur einerseits und den sowohl in wirtschaftlicher als auch in gesellschaftspolitischer Hinsicht gegebenen Möglichkeiten zur Verwirklichung dieses Ehrgeizes und dieser Bedürfnisse andererseits. Eine qualitativ neue Erscheinung war die Konsolidierung der Arbeiterklasse, die sich grundlegend von der desintegrierten und noch durch starke Bindungen mit dem Dorf verwachsenen Arbeiterklasse zur Zeit der grossen Industrialisierungsprozesse in den fünfziger Jahren unterschied.

In der Führung von Partei und Regierung gewannen Tendenzen zu einer bürokratischen, auf Anweisungen basierenden Verwaltung der Wirtschaft die Oberhand, wodurch zugleich die Wirtschaftspläne und die internen Mechanismen zur Wiederherstellung des wirtschaftlichen Gleichgewichts (z.B. der Markt) ihrer eigentlichen Rolle beraubt wurden. Im Zusammenhang damit machte sich das Nachlassen der Intensität des wirtschaftlichen Lebens, das auch in anderen sozialistischen Ländern zu beobachten war und das zum Teil die auch in der Weltwirtschaft erfolgenden Veränderungen widerspiegelte, in Polen besonders stark bemerkbar. Die Effektivität des Wirtschaftens liess nach, und gleichzeitig endete die anregende Rolle der Auslandskredite, die abgezahlt werden mussten, bevor man — wie sich zeigte — die geplanten wirtschaftlichen Ergebnisse erzielt hatte. Es gab immer mehr willkürliche, die Möglichkeiten und die wirtschaftliche Rechnungsführung ausser Acht lassende Entscheidungen zu Investitionsvorhaben, wodurch die inflationistischen Tendenzen und die Desorganisation des Marktes verstärkt wurden. Lohnerhöhungen wurden von der Preissteigerung ausgeglichen oder sogar überflügelt. Die immer grösseren Mängel bei der Versorgung verschlechterten die Lebensbedingungen der Bevölkerung noch mehr und wirkten sich negativ auf die Arbeitsproduktivität aus. Zu ausgesprochen negativen Erscheinungen kam es auch bei der landwirtschaftlichen Produktion und in der Lage der privaten Bauernhöfe. Je grösser die Schwierigkeiten wurden, desto mehr verstärkten sich die Zentralisierung und die Einschränkung der Demokratie des gesellschaftlichen Lebens. Drastisch eingeschränkt wurde auch die Rolle der Gewerkschaften. Zur selben Zeit wurde in den Massenmedien die sich immer weniger mit der Wirklichkeit deckende Erfolgspropaganda fortgesetzt. Diese Situation wirkte sich immer ungünstiger auf die Intensität des kulturellen Lebens aus. Die Zahl der herausgegebenen Bücher ging beträchtlich zurück. Kritische Stimmen in den zentralen Organen der Partei wurden unterdrückt, und die zunehmende Unzufriedenheit der Bevölkerung blieb unberücksichtigt.

In Polen reifte eine Krisensituation heran. Ihren drastischsten, allgemeinsten Ausdruck fand sie in einer Welle spontaner Massenstreiks, die im August 1980 ganz Polen erfasste und an der Küste (Gdańsk, Szczecin, Elbląg) und in Śląsk am stärksten war. Die Streiks waren ein Ausdruck des Protestes der Arbeiter gegen die Entartungen und Deformationen des politischen, gesellschaftlichen und wirtschaftlichen Lebens. In den damals formulierten Forderungen wurde verlangt, der Arbeiterklasse das Recht zurückzugeben, über die wesentlichsten Fragen der Nation zu entscheiden und Einfluss auf die Tätigkeitsweise und den Arbeitsstil der zentralen Organe der Staatsmacht auszuüben. Diese Forderungen, über die mit Vertretern der höchsten Organe verhandelt wurde, bildeten die Grundlage für die Übereinkommen, die in Gdańsk, Szczecin und Jastrzębie von den überbetrieblichen Streikkomitees und Regierungskommissionen unterzeichnet wurden. Eine der wichtigsten Forderungen bestand in der Gründung unabhängiger Gewerkschaften, denen die Rolle des wichtigsten Garanten für die Verwirklichung der Forderungen durch die Behörden zukam.

Unter dem Einfluss der scharfen Kritik der Bevölkerung wurden gleichzeitig kadermässige Veränderungen in der Führung von Partei und Regierung vorgenommen. Die für die Krisensituation verantwortlichen Leute mussten gehen. Auf dem IV. Plenum des Zentralkomitees der PVAP am 6. September 1980 wurde Edward Gierek seiner Funktion als Erster Sekretär des ZK der PVAP enthoben (Piotr Jaroszewicz war schon vor den Augustereignissen als Premierminister abberufen worden).

Die Übereinkommen von Gdańsk, Szczecin und Jastrzębie, die an sich schon ein ehrgeiziges Reformprogramm darstellten, lösten in Verbindung mit der Gründung freier, unabhängiger Gewerkschaften gesellschaftliche Prozesse von unerhörter Stärke, Bedeutung und Reichweite aus. An seine verfassungsmässigen Befugnisse erinnerte sich der Sejm der Volksrepublik Polen, der anfing, tatsächlich die Regierung zu kontrollieren. Die Oberste Kontrollkammer wurde dem Sejm unterstellt. Es kam zu tiefgreifenden Veränderungen bei den Arbeitsmethoden und in der Funktionsweise der höchsten Partei- und Staatsorgane. Man begann mit der Ausarbeitung eines Entwurfs für die Wirtschaftsreform sowie von Gesetzentwürfen über Zensur, Gewerkschaften, Selbstverwaltung der Beschäftigten und ländliche Selbstverwaltung sowie Unternehmen. Man führte das Verfahren ein, Gewerkschaften, Verbände von Künstlern und Wissenschaftlern und die ganze Bevölkerung tatsächlich wegen den Gesetzentwürfen zu konsultieren. Es begann eine neue Etappe in der Entwicklung des Staates.

Jerzy Topolski

Verzeichnis der Abbildungen

22. Isaak van den Blocke — ALLEGORIE DER VERBUNDENHEIT VON GDAŃSK MIT POLEN
Museum für die Geschichte der Stadt Gdańsk, Reproduktion Jerzy Myszkowski
23. Johann Krieg — PANORAMA VON GDAŃSK
Nationalmuseum in Gdańsk, Reproduktion Jerzy Myszkowski
24. Bernardo Bellotto, gen. Canaletto — EINZUG JERZY OSSOLIŃSKIS IN ROM IM JAHRE 1633
Nationalmuseum in Wrocław, Reproduktion Jerzy Myszkowski
25. Witold Piwnicki — ŻÓŁKIEWSKI BEI CECORA
Nationalmuseum in Krakau, Reproduktion Jerzy Myszkowski
26. Unbekannter Maler — BELAGERUNG DES KLOSTERS JASNA GÓRA
Paulinerkloster Jasna Góra in Częstochowa, Reproduktion Jan Michlewski u. Janusz Rosikoń
27. Leopold Loeffler — DER TOD CZARNIECKIS
Nationalmuseum in Wrocław, Reproduktion Jerzy Myszkowski
28. Józef Brandt — AUFBRUCH JAN III. SOBIESKIS AUS WILANÓW
Nationalmuseum in Warschau, Reproduktion Jerzy Myszkowski
29. Unbekannter Maler — DIE SCHLACHT VOR WIEN
Nationalmuseum in Krakau, Czartoryski-Sammlungen, Reproduktion Jerzy Myszkowski
30. Unbekannter Maler — FREIE KÖNIGSWAHL IN WOLA BEI WARSCHAU
Staatliche Kunstsammlungen auf dem Wawel in Krakau, Reproduktion Jerzy Myszkowski
31. Bernardo Bellotto, gen. Canaletto — KRAKOWSKIE-PRZEDMIEŚCIE-STRASSE
Nationalmuseum in Warschau, Reproduktion Jerzy Myszkowski
32. Bernardo Bellotto, gen. Canaletto — DŁUGA-STRASSE
Nationalmuseum in Warschau, Reproduktion Jerzy Myszkowski
33. Jan Matejko — REJTAN
Nationalmuseum in Warschau, Reproduktion Jerzy Myszkowski
34. Kazimierz Wojniakowski — ANNAHME DER VERFASSUNG VOM 3. MAI
Nationalmuseum in Warschau, Reproduktion Jerzy Myszkowski
35. Stanisław Batowski-Kaczor — DIE SCHLACHT BEI SAVANNAH
Kazimierz-Pułaski-Museum in Warka
36. Michał Stachowicz — SCHWUR TADEUSZ KOŚCIUSZKOS AUF DEM MARKTPLATZ ZU KRAKAU
Nationalmuseum in Krakau, Reproduktion Jerzy Myszkowski
37. Aleksander Orłowski — DIE SCHLACHT BEI RACŁAWICE
Nationalmuseum in Krakau, Czartoryski-Sammlungen, Reproduktion Jerzy Myszkowski
38. Aleksander Orłowski — DAS BLUTBAD ZU PRAGA
Nationalmuseum in Krakau, Czartoryski-Sammlungen, Reproduktion Jerzy Myszkowski
39. Marcello Bacciarelli — NAPOLEON VERLEIHT DEM GROSSHERZOGTUM WARSCHAU SEINE VERFASSUNG
Museum in Wilanów, Reproduktion Jerzy Myszkowski
40. Henryk Pillati — DER TOD VON BEREK JOSELEWICZ IN KOCK
Nationalmuseum in Warschau, Reproduktion Jerzy Myszkowski
41. Piotr Michałowski — DIE SCHLACHT BEI SOMOSIERRA
Nationalmuseum in Krakau, Reproduktion Jerzy Myszkowski

42. January Suchodolski — DER TOD CYPRIAN GODEBSKIS BEI RASZYN
Nationalmuseum in Warschau, Reproduktion Jerzy Myszkowski
43. Jan Nepomucen Bizański — AUFSCHÜTTEN DES KOŚCIUSZKO-HÜGELS IN KRAKAU
Nationalmuseum in Krakau, Reproduktion Jerzy Myszkowski
44. Unbekannter Maler nach Horace Vernet — DER TOD DES FÜRSTEN JÓZEF PONIATOWSKI
Nationalmuseum in Krakau, Reproduktion Jerzy Myszkowski
45. Wincenty Kasprzycki — AUSSTELLUNG DER SCHÖNEN KÜNSTE 1828 IN WARSCHAU
Nationalmuseum in Warschau, Reproduktion Jerzy Myszkowski
46. Marcin Zaleski — ERSTÜRMUNG DES ARSENALS
Geschichtsmuseum der Hauptstadt Warschau, Reproduktion Jerzy Myszkowski
47. Wojciech Kossak — IM ERLENWALD VON GROCHÓW
Museum der Polnischen Armee in Warschau, Reproduktion Mirosław Ciunowicz
48. Teofil Kwiatkowski — BALL IM HÔTEL LAMBERT
Nationalmuseum in Poznań, Reproduktion Jerzy Myszkowski
49. Michał Stachowicz — ERNTEFEST
Nationalmuseum in Warschau, Reproduktion Jerzy Myszkowski
50. Unbekannter Maler — DAS GALIZISCHE BLUTBAD 1846
Museum der Polnischen Armee in Warschau, Reproduktion Mirosław Ciunowicz
51. Artur Grottger — VERABSCHIEDUNG DES AUFSTÄNDISCHEN
Nationalmuseum in Krakau, Reproduktion Jerzy Myszkowski
52. Artur Grottger — BEGRÜSSUNG DES AUFSTÄNDISCHEN
Nationalmuseum in Krakau, Reproduktion Jerzy Myszkowski
53. Jan Matejko — POLEN IN FESSELN
Nationalmuseum in Krakau, Czartoryski-Sammlungen, Reproduktion Jerzy Myszkowski
54. Jacek Malczewski — AUF DEM WEG IN DIE VERBANNUNG
Nationalmuseum in Poznań, Reproduktion Jerzy Myszkowski
55. Jacek Malczewski — MELANCHOLIE
Nationalmuseum in Poznań, Reproduktion Jerzy Myszkowski
56. Aleksander Gierymski — KIESFÖRDERUNG
Nationalmuseum in Warschau, Reproduktion Jerzy Myszkowski
57. Kazimierz Achimowicz — EINSTELLEN VON LANDARBEITERN
Nationalmuseum in Warschau, Reproduktion Jerzy Myszkowski
58. Stanisław Lentz — STREIK
Nationalmuseum in Warschau, Reproduktion Jerzy Myszkowski
59. Michał Bylina — DAS WARSCHAUER ROTE REGIMENT
Museum der Polnischen Armee in Warschau, Reproduktion Mirosław Ciunowicz
60. Stanisław Bargiełowski — ENTWAFFNUNG DER DEUTSCHEN IN WARSCHAU
Museum der Polnischen Armee in Warschau, Reproduktion Mirosław Ciunowicz
61. Michał Bylina — SEPTEMBER 1939
Museum der Polnischen Armee in Warschau, Reproduktion Mirosław Ciunowicz
62. Andrzej Wróblewski — ERSCHIESSUNG
Nationalmuseum in Warschau, Reproduktion Jerzy Myszkowski

63. Jerzy Krawczyk — WERTLOSE SENDUNG
Kunstmuseum in Łódź, Reproduktion Jerzy Myszkowski
64. Andrzej Wróblewski — PARTISANEN
Nationalmuseum in Warschau, Reproduktion Jerzy Myszkowski
65. Stanisław Poznański — VEREIDIGUNG DER KOŚCIUSZKO-DIVISION
Museum der Polnischen Armee in Warschau, Reproduktion Mirosław Ciunowicz
66. Michał Bylina — DIE SCHLACHT BEI LENINO
Museum der Polnischen Armee in Warschau, Reproduktion Mirosław Ciunowicz
67. Stefan Garwatowski — ANHÖHE 593
Museum der Polnischen Armee in Warschau, Reproduktion Mirosław Ciunowicz
68. Marcin Szczerba — STERBENDE STADT
Museum der Polnischen Armee in Warschau, Reproduktion Mirosław Ciunowicz
69. Aleksander Kobzdej — ZIEGEL HER!
Nationalmuseum in Warschau, Reproduktion Jerzy Myszkowski
70. Juliusz Krajewski — BODEN FÜR DIE BAUERN
Lenin-Museum in Krakau, Reproduktion Jerzy Myszkowski
71. Helena Krajewska — JUGENDBRIGADE AUF DEM SCHNELLOBJEKT
Nationalmuseum in Warschau, Reproduktion Jerzy Myszkowski
72. Andrzej Feliks Szumigraj — ARBEITERKOPF
Museum für die Geschichte der revolutionären Bewegung in Warschau, Reproduktion Jerzy Myszkowski

Inhalt

Zakłady Graficzne RSW „Prasa-Książka-Ruch" — Wrocław

Graphische Gestaltung
Jerzy Kępkiewicz

Redakteur der polnischen Ausgabe
Ewa Trzeciak

Auf dem Schutzumschlag
Das polnische Staatswappen in seiner historischen Entwicklung

Zusammenstellung des Bildteils
Janusz Wałek

Herkunft der Illustrationen
Nationalmuseum Warszawa, Nationalmuseum Kraków, Czartoryski-Sammlungen, Museum des Polnischen Heeres in Warszawa, Burgmuseum in Malbork, Łazienki-Museum, Jagiellonen-Bibliothek in Kraków, Nationalmuseum Gdańsk, Museum der Jagiellonen-Universität in Kraków, Museum für die Geschichte der Stadt Gdańsk, Nationalmuseum Wrocław, Paulinerkloster in Częstochowa, Staatliche Kunstsammlungen auf dem Wawel, Kazimierz-Pułaski-Museum in Warka, Museum in Wilanów, Museum für die Geschichte der Hauptstadt Warszawa, Nationalmuseum Poznań, Kunstmuseum in Łódź, Lenin-Museum in Kraków, Museum für die Geschichte der revolutionären Bewegung in Warszawa sowie die Publikation ,,Polska. Zarys encyklopedyczny", PWN, Warszawa 1979

Aufnahmen
Jerzy Myszkowski und Mirosław Ciunowicz

Konzeption der Landkarte ,,Polen. Grenzveränderungen 10.—20. Jh." nach der Publikation ,,Zarys historii Polski", PIW, Warszawa 1980

Zeichnen der Landkarten
Ewa Możejko

Die eintausendneunhundertvierundachtzigste Publikation des Verlags Interpress

Das Buch erscheint zugleich in englischer, französischer, polnischer und spanischer Sprache